凱瑟琳·曼尼克斯——著　　蕭美惠——譯
Kathryn Mannix

WITH THE END
IN MIND

看穿生死
好好告別

國際安寧醫療專家的
30個臨終紀實

在充滿故事的人生裡，謹將本書以愛獻給述說故事的人：

我的父母，賜給我話語；

我的先生，將話語提煉成智慧；

以及我們的兒女，他們的故事仍在開展。

目次
Contents

序言／該是談論死亡的時候了

已經花了大半輩子陪伴臨終者，卻還想用更多時間來講述他們的故事，似乎有些奇怪；甚至還寄望讀者會選擇透過書頁來關懷臨終的陌生人，更加顯得狂妄。然而，這正是我下筆時的期望。

在我的行醫生涯裡，我一直都清楚地意識到，每當我們遇到重大變故時，我們都懷揣著自己的想法與期望。無論是生、死、愛、失去或轉變，每個人都是透過早已知悉的觀點來架構自己的體驗。問題在於，關於生、愛及喪慟（bereavement）均有廣泛討論，死亡本身卻逐漸變成一種禁忌。由於不知道自己將面對什麼，人們轉而從替代體驗中尋找線索：電視、電影、小說、社群媒體與新聞。這些誇大卻又過度簡化的臨終與死亡版本，取代了以往的普遍體驗：觀察生活圈裡的死亡、目睹足夠多的死亡以致能辨認其模式、知曉在活力消退的限制下也能過好生活，甚至對死亡過程產生熟悉感。

這般的過往智慧在二十世紀下半葉消失無蹤。更好的醫療照護（如抗生素、腎透析與早期化療）、更好的營養、免疫接種及其他發展，已從根本上改變了人們的疾病體驗，這些進步帶來治癒的希望，或者至少延後死亡，這在過去是難以想像的。然而，這也造成行為模式的改變，病入膏肓之人被送進醫院治療，而不是在家中等待死去。平均壽命增加，許多生命得到增強與延長。

然而，這些令人欣喜的醫療進步，僅能在一定程度內拯救我們；一旦超過能讓我們活得「還可以」的界線，便進入了徒勞無功的階段。在這樣的情況下，科技變成一種新的臨終儀式，象徵著對死亡的否認，凌駕於對死亡的接受與體驗。但死亡率仍是百分之百，生命最後時日的模式與我們死去的方式，也沒有改變。不同的是，我們喪失了以往對整個過程的熟悉感，不再擁有從前那一套幫助我們應對死亡的詞彙及禮儀——那時人們還承認死亡是必然之事。如今我們不再是死在親切熟悉的房間裡，被所愛之人環繞，而是死在救護車上、急診室與加護病房裡，生命維持儀器隔開了我們與所愛之人。

本書講述的皆為真實事件，每一例均真實發生在過去四十年內某段時間的某個人身上。為了保護個人隱私，他們的名字均已更改，他們的工作、甚至性別或種族也已抽換。由於這些是故事，而不是病史，有時會將數人的經歷交織在一個人的敘述中，以描繪臨終旅程的各個層面。書中的許多情況或許會似曾相識，因為即便我們別過頭，死亡仍是無可避免的，這些故事將與許多人自身的經歷相似。

由於我的整個生涯大多從事緩和療護（palliative care）工作，大多數的故事難免與那些會接觸到緩和療護專家的人有關。這一般意味著他們身上棘手的生理症狀已獲得治療，且通常控制得當，情緒症狀亦得到妥善處理。緩和療護並不僅僅關乎死亡：人們在生病的任何階段，無論診斷結果為何，只要是有所需求時，都應該要能獲得良好的症狀管理。這正是緩和醫學專業的廣泛職責所在。然而，我們接觸的患者大多數已走到了生命的最後幾個月，我們因而能了解到，當人們知道自己即將死亡的時候是如何生活。這部分的體驗正是我試圖透過本書故事所要傳達的：臨終之人仍在努力好好過生活，和我們其他人並無二致。

總的來說，我將我的眼睛與耳朵、我的病床邊視角、我參與的對話，以及我對事情的看法提供給讀者。若有什麼足以作為我們的借鑑，那是故事裡的主角們所給予的饋贈。若有錯誤，則由我全責負擔。

該是談論死亡的時候了。這就是我推動這場重要對話的方式。

服用說明

藥劑通常會有寫著「按指示服用」的標籤，幫助我們從處方中獲得所預期的裨益，並避免服用劑量不足或過量。開立處方者應說明藥劑的作用，與患者商討服藥規則，而後者可以選擇是否遵照醫囑。標籤上時常附加健康警語，確保患者知悉任何潛在的危險。

若我能清楚說明本書的目的，以及我所預想的「服藥規則」，或許有助你決定如何閱讀本書。是的，同時附加健康警語。

本書包括了一系列真實案例改編的故事，目的是讓讀者「體驗」人們走向生命盡頭之時的情況：他們如何因應；他們如何生活；什麼是最重要的；死亡的進程；臨終之床的情景；家人的反應。這是一瞥我們周遭每天都在發生的某種現象。但在面對死亡數千次以後，我有了一種體會，死亡通常沒什麼好害怕的，更需要的是做好準備。遺憾的是，我不時會遇到觀點正好相反的患者與家屬：他們認為死亡很可怕，談論或準備死亡，將是令人難以承受的悲傷或恐懼。

本書的目的是讓大家熟悉死亡的過程，為了達到這個目的，故事按照主題分類，首先登場的故事描述了死亡的展開與進程，以及人們不同的回應方式。

書中的每個故事都是獨立的，方便喜歡隨手翻閱的讀者，不過整本書的內容將由較為具體的原則，如生理變化、行為模式或對症狀的因應，逐漸進展到更為抽象的概念，例如理解人生的無常，以及到頭來，我們如何評估什麼才是對我們真正重要的。

同時，貫穿全書的是我如何由一名天真惶恐的學生，蛻變為老練且（相對）冷靜的醫生，不過並非按時間順序排列。在醫術高明的團隊裡工作，讓我的人生變得無比豐富，其中許多同事在這些故事中出場。在我的職業生涯中，他們一直支持著我，是我的導師、榜樣和嚮導，我深深體會到我們的力量來自於團隊合作，合作總是比單打獨鬥的我們加起來更為強大。

健康警語：這些故事或許會使你不僅思考故事中的人物，還會使你反思你自己、你的人生、你所愛之人與失去的人。你可能會陷入哀傷，然而，這些故事的目的是要提供資訊與精神糧食。

每一部的結尾都會有一些供你思考的建議內容，如果可以，不妨跟你信任的人進行討論。這些建議是奠基於當前的臨床研究知識、我在承受重病與死亡的人們和家屬身上所看見的應對方式，以及我自己曾遭遇的缺憾——假如能將這些缺憾填補起來，人生終章及訣別將會不那麼痛苦。

倘若閱讀這本書讓你感到難過，我很抱歉，但我希望你能同時感到慰藉及獲得啟發。我希望你能不再那麼害怕，也能更願意規劃及討論死亡。之所以寫這本書，是因為我希望大家都活得更好，也死得更好，只要心中牢記人生皆有盡頭。

第一部

臨終的模式

醫學的世界充滿著模式辨認：分辨扁桃腺發炎與其他喉嚨痛，或者氣喘與其他造成呼吸困難的症狀模式；分辨焦慮煩憂但沒病的人與明明生病卻堅持忍耐之人的行為模式；分辨出可能顯示緊急狀態的皮疹模式，從而挽救一條生命。

生理狀態的演變方式也存在著模式。現今最為人所熟知的，或許就是懷孕及生產。我們知道懷胎九月的模式：症狀的改變，像是晨吐漸漸被胃灼熱所取代；胎兒動作從早期的胎動初現，到後來隨著預產期接近、腹部膨脹限制活動而趨緩；正常生產的各個模式與階段。目睹死亡與目睹生產很相似：兩者的變化過程中都存在明顯的階段，一步步朝著預期的結果推進。大致上來說，這兩種過程都能在不加干預之下安全進行，凡是有智慧的接生婆都明白這點。實際上，正常生產多半比正常死亡更加難受，雖然人們總是會從死亡聯想到痛苦、有失尊嚴，然而這其實鮮少發生。

準備分娩時，孕婦及其陪產的伴侶會學習陣痛至生產的各個階段與進程；這些資訊有助他們在事情開始時做好心理準備及保持鎮靜。同樣地，討論臨終時將會遭遇的情形，使人們了解這項過程是可預期的、通常沒那麼難受，對於臨終者與深愛他們的人來說，是一種安慰與支持。遺憾的是，很少有充滿智慧的「接生婆」來陪伴我們走過整個死亡過程：在現代醫療中，由於臨終照護的工作與科技愈來愈密不可分，很少醫生與護理師有機會見證正常的、不複雜的死亡。

第一部的故事敘述了走向死亡的模式，以及我們能夠如何藉由分辨這些模式，來請求協助和提供支持。

死亡的開端

醫療生涯不免要目睹死亡。我親近死亡的旅程始於一具仍帶餘溫的遺體，接著就不得不與剛剛失去摯愛之人的親友討論患者的死亡。跟不久於人世的人談論死亡更是截然不同，我當年所接受的醫學教育並不鼓勵這種對話，然而這算是一種修行，也教會我傾聽。在傾聽時，我開始了解其中模式，注意到某些相似之處，學會理解別人對生死的看法。我發現自己對此充滿好奇而著迷，隨之似乎找到了方向。

我十八歲時第一次看見死人，那是我就讀醫學院的第一學期。他是男性，因心臟病突發，死於救護車送醫途中。護理人員為他進行了搶救措施卻無效，我那時候跟的急診部醫生被叫到救護車內驗明死亡，接著工作人員將遺體送到醫院太平間。那是一個陰鬱的十二月夜晚，濕漉漉的醫院前庭在街燈下泛著橙光；對比之下，救護車內異常明亮。死者四十幾歲，胸膛厚實，額頭寬闊，雙眼緊閉，但眉毛挑高，狀似驚訝。醫生用光照他的眼睛，聽他的胸部是否有心跳或呼吸聲；他檢視死者心跳最後時刻的心電圖照片，然後向救護車人員點了點頭。他們將這項檢查的時間記錄為宣告死亡的時間。

他們紛紛下了車，我走在最後一個。那名男性仰躺著，襯衫解開，胸口貼著心電圖電極貼片，右臂插著點滴注射器。他看上去就像睡著似的。他可能隨時都會醒來，對吧？或許我們應該在他耳邊喊叫；或許我們應該大力搖晃他；他一定會醒來。「快來！」醫生回頭叫我，「我們還有很多事要為活著的人做。將他留給救護車人員。」

我遲疑了。或許他錯了。如果我在這裡站得夠久，就會看到這個男人吸進下一口氣。他看起來不像死了。他不可能死了。

此時醫師注意到我的遲疑，他又登上救護車。「這是第一次，是嗎？好吧，拿出你的聽診器，放在他的心臟上。」我在白袍口袋裡摸索（是的，我們當時穿白袍），取出我又新又亮的未來職業工具，線都纏繞在聽頭上了。我把聽診器聽頭的鐘面放在心臟應該跳動的地方。我聽到救護車人員模糊的說話聲，向別人說他的咖啡要加糖——卻聽不到心跳聲。觀察力敏銳的醫師拿起我的聽診器聽頭翻轉過來——以便接收病人的聲音，而不是外界噪音——再放回心臟上。現在，我的耳裡一片寂靜。我從未如此清楚地聽到寂靜，也沒有如此專注地聽過。這時我注意到這名男性有些慘白，嘴唇深紫，舌頭伸出，也是暗色。沒錯，他死了。

剛死不久，還在學如何當個死人。「謝謝你，」我對這位臉色慘白的男性說。我們離開救護車，穿過橙光下的雨水回到急診室。

「你會慢慢習慣的，」醫生和藹地說完，便拿起一份新表格，繼續值夜班。我對這種赤裸簡陋的方式感到困惑，沒有任何儀式感。我們的下一位患者是個鼻孔裡卡著糖果的小女孩。

我還是學生時，還有其他在記憶中不那麼鮮明的死亡；在取得資格的第一個月，我締造了開立死亡證明數量的醫院紀錄。這裡先說明一下，這單純是因為我工作的病房有許多身患不治之症的病患，並非意味著我對他們的死亡負有任何個人責任。我很快便和喪親關懷服務室主管熟絡起來，她是位親切的女士，負責將證明簿冊拿給宣告患者死亡的醫生簽名。正如同五年前我在那輛救護車上所見到的相同方式，我注意到，我在這裡工作的前十天內，有十四人死亡（又或許是十四天內十人）；喪親關懷主管開玩笑說應該頒個獎給我。

但那名主管沒有看到的是我正在學習曲線上大幅攀升。每一份死亡證明背後都是一個人，每個人背後都有家屬需要被告知死訊、需要知道所愛之人的死因。在臨床上陣的第一個月，我總共和死者家屬進行了二十場對話。我和他們坐在一起，看著他們哭泣，或茫然望向那無法想像的未來；我喝著一杯杯裝滿憐憫之意的茶，是由老練的助理護理師按照護理長的指示所泡製的，放在托盤上（「麻煩你鋪一條體面的布！」「是的，護理長。」），端進護理長辦公室。唯有得到護理長親自允許，醫生們才能進入這個辦公室；與喪親家屬會面則是例外：無條件允許。

有時我是旁聽者，聽著更資深的醫生和家屬討論疾病、死亡、為什麼藥物沒有效，或是為何患者的白血病才有起色、卻因一次感染便帶走了他。家屬們黯然點頭，啜飲著茶，淚水滴滴落下。有時候，如果其他醫生正在門診或者已經下班，我便是唯一在場的醫師，有時我會自己沖泡憐憫茶，由熟悉的儀式獲得撫慰，細看護理長為這些最特別的訪客所準備的花卉描金瓷杯與茶碟，然後深呼吸，走進房間宣布噩耗。

意外的是，我發現這些對話奇異地令人振奮。家屬們很少完全沒有準備：畢竟這間病房裡的患者都處於生死關頭。在一場場對話當中，我聽說了死者的許多事跡，真希望他們還在世時，我就能知道這些。家屬們訴說著他們有什麼天賦和才藝、他們的善行及興趣、他們的特點與小怪癖。這些對話幾乎總是使用現在式時態：彷彿他們心愛的人依然以某種方式存在著，還躺在老位置的床上，或者正在醫院裡的其他地方接受治療。然後他們會意識到錯誤，修正語句中的時態，開始自我排練，逐步進入那場開始可怕地浮現的巨大哀慟之中。

在我剛開始當醫生的前六個月裡，有一回，我必須告訴一名老先生，他的太太死了。她死得很突然，心臟驟停急救小組被叫了過來。按照慣例，我們打電話通知她的丈夫盡快過來，但未透露進一步細節。我發現他站在病房區，就在她的病房外頭，盯著門上那個陌生的螢幕，以及寫著「請勿進入，請聯絡護理人員」的標示。心臟驟停急救小組已離開，護理師們忙著發放藥物。我問他是否需要幫忙，然後看見他眼中的困惑與恐懼。

「你是艾琳的先生嗎？」我問道。他點了點頭，但嘴裡發不出聲音。

「請跟我來，我會解釋給你聽，」我說完，將他帶到護理長辦公室，進行又一次即將改變人們生活的那場對話。我不記得談話細節，只記得那時我很清楚，老婆死了以後，這個男人已是孑然一身。他看起來脆弱又無助，我想著他大概需要有人來幫助他面對喪妻之痛。假如當時我更加了解家庭醫生與初級醫療服務所能做出的貢獻，應該會直接問他，要不要跟他的家庭醫生說他的愛妻甫離世的消息，但我經驗不足，面對的又是意外狀況：我正在處理病房區的午間靜脈抗生素注射，偶然發現他站在妻子的病房外。我沒有準備好要進行喪慟相關的對話。

就像往常結束這類悲傷對話時一樣，我向他保證，假如日後他有進一步的問題，我很樂意再次跟他談談。雖然我每次都會這麼說，而且我是誠心誠意的，但家屬們從未回來詢問更多資訊。然後，出於一股衝動，我在紙上寫下我的姓名與電話，交給面容哀戚的艾琳丈夫。以前我不曾像這樣給出書面的聯絡資料，而他顯然沒放在心上，將紙條揉成一團塞進口袋，似乎在表示這幫不上什麼忙。

三個月後，我到了別家醫院工作，擔任外科病房部的初級醫生。我接到之前病房部護理長的來電，就是規定要在托盤上鋪布、用描金瓷杯裝茶的那名護理長。她問我還記不記得那位名叫艾琳的病人。她接到艾琳丈夫的電話，他十分堅持要跟我聯絡。她給了我一個電話號碼，我便打給他。

「喔，謝謝你回電給我，醫生。聽見你的聲音真好……」他停頓了一下，我等候著，猜想他會有什麼問題，並希望自己答得出來。

「是這樣的……」他又停了下來，「嗯，你那時很好心，說我可以打電話給你……我不知道還能跟誰說……可是，嗯……就是，昨天我終於丟掉了艾琳的牙刷。今天浴室裡沒有她的牙刷了，我真正感覺到她永遠不會回來了……」我聽到他的聲音哽咽，回想起艾琳過世那天早晨，他在病房裡那張困惑迷惘的臉。

我突然間明白了，那些喪慟的談話都只是某個過程的開端，人們接下來要花一輩子時間、用全新的方式與之共存。我尋思著，假如我也將姓名與電話寫給別人，有多少人會打電話來？此時的我已經更加了解那些可以提供協助的關懷網絡，於是，我請問艾琳丈夫我能否聯絡他的家庭醫生。我告訴他，我很榮幸成為他願意撥這通電話的人。我告訴他，我想起艾琳時想到的都是好事，我簡直無法想像他的喪妻之痛。

在我當上醫生的第一年將近尾聲時，我回想起那年所面對的許多死亡：最年輕的案例是一名十六歲少年，罹患了某種罕見的惡性骨髓癌；最悲傷的案例是一名年輕母親，她先前接受的不孕治療有可能是導致她在寶貝兒子五歲生日前夕因乳癌死亡的原因；最具音樂性的案例是一名老婦人，她要求護理長和我為她唱〈求主同住〉，就在我們快唱完這首讚美詩之前，她停止了呼吸；最遠距離的案例是一名無家可歸者，他搭著救護車在兩天內橫越了相當於一個英格蘭的長度跟家人團聚，最後逝世於他父母家附近的安寧機構；還有死裡逃生的——我手下第一個心臟驟停的急救案例，一名剛做完手術的中年男性突然停止了呼吸，但在我們的搶救下恢復，一週後生龍活虎地走出醫院。

此時，我注意到面對死亡的模式。我對死亡的難解之謎著迷不已：死亡是由「活著」到「不再活著」的不可言喻之轉變；是重病者面對死亡時展現的尊嚴；是一項考驗，要如何誠實但仁慈地討論病情以及患者可能永遠不會好轉的事實；是臨終病床旁人性流露的時刻。這時我才了解到，能夠陪伴及照護那些走向終點的人是何等榮幸。我發現我並不害怕死亡；相反地，我敬畏死亡，以及死亡是如何影響我們的生命。如果我們真能找到死亡的「解藥」，那會如何呢？從許多方面看來，長生不死其實不是誘人的選項。事實上，正因為每一天都在倒數計時，才讓每一天成為無比貴重的禮物。每個人的一生當中，只有兩天的時間不到二十四小時，像書擋一樣夾在我們人生的兩端：其中一天，我們每年都會慶祝，然而是另一天讓我們看清生命的可貴。

正視生命盡頭

有時，我們並未正視眼前的事物，直到有人提醒我們。

有時，勇氣不僅僅是選擇英勇行徑，不只是完成某些壯舉，而是即使生命正在消褪，依然勇敢地活下去。勇氣也包括展開令人感到很不舒服的談話，然而這樣的談話會讓人在黑暗中感到有人陪伴，就像是一樁善行在這個混亂的世界裡發光。

莎賓年近八十，她有著滿頭醒目的銀白色波浪捲髮，用絲巾紮著，身穿的不是浴袍，而是一襲卡夫坦長袍（一九五〇年代她到遠東旅行時購買的正品）。她在安寧病房的床上忙個不停，不是在玩接龍遊戲，就是在修飾臉上妝容，不然就是在幫她麻雀般瘦小的雙手搽抹滋潤霜。她喝茶不加糖奶，對飲料推車上的「你說這叫咖啡？」嗤之以鼻。她的法國口音十分濃重，講話時彷彿籠罩一陣霧。她是我們新建的安寧病房裡最神祕、最獨立自主的一號人物。

莎賓在一九四六年嫁給一名年輕英國軍官，從此定居英格蘭，這名軍官為了躲避納粹軍隊而在她所屬的法國反抗組織藏匿了整整十八個月。彼得在她心目中是來自英國的英雄，空降到法國來協助法國抵抗運動。他是通訊專家，光用雞蛋盒與一團線就協助他們架設出無線電，至少聽起來是這樣。我猜想他的背包裡可能帶了一些無線電的零件，可是我不敢質疑她。四十年過去了，她的口音依舊像是那個剛從英格蘭多佛下船、心中滿懷希望的新娘子。

「彼得很聰明，」她喃喃地說，「他什麼都做得到。」

彼得非常英勇，這點無庸置疑：莎賓的床頭櫃上就擺著他的相片和獎章。彼得於許多年前過世了，在他用勇敢的性格與病魔奮鬥之後。「他從不害怕，」她回想著，「他叫我要永遠記得他。我當然記得，我每天都會跟他說話。」她指向相片裡的帥氣丈夫，身著軍禮服，英姿煥發，四十歲左右的模樣凍結在黑白照片中。「我們唯一的悲傷是上帝沒有賜給我們孩子，」她回想，「可是，我們把時間都花在精彩的旅行與冒險上。我們非常幸福。」

她自己胸前也別著屬於她的英勇勳章，底下是黑紅相間的絲帶。她告訴護理師們，當她明白自己快要死去，便開始佩戴這枚勳章。「這是用來提醒自己，我也可以勇敢。」

我是緩和醫療這個新興領域中的年輕受訓醫生。我的導師是負責我們這間新安寧病房的主治醫師，莎賓很喜歡跟他聊天。在他們的交談中，我得知他會說法語，因為他的父親是法國人，也是抵抗運動的鬥士。他偶而會用法語跟莎賓交談，這時的她散發著光彩，雙手活潑地舞動著；他們彷彿照鏡子般的法式聳肩逗樂了我們。莎賓在調情。

然而，莎賓藏著一個祕密。配戴抵抗勛章、經歷過恐怖戰爭的她其實很害怕。她知道大腸癌已擴散到她的肝臟，正在奪去她的生命。當護理師清理她的腸造口袋時，她泰然自若。當護理師推輪椅帶她到浴室，幫她沖澡沐浴時，她保持優雅。但她害怕的是，有一天她會發現疼痛超出了她的忍耐力，而她的勇氣會拋棄她。如果那天到來，她深信（這種信念奠基於一九三〇年代的法國天主教教義，混以迷信與恐懼）自己將喪失尊嚴：她將在極度痛苦當中死去。更糟糕的是：在人生的結尾失去勇氣，將使她永遠無法在她篤信的天堂裡與摯愛的丈夫重聚。「我不配，」她嘆氣，「我缺少必要的勇氣。」

洗完澡，護理師正幫她吹乾銀色捲髮時，莎賓坦白了這份深植內心的恐懼。護理師和莎賓在鏡子裡間接相視。不知怎的，迂迴的眼神接觸，加上共同參與的手邊工作，促成了這場親暱的對話。護理師很有智慧，她知道口頭安撫幫不了莎賓；聆聽、鼓勵、任對方盡情傾訴絕望與恐懼，在那個時刻才是最珍貴的禮物。等到吹乾頭髮、繫上絲巾之後，莎賓暗示談話已經結束。護理師詢問，能否和我們的領導人討論那些重要的問題。莎賓當然同意了。在她的眼裡，我們的領導人幾乎算是法國人，他會理解的。

接下來發生的事一直深深烙印在我心中，彷彿一捲電影膠捲，伴隨我走過了之後的職業生涯。這段經驗塑造了我未來的行醫方式，也成就了這本書。這段經驗使我能用更全面、更從容的角度看待死亡；使我能在他人的恐懼風暴之中保持冷靜；使我堅信我們對死亡的進程了解得愈多，就能處理得愈好。我並沒有預見這件事的到來，但它就此改變了我的人生。

我們領導人要求那名護理師陪同，又說我或許會覺得這次對談很有意思。我尋思著他要說些什麼。我預期他會說明疼痛管理選項，幫助減少莎賓對痛苦失控的擔憂。我也尋思著為什麼他想要我在場，因為我覺得自己已經對疼痛管理談話很熟練了。這就是所謂菜鳥的自信啊……

莎賓見到他時非常高興。他用法語向她打招呼，並請她允許他坐下。她眼睛一亮，輕拍床邊，示意他坐在那裡。護理師坐在床邊的椅子；我拿了一只矮凳坐了下來，從這個角度可以看到莎賓的臉。「你的護理師告訴我，你有一些憂慮。我很高興你跟她說了。你願意跟我談一談嗎？」

莎賓同意了。我們領導人問她想要用英語或法語進行對話。「用英語吧。為了其他人，」她用法語回答，對我們這些低等生物表示慈悲。於是他便開始了。

「你一直在擔心死亡的時候會是什麼樣子，會不會讓你很痛苦，對嗎？」

「是的，」她回答。我訝異於他如此開門見山，但莎賓似乎沒有被嚇到。

「你也擔心自己會失去勇氣？」

莎賓捉住他的手。她吞了吞口水，沙啞地說：「對。」

「我在想，如果我描述死亡的情景給你聽，會不會對你有幫助，」他直視她的眼睛，「我也想知道，你是不是曾經見過跟你罹患相同疾病的人死去時是什麼樣子？」

如果他描述什麼？我聽見自己在腦海裡尖叫著說。

莎賓專注地思考，回想起戰時有一名年輕女子因為槍傷，在她家族的農舍裡死去。他們給了她緩解疼痛的藥物，沒多久她的呼吸就停了。多年後，莎賓摯愛的丈夫在一次心臟病發作後去世。他在家中倒下，送到醫院時仍活著。他於翌日死去，並且完全明白死亡已經迫近。

「牧師來了。彼得開口和他一起禱告，他從頭到尾都沒有露出害怕的神色。他告訴我，這不是告別，而是再見（au revoir）。直到我們再次相見……」她熱淚盈眶，眨了眨眼讓淚水滑落臉頰，任由淚滴順著她的皺紋滑下。

「那麼，我們來談談你的病，」我們的領導人說，「首先，我們來說疼痛。這場病到目前為止會很痛嗎？」

她搖搖頭。他拿起她的用藥紀錄表，指出她並未固定服用止痛藥，只是偶而吃藥來緩解腹絞痛。

「假如到目前為止並不是很痛，我不認為未來會突然發生變化、變得很痛。但是，萬一發生了，你還是可以安心，我們會幫你將疼痛控制在可以忍受的程度內。你信任我們可以做到嗎？」

「是，我信任你。」

他接著說：「有一個有趣的現象，許多不同疾病都會讓人們變得虛弱，但他們的臨終體驗卻非常相似。我見過很多次了。要我跟你說我們看到的情況嗎？假如你不想聽了，只要說一聲，我會隨時停下來。」

她點頭，迎向他的目光。

「嗯，我們注意到的第一件事是，人們會愈來愈疲倦。疾病將他們的精力都耗盡了。我猜你早就注意到這點了？」

她再次點頭，又握住他的手。

「隨著時間過去，人們愈來愈疲倦，愈來愈虛弱。他們需要愈來愈多睡眠，才能恢復精神。你有沒有注意到，如果你白天找時間補眠，醒來後有一陣子會覺得精神比較好？」

她的姿態改變了。她現在坐得比較挺直，雙眼緊盯著他的臉。她點點頭。

「也就是說，我們由此能判斷你正照著正常模式走。我們預期在這之後你會更加疲累，需要更長的睡眠，清醒的時間更少。」

講完了，我心想。她預期自己會變得很愛睡。我們走吧……可是我們的領導人繼續說下去。

「接下來，」他說，「我們發現人們睡覺的時間會愈來愈長，有時甚至是深度睡眠，他們陷入昏迷之中。我的意思是失去意識。你能了解嗎？需要我用法語說嗎？」

「不必，我了解。失去意識，昏迷，是的。」她搖了搖她握住的那隻手，強調她理解了。

「所以說，如果人們陷入很深的無意識狀態，沒辦法按時服藥，我們會用不同方法給藥，確定他們保持舒適。一直舒適。懂嗎？」

他現在一定是要打住了吧，我心想。我很詫異他跟她說了這麼多。但是他又講下去，目不轉睛地看著她。

「我們看到人們睡著的時間愈來愈長，醒著的時間愈來愈短。有時他們看起來像是睡著了，實際上是失去意識，然而他們醒來後告訴我們，他們睡了一場好覺。由此看來，人們並不會知道自己失去了意識。所以，在生命盡頭，人們就只是永遠失去意識。接下來他們的呼吸開始改變。有時深且慢，有時淺且快，然後非常輕柔地，呼吸會慢下來，非常緩和地停止。最後不會有痛苦突然來襲，不會有消逝的感覺，沒有恐慌。就是非常、非常安詳……」

她傾身靠向他。她舉起他的手放在脣上，帶著無比尊敬，輕輕地吻了他的手。

「重要的是，那跟睡著不一樣，」他說，「事實上，如果你狀況好到能感覺自己需要午睡，就代表你的狀況好到會醒過來。失去意識並不像是睡著。你連發生了什麼都不會知道。」

他停下來看著她，她也看著他。我看著他們倆。我猜我的嘴巴可能張得很大，眼眶甚至泛出淚水。一陣漫長的寂靜。她的肩膀放鬆下來，她靠在枕頭上。她閉上眼睛，呼出一聲深長的嘆息，然後舉起仍被她雙手握住的醫生的手，像擲骰子般搖晃，她看著他，簡短說了句：「謝謝你。」她閉著眼睛。我們顯然應該退下了。

護理師、領導人和我走回辦公室。領導人對我說：「這大概是我們所能給予患者最實用的禮物。很少人親眼見過死亡，大多數人想像死亡是非常痛苦又沒有尊嚴的。我們可以幫助他們知道，我們沒有見過那樣的狀況，他們不必害怕家人會目睹什麼可怕的景象。我始終沒辦法習慣這種談話，儘管談完之後患者總是能知道更多、更不害怕。」

然後，他體貼地假裝沒看見我揉皺的紙巾，說了句：「我們來喝杯茶吧？」

我躲開去泡茶，順便擦乾眼淚。我開始認真回想剛才看見與聽見的。我明白他剛剛運用了高超的技巧，描述我們目睹人們死去時所看見的景象，不過我以前從未思考過其中的模式。我很訝異，原來可以和患者分享如此大量的訊息。我重新審視自己對於人們承受能力的所有不成熟看法：這些看法在整個對話過程中，在我驚愕的、愈來愈難以置信的腦袋裡不斷閃過；這些看法讓我無法提起勇氣告訴莎賓全部的真相；我突然感到振奮不已。我真的有能力將這種安詳的心境帶給生命即將走到盡頭的人們嗎？

這本書正是關於當年我們領導人向莎賓解釋的那種模式，是我從中學習與觀察到的種種細節。在接下來三十年的臨床經驗中，我發現這個模式既真實又準確。我一直使用著這個模式，轉化為自己的話語，撫慰了數百名、甚或數千名患者，如同莎賓當時得到了安慰一般。現在，我將這一切寫下來，講述那些描繪生命視野逐漸收縮的旅程、那些最後時刻的故事，希望那些為世人所共有的、在自己家中面對死亡的普遍知識，能夠再次成為思考死亡之人的指引與慰藉。因為到頭來，這些故事與我們每個人都有關。

迴光返照的祝福

走向死亡的衰退模式各有不同的軌跡，但對於一個人來說，會呈現一種相對平穩的進程。起初，活力是逐年減退，隨後是逐月，最後變成逐週。待到生命尾聲，體力是一天天減弱，這通常是時日無多的信號。該是相聚的時候了。該是說出尚未說出口的重要事情的時候了。

然而，有時候，在最後的墜落前會出現預期之外的迴光返照，一種天鵝輓歌。這種現象通常無法解釋，但偶有明確的原因，這種迴光返照有時是一種悲喜交加的祝福。

荷莉離世已經三十年了，然而今天早晨，她從我的記憶深處拖著平穩的腳步走了出來，躍上我的紙頁。她早早把我喚醒；又或許是在這個霧濛濛的秋日早晨醒來，令我想起她生前的最後一天。她迂迴旋轉著進入我的意識焦點：起初只是一些影像，如同老式默片膠捲上的零散片段，她憔悴的笑容，皺起的鼻子，輕飄飄的手勢。接著她的笑聲出現了，伴隨著窗外的烏鴉啼叫：沙啞又刺耳的笑聲，經過工業區河岸的凜冽寒風、青春期吸菸和早發肺病的洗禮。最後，她將我拉出溫暖的被窩，叫我坐下來訴說她的故事，此時窗外花園仍沐浴在秋日黎明的霧氣之中。

三十年前，我第一次踏入安寧療護（hospice）的工作，帶著不同醫療專科的數年經驗、一些癌症醫學訓練，以及新近拿到的碩士學位，當時的我或許自認相當搶手。我清楚記得自己當時倍感振奮，因為發現緩和療護領域完全符合我對醫療事業的所有期望：這份工作是臨床檢驗與團隊合作的結合，旨在找出患者症狀的根源，再據以提出最佳的緩和措施；是關注病患與家屬的心理需求及韌性；是在面對疾病惡化時保持誠實、忠於真相；是將每位患者視為獨特的完整個體，且他們也是自己照護團隊裡的關鍵成員。並不是「對患者做什麼」，而是「與患者合作」：這是一場徹底的典範轉移（paradigm shift）。我找到了自己的歸屬。

直到我在八月初報到之前，這間新安寧療護機構的領導人一直處於隨時待命的狀態，沒有喘息時間。儘管如此，他整個人卻流露出熱忱與溫暖，對我的一籮筐問題、安寧療護經驗的缺乏和太過年輕的自信保持耐心。眼見我在癌症中心便已認識的患者，看起來比不久前被我照顧時好太多，疼痛得到良好控制，大腦也能正常運作，這讓我驚異不已。我或許一度自視甚高，但我意識到這些人在安寧療護中得到的照護，遠遠勝過他們在主流癌症治療中所得到的。或許我以往的經驗不過是為新知識打下基礎；或許我不是來這裡表現一番的，而是來學習的。年輕人總是很慢才學會謙卑。

我每天巡房檢視病患狀況、調整藥物，以求控制症狀並將副作用降到最低的最佳解，在旁觀察領導人討論情緒與焦慮以及睡眠與排便習慣，參加一場場團隊會議以檢討每名患者的生理、心理、社交與精神福祉，這樣過了一個月之後，領導人終於認為我準備好第一次獨自在週末值班了。他會擔任後援，早上進來回答問題，檢討特別棘手的狀況，但我將負責接聽護理師、家庭醫生和病房部的來電，嘗試解決當下發生的問題。我興奮不已。

星期六下午還早的時候，荷莉的家庭醫生打電話來。當地社區的緩和療護護理師跟荷莉很熟，而他們的辦公室就設在我們院裡，所以他猜想我會不會也了解她的狀況。荷莉年過三十五，她的兩個孩子是青少年的年紀，她處於子宮頸癌晚期，癌變已經蔓延至骨盆，壓迫到她的膀胱、腸道與神經。家庭醫生在專科護理師的協助下管理她的疼痛，荷莉現在可以下床，坐在公寓屋外的平台上抽菸、跟鄰居聊天。上週她出現了劇烈的噁心症狀，是腫瘤壓迫將尿液由腎臟傳輸到膀胱的輸尿管所致，使用合適藥物來緩和這種腎衰竭所導致的不適後，症狀已大有改善。

今天她有了新問題：和她住同一間公寓的人們一整晚都沒睡好，因為荷莉想要到處走走、跟每個人聊天。數週以來，她只能勉強步行幾步，卻在一夕之間突然生龍活虎，無法安靜下來睡覺，她將音樂開得很大聲，想要跳舞，把孩子和母親都吵醒了，隔壁鄰居也被吵得敲牆抗議。天光一亮，她的母親便打電話給家庭醫生。醫生來的時候，看見荷莉有些許亢奮，她臉色發紅且疲憊，但還是扶著家具滿屋子跳舞。

「她不像是痛苦的樣子，」家庭醫生向我說明，「而且她雖然過動，但思維一切正常。我不認為這是精神方面的問題，但我搞不清楚是什麼狀況。她的家人快累死了。你那邊有床位嗎？」

我們的病床都滿了，但我很好奇是怎麼回事。家庭醫生同意我去家訪，於是我從社區團隊辦公室拿來荷莉的病歷，穿過逐漸消散的秋霧，前往城市的另一區。長長的排屋盡頭，是沿著河岸兩側延伸的儲煤廠、鐵工廠和造船廠。在某幾處，排屋被粗陋的低矮深色磚造公寓給打斷，這些公寓頂端圍繞著鐵絲網，黑漆漆的出入口掛著冷色調的霓虹燈，燈管覆有防破壞的保護罩。這些建築都取了不太相稱的名字：木蘭之家、百慕達宮廷，還有我的目的地，夜鶯花園。

我把車停在路邊，在車裡坐了一會兒觀察這個地區。我旁邊是夜鶯花園的幽暗前院。在地面樓層，有條光禿禿的石板小徑從人行道延伸到公寓前：這些所謂的「花園」裡沒有一棵樹或一片草皮，當然更沒有人在這兒見過或聽過夜鶯。馬路對面，一排社會住宅的白色大門與窗框像是在露齒微笑，所有門窗都一模一樣，剛被重新粉刷過。一些小巧的前院花園展示著晚夏殘留的色彩，有些庭院則點綴著生鏽的床架或壞掉的自行車。幾個小孩在街道上嬉戲，用網球玩接球遊戲，同時閃躲一群騎自行車朝他們衝過來的大男孩。孩子們興奮尖叫，大大小小的狗兒們也熱情狂吠著，想要加入戰局。

我拎起提包，走向夜鶯花園。我要找的是五十五號。一道標著「單號」的拱門後，是一條陰冷潮溼的混凝土隧道。在樓梯間昏暗的燈光中，我吐出的氣息隱然可見。第一個樓梯平台，所有門牌都是三十幾號，我又爬了兩三段階梯才找到五十幾號，這條陽台走廊俯視著起霧的河流，而陽台本身又被霧氣中崛起、宛如摺紙巨人般的起重機俯視著。走到一半就是五十五號。我敲敲門，靜靜等待。透過窗戶可以聽見音響中的馬克・波倫（Marc Bolan）正高聲唱著，說我騙不了革命之子。

一個身形龐大的五十幾歲女子穿著礦工工作服來應門，她身後是一道通往另一層樓的樓梯，身旁是大開的起居室門，可以看到一名矮小蒼白的女人扶著餐桌，雙腳隨著暴龍樂團（T. Rex）演唱的節奏舞動。

「幫我關上門，好嗎？」她輕快地高聲對我們說，「外頭很冷呢！」

「你是麥克米蘭護理師嗎？」年紀較大的女士問我。我解釋我跟麥克米蘭護理師組織（Macmillan nurses）一起工作，不過我是值班的醫生。她歪了歪下巴，示意我進屋，同時誇張地挑動眉毛，暗示年輕女人讓她有些擔心。然後她挺起身子，大喊：「荷莉，我去買個菸！」便離開了公寓。

荷莉看著我解釋說：「我們昨晚把菸都抽完了，現在菸癮犯了啦！」接著她請我入內，說道：「來杯茶嗎？」

荷莉身形瘦小，黑髮紮成一束高馬尾，給人感覺有些孩子氣。她的皮膚透著雪花石膏般的晶瑩，緊繃地覆在腫脹的雙腿與消瘦的臉龐上。她彷彿散發著微弱的黃光，像一顆不再明亮的燈泡。她動個不停，似乎被一股看不見的力量所驅動。她的雙腳跳著舞，手扶著桌子；然後在其中一張直背椅猛然坐下，開始用手摩挲雙臂、大腿和腳踝，隨著音樂擺動臀部、搖晃腦袋。接下來放的是艾利斯．庫珀（Alice Cooper）：荷莉用手指敲打節奏，然後彈起空氣吉他，同時甩動馬尾來慶祝歌詞中的學校被炸成碎片。她從頭到尾用細細的女低音跟著唱，夾雜著幾次打嗝。

音樂喀嚓一聲停止，讓我注意到放在窗台上的卡帶播放機，剛才放的想必是她青少年時自己混錄的錄音帶。沒有了音樂，她的動作失去節奏感，舞蹈中斷了，她坐在椅子上搖晃，用削瘦的手撫摸四肢，甩動頭髮，像個憤怒的精靈。她抬頭看我，彷彿第一次發現我在這，問道：「有菸嗎？」我搖搖頭，她用一種唱歌般的聲調，笑著挖苦道：「哎呀，糟糕囉，你是醫生吧？你覺得抽菸很不好！」

「所以，有何貴幹，醫生？」她接著說，「我今天好到不行！我想要唱歌跳舞，離開這間該死的公寓！」她環顧房間，大大嘆了口氣，「這裡像個豬圈，要好好打掃才行。艾美！艾美!!」她的目光看向被香菸燻黑的天花板，好像是在看艾美，她大概就在樓上。

一名身穿睡衣的青少女出現在起居室門口。

「媽？」她說，「媽，到底在吵什麼？」這時她看到了我，低聲問，「這個人是誰？奶奶去哪裡了？」

「奶奶去買菸了。這是醫生。我們家需要打掃才行，你來用吸塵器吸一吸吧？」

艾美翻了一個青少女的典型白眼說「好啦，等一下」，便重新消失在樓上。她的祖母正好走進大門，她同時點燃兩根香菸，遞了一根給荷莉，然後蹣跚走進廚房，說著：「我來燒個水。喝茶嗎，醫生？來點餅乾嗎？」

我坐在沙發上，看著荷莉一直動個不停。我認得出這個模式，我只是需要再多一點點的資訊。

「荷莉，你會覺得躁動不安嗎？」我問。

她嚴肅地看向我，吐出一口煙，然後回答：「聽我說，你要問一大堆問題嗎？因為，我無意冒犯，但我受夠第一個醫生了。所以說——沒錯，我沒辦法躺著不動，我睡不著，我沒辦法趕走腦袋裡的音樂。可以了嗎？聽懂了嗎？」

她母親端著托盤過來，上頭是幾個斟滿茶的馬克杯、一盤餅乾和切得厚厚的水果蛋糕。我後來才知道，此種待客之道是這一帶河岸人家的傳統。

「荷莉平常脾氣沒有那麼壞，」她母親說，「我覺得她是累了。我們昨晚都沒有睡覺。」

「你們覺得這種躁動是從何時開始的？」我問。兩名女士對望彼此，思索著。

「是從你不再吐得那麼嚴重之後，」她母親說。

荷莉也同意。「嘔吐快把我搞瘋了，我什麼都吃不下。但現在我沒有不舒服了，我覺得精力充沛。」

這個可憐人身上泛著腎衰竭特有的檸檬黃膚色，生命正像回音般逐漸消逝，而她竟然形容自己精力充沛，這實在令人匪夷所思。我請她雙手平舉，閉上眼睛。她的手臂正在扭轉舞動，雙腿也踮起腳尖上下彈跳。我握住她的手，慢慢彎曲手肘，我感覺到她的肌肉像是被齒輪帶動一樣，不斷繃緊又放鬆。她洋娃娃似的面孔上，眼皮未曾眨動。

「你是什麼時候不再想吐的？」我問，儘管我早已知道答案：就是護理師為她安裝微量注射器，開始持續給予止吐藥物來緩解腎衰竭所引發之嘔吐症狀的那一天。躁動就是從那一天開始的。因為抑制嘔吐的藥物同時也讓她產生了這種強迫性的焦躁感：靜坐不能（akathisia）。她以為這種強迫感是「精力充沛」，也正是這種感覺驅使她下了床，想要四處走動。

這是個兩難的局面。這名年輕母親已靠近生命的盡頭，她的腎衰竭之嚴重，許多人在這個階段可能已經失去意識了，然而抑制噁心嘔吐的藥物亦引發了焦躁不安，使她產生想要出門走動的衝動。她的兩腳沒有力氣支撐她站立，而她住在公寓的五樓。我不想停止給予抑制噁心的藥物：那樣她很快又會開始嘔吐。然而，假如她持續踱步、跳舞、睡都無法睡一下，她會耗盡身上僅餘的精力。

確實有一種藥物，那是一種注射劑，可以逆轉這種坐立不安、動個不停的症狀，同時不使嘔吐症狀失控。我們院裡就有這種藥，我可以回去拿。但此時此刻，荷莉像頭關在籠中的動物那樣躁動。我們該如何平息她想要活動的欲望呢？

「你有輪椅嗎？」我問。沒有，畢竟直到兩週前，荷莉都還能自行上下樓梯。之後，疼痛讓她無法出門。再後來，疼痛緩和了，她卻為嘔吐所苦。

「樓下的莎莉有輪椅，」門口傳來一個聲音。艾美一直在聽著，此時她已經著裝完畢，身穿黑色緊身褲、螢光黃T恤、黃黑條紋褲襪與一頂軍裝風的貝雷帽。「我們可以去借。你要帶她去哪裡？」

「我沒有要帶她去哪裡。我要回醫院拿另一種藥來緩和她的躁動。但是，既然她靜不下來、這麼想要出門，我在想你要不要帶她去馬路那頭的商場逛逛，當作換個風景。」

她母親滿臉驚訝。艾美大喊：「我去問莎莉！」便跑出去了。荷莉感激地看著我說：「啊，我都沒想到可以這樣！謝啦，醫生。她們最近太保護我了，能出門走走真是太好了……」

大約兩分鐘後，艾美敲了敲窗戶，她人在走廊上，帶來了輪椅和兩名身穿黑色皮夾克的壯漢。

「東尼和貝瑞會扛她下樓，我們要去逛街了！」她興高采烈地宣布。

「等等——沒有電梯嗎？」我問，但有說跟沒說一樣——箭在弦上，輪椅借好了，她母親已經在打電話給荷莉的妹妹，約她到商場碰面。此外，我可不想違抗東尼和貝瑞，他們是樓下莎莉的兒子，他們已經接下任務，而且他們都是大塊頭——只不過臉上熱情的笑容比厚實的肩膀還要寬大。

我回到醫院，打電話給領導人。我描述了整體情況——瘦小的患者太虛弱，已是末期腎衰竭；日益衰弱，直到抗嘔吐藥物造成突然湧現的「假性精力」；我診斷為靜坐不能，以及我的治療方案。問了幾個問題後，他似乎對我的檢查與結論感到滿意。他問我是否希望他一同前往給藥，並制定接下來的計畫。雖然我想要獨自應付，但一想到滿屋子菸味、不停舞動的瘦小病患和穿皮衣的壯碩鄰居，便欣然接受他的提議。他開車到醫院來，於此同時，護理師先幫忙我準備所需的藥物和器材。

第二趟前往河邊的感覺很不一樣，霧氣已經散去，此時已近黃昏。我們在外頭停車時，陽光照耀著夜鶯花園，地面樓層有一戶似乎在開派對。仔細一看，我認出了貝瑞和東尼、艾美T恤的螢光黃，荷莉則坐在輪椅上，身著毛茸茸的亮粉色禮服和編織帽。她母親背對我們，穿著國家煤炭委員會（NCB）的工作外套，另一名老婦人，我猜是樓下的莎莉，她坐在步道上的一張搖椅。大家喝著一罐又一罐的啤酒，笑聲不斷，公寓裡的人們來來去去。等領導人和我走近後，大家對我們揮手，像迎接家人似的。

「這位就是送我們去逛街的姑娘！」荷莉大喊，秀給我看她新搽的指甲油，是她妹妹買的。

「要讓她的手保持不動，真是費了好大功夫！」她母親笑著說。

他們這趟出遊開心極了：荷莉很高興能和幾星期不見的朋友與鄰居見面聊天，大家都稱讚她出門的毅力。她買了一大條香菸、一整箱啤酒和很多洋芋片，現在都拿出來在這場人行道即興派對裡跟大家分享。

我解釋道，我們需要檢查她的微量注射器，先給她微量藥物，確定沒有不良反應，然後才能給她更大的劑量，以便度過夜晚。我們要先上去她的公寓。貝瑞和東尼像提起一只購物袋那樣輕鬆抬起輪椅，將荷莉抬到了五樓。她母親幫我們開門後，便去燒水煮茶；荷莉的妹妹和艾美也走了進來。我介紹了我們領導人，他檢查荷莉的手臂動作，確認我的診斷。我和領導人用馬克杯喝茶，其他人則繼續喝啤酒。荷莉知道她必須嚴格限制液體攝取量，所以用一個精緻的小瓷茶杯喝啤酒。

我在廚房洗手，準備注射藥劑。今日稍早有人打掃了公寓，家裡全部亮晶晶的。我在荷莉鬆弛的前臂皮膚插入小針頭，注射了第一次的小劑量。屋裡四處繼續著談話；貝瑞與東尼帶著他們母親的輪椅離開了；荷莉母親和艾美坐在扶手椅，荷莉的妹妹波比和我坐在沙發上，看著荷莉在屋裡不安地穿梭，領導人在她身邊以防她跌倒。她還在述說下午玩得有多開心。

終於，她在沙發上坐了下來，就在她妹妹旁邊。她煩躁不安，但繼續坐著。她逐漸停止說話，聽身邊的人聊天。我看到領導人在專注地觀察她。「你想睡了嗎，荷莉？」他溫柔地問。她點頭。波比和我挪出位置讓她躺在沙發上，但她翻來又覆去。她太虛弱，無法上樓去床上睡，永遠行動派的艾美於是將她朋友來過夜時用的捲包式床墊拿下來。荷莉母親與波比鋪了床，荷莉躺下來，閉起眼睛。

「荷莉，你現在感覺怎麼樣？」領導人問。

沒有回答。她輕聲打呼，艾美笑了，然而荷莉母親俯下身子說：「荷莉？荷莉？」她很害怕。

領導人在床墊旁邊的地板坐下來，測量荷莉的脈搏。她現在躺著，動也不動，輕聲呼吸，偶而打呼。領導人抬頭看著我們所有人問：「你們能看出她的改變嗎？」她確實變了。她變得更小了。她的力氣放盡了，過去兩週來的疲倦現在壓垮了她。

荷莉母親握住她的手，說道：「艾美，去叫你妹妹。」

艾美一臉不解。她妹妹這週末去朋友家玩，她不會想要被打擾。艾美還不明白此刻發生了什麼事。

「艾美，」我說，「我想你母親太累了，或許不會再醒過來。」

艾美張大了嘴。她的目光在她母親、為她測量脈搏的領導人、她的祖母和我的臉之間游移。「不是今天的活動讓她精疲力盡的，」我說，「你今天幫她做的事很棒。但她早在昨晚熬通宵之前就已經耗光力氣了，對不對？」

艾美瞪得大大的眼睛，看起來和她母親一模一樣，她點頭同意我的說法。「這種精疲力竭是她生病所引起的，不是因為她今天做太多事的關係，」我解釋，「但若你妹妹想要在這裡陪伴母親，現在就要過來。」

艾美嚥了一下口水，站起身。她拿起一本筆記簿，開始翻找電話號碼。

「給我吧，」荷莉母親說，「我來打。」

艾美默默指了電話號碼給她，荷莉母親走到窗台，電話就擺放在卡帶播放機旁邊。她撥打電話。我們聽到電話忙線的嘟嘟聲；聽到電話留言的語音；荷莉母親留下語音訊息，荷莉突然睜開眼睛說：「為什麼我躺在這裡？」

「你又喝得太醉了，上不了床，」波比說，她努力想擠出一絲笑容，淚水卻順著鼻子流下。

「波比，不要哭，」荷莉說，「我沒事，只是太累了。我們今天不是過得很開心嗎？」

她鑽進絨毛被裡，說道：「我女兒在哪裡？」

「我在這裡，媽，」艾美說，「坦雅在路上了。」

「過來和我躺在一起，」荷莉微笑著說。艾美看向我們。領導人後退、挪出空間，向她點點頭。艾美在她母親身邊躺下，抱著她。

大門砰的一聲打開，有個女孩衝了進來。

「媽？媽！她在這裡嗎？她在哪裡？奶奶？奶奶！到底怎麼了？」

奶奶走過來抱住她，帶她走進房間，說道：「她在這裡，坦雅，她在這裡。她太累了，我們弄了露營床給她躺。這兩位是醫生。你媽媽沒事，但她太累了，她想要一個擁抱。」

坦雅跪在地板上，靠近她母親的頭，艾美伸出手握著坦雅的手，拉下來撫摸她們母親的臉頰。

「媽，小雅來了，」她說。荷莉把手覆在女兒們的手上，嘆了口氣。

過了半小時，外頭天色暗了下來，屋裡變得黑暗。沒有人動。我們坐在昏暗之中，外頭街燈的橙光照進屋裡。每隔一會兒，領導人會輕輕說句話。

「看她睡得多麼安詳。」

「你們有沒有聽到她的呼吸改變了？現在變得比較淺了，對不對？」

「你們有沒有發現，她的呼吸有時候會停下來？那告訴我們，她已經失去意識，非常深沉的放鬆……生命走到盡頭就是這個樣子。非常安靜又祥和。現在這樣，我不覺得她還會醒過來。她現在非常舒適、非常安詳。」

此時，荷莉的呼吸已經輕到吹不起一根羽毛。

然後呼吸停止了。

她的家人深陷在一片平和之中，似乎沒有人注意到。

然後，荷莉母親低聲問：「她還有呼吸嗎？」

女孩們坐直起來，看著荷莉的臉。

「我覺得她在幾分鐘前就停止呼吸了，」波比說，「只是我希望那不是真的。」

「你們感覺她還有動靜嗎？」領導人問了兩個女孩，她們搖搖頭，淚水開始湧出。

「各位親愛的家人，你們都做得很好。你們給了她最美好的一天，最祥和的夜晚。她已經過世了。」女孩們倒抽一口氣、啜泣著，他等她們安靜下來，才接著說，「她走得極為安詳，因為有你們在這裡陪伴，她非常安心。你們讓她感到驕傲。」

女孩們離開床墊。領導人鼓勵她們觸碰母親、跟她講話，藉此維持屋裡的平靜氛圍。我著迷地看著她們又在她身旁躺下，輕輕垂淚，低聲訴說著她們有多愛她。這一幕幾乎令人心痛到無法承受，但這畢竟不是我的家人，我覺得流淚不恰當。我努力專注在領導人所下達的指示。

他向荷莉母親說：「我們需要打電話給值班的家庭醫生來確認她的死亡，然後你可以打給葬儀社老闆。但不用太著急，給你們自己一些時間。我現在就打電話給醫生。荷莉可以整晚待在這裡，如果你和女孩們希望她在的話。」

荷莉母親知道此刻該怎麼做。她已經替兩任丈夫與一個兒子送葬過了。她想再泡點茶給我們，但領導人已通知了值班家庭醫生這起死亡案例，說我們要告退了。我們離開菸味瀰漫的公寓，走到街燈照著的陽台走廊，沉默地走下幽暗的階梯，來到人行道上。

「你還好嗎？」領導人問。

當然不好，我覺得我剛剛殺人了。「嗯，很好，」我回答。

「不是注射藥劑將她殺死的，這你了解吧？」

「嗯……」我吸了吸鼻子。

「她已經精疲力竭了，假如不是因為靜坐不能而產生假性精力，或許昨晚就過世了。如果你沒有幫忙控制症狀，她會跳舞跳到死亡為止，激動又不安地死去。但是，你緩解了她的躁動不安，她才能在度過美好的最後一天之後平靜躺下，抱著她的女兒。」

我們走回汽車旁，河上又起霧了，暮色轉為夜色。這就是我在安寧療護機構值班的第一天。我從不曾忘記過那天。

看著領導人向荷莉家人講解她身體放鬆的變化過程、止吐藥物造成的躁動活力如何被死亡取而代之，我學到了非常重要的一課。他一一指認出大家可以用眼睛看見的情況，帶領她們度過整個過程；他向她們保證一切都在預期之中、正常且安全。這正是經驗老道的接生婆該做的：帶領參與者一步步了解整個過程，將他們安全送到預期的終點。這是一份禮物，讓女兒們持續參與及投入，讓她們回首時能夠明白，她們平靜的陪伴是給予親愛媽媽的最後禮物。這是個難得的機會，得以見證一名大師的工作，從那溫柔細心的榜樣中學習。

死神悄然而至

看著一個人邁向預期的死亡，會為家屬與朋友帶來某種安慰，因為所有人都能調整生活中的優先順序，珍惜每一天。但是，有時死亡會毫無徵兆、出乎意料地降臨。在某些情況下，存活者視之為一種恩典，不過，面對猝然離世的心理調整，往往比有機會道別的喪慟更加困難。

最殘酷的情況，或許莫過於患者逐漸好轉，似乎已經「脫離險境」，卻以完全意外的方式被死神帶走。當這種情況發生時，深愛他們的人——甚至是專業醫護人員——都必須面對千辛萬苦的適應過程。

亞歷山大（Alexander）跟他的哥哥——羅蘭與亞瑟——三人的名字都取自於英雄。他們的母親希望這可以激勵兒子們，但是，亞歷山大習慣在學校裡將自己的名字簡稱為艾力克斯（Alex），以免像他哥哥們那樣整天被捉弄。艾力克斯個性文靜。他喜歡藝術及攀岩；他偏好一人獨處；他熱愛各種色彩與質地，在創作巨型帆布畫作時深深感到快樂，他筆下的作品有種令人想要伸手撫觸的吸引力；他很享受獨自攀登孤峰的挑戰。儘管家人鼓勵他當會計師，他卻選擇成為畫家的學徒。他既沒有征服大陸的壯志，也沒有追求窈窕淑女的雄心：他可以感受到母親對他的前途焦慮不已。

不過，艾力克斯有他英雄氣概的一面。他對藝術堅持且執著，面對身體不適也不吭一聲。他忍耐背痛好幾個月，一直以為自己是在搬梯子時拉傷了肌肉。直到某次，他痛到沒辦法協助老闆進行天花板的繪製，才終於去看了家醫科。隨後六個月，他在醫療專業人士之間來回轉診，直到有人替他照了胸部X光。X光片顯示艾力克斯的肺部遍布著高爾夫球大小的腫瘤，彷彿一場暴風雪。事情終於水落石出。

「艾力克斯，背痛與疲倦開始之前，你曾經有陰囊疼痛，或在睪丸摸到腫塊嗎？」要求照X光的那名醫生問道。艾力克斯沒有料到這麼奇怪的問題，然而他清晰記得，數月前他的一顆睪丸有幾個星期又熱又痛。他以為那是足球傷害，也不好意思就醫，只是等待腫脹自行消褪——後來確實消腫了，但他的睪丸依然僵硬且畸形，然而他羞於啟齒。後來，背痛分散了他的注意力。這整段期間，原位的睪丸癌已沿著腹部深處及脊椎附近的淋巴結鏈逐漸向上擴散，造成淋巴結腫大與疼痛，最終讓癌細胞竄入血液，侵襲他的肺部。

艾力克斯成為「寂寞蛋廳」（Lonely Ballroom）的新成員，這間六人病房中的年輕男子都患有相同的癌症——睪丸畸胎瘤，他們定期接受為期五天的化療注射療程。他的焦慮自然是不用說。如同寂寞蛋廳的所有成員，艾力克斯切除了癌症病灶的睪丸，並進行了一連串掃描與血液檢查，以檢驗癌症蔓延的程度。結果顯示，癌細胞不僅擴散到他的肺部，還波及了肝臟與腎臟，腫瘤像斷線的珍珠一樣散布在腹腔各處。開始治療已是迫在眉睫。好消息是：睪丸畸胎瘤可以完全治癒，即使已經廣泛擴散，治癒率仍然很高。在一九八〇年代的我們醫院，治療正是在那間被戰友般的住戶們暱稱為「寂寞蛋廳」的病房裡進行的。

在療程的第一天等待設置點滴時，艾力克斯心神不寧地在病房區踱步，還在大片玻璃圍牆的樓梯走上走下，從那裡可以清楚看到外面的景色：市中心附近廣闊綿延的綠色公園，成排住宅的屋頂和煙囪，還有醫院後方的維多利亞時代墓地。癌症中心的建築是設計成窗戶背對著墓地（不要講到死那個字），但所有患者無論是停車或從救護車下來，走上樓梯進入病房部的時候，都會看到那片墓地。

畸胎瘤好發於年輕男性。當艾力克斯被帶到病房時，他看到五名病友早已在交流他們之前三週是怎麼過的、爭論本地足球隊有沒有機會脫離聯盟墊底的排名，以及禿頭後還性感嗎——這個話題對於現場幾位年輕男士來說格外重要，他們的腦袋瓜在化療之下像是一顆顆發亮的雞蛋。他們全都一手吊著點滴，身穿短褲和T恤，不是賴在病床上，就是推著點滴架走來走去，彼此分享雜誌與口香糖。他們正在等待注射第一劑止吐藥物，點滴管上的生理食鹽水袋之後將換成化療藥劑。他們像兄弟一樣歡迎艾力克斯。

「兄弟，你是左邊還右邊？」

「擴散到哪了？」

「真衰，兄弟，但在這裡他們會好好照顧你。」

「你打算剃光頭，還是等頭髮自己掉光？」

我當時是癌症中心最資淺的醫生，被分配到這個三十二張病床的部門。我拉起艾力克斯病床四周的布簾，私下向他解釋化療的流程。房裡其他五個年輕男子聚在遠遠的角落，繼續討論昨晚的電視節目和墨西哥世界盃足球賽，嗓門大到足堪證明他們沒有偷聽：畢竟每個人都曾當過這間病房的新人，既害怕又難堪，又為自己的害怕感到難堪；每個人都學會了屬於癌症病房和寂寞蛋廳的黑色幽默。寂寞的可不只是剩下的「蛋蛋」而已。

寂寞蛋廳的每名患者均參與了一項臨床試驗，這項試驗的數據由全歐洲各間中心共同蒐集（迄今仍在進行中），正是這種持續的跨歐洲合作，朝向最高可能治癒率的目標前進，使得至今畸胎瘤患者的治癒率已超過九五％；就連艾力克斯這樣的末期癌症患者，都有八〇％

以上的治癒率。他們的化療藥物毒性極高，不只會攻擊他們的癌細胞，對他們的骨髓、腎臟和其他器官也會造成影響。

在這項艱苦的治療當中，最難忍受的負面症狀就是嘔吐。這些男孩子吐得非常、非常嚴重：整整五天，他們嘔吐、乾嘔、感覺極度噁心。現在已經有更有效的藥物可以控制這種治療所造成的不適，但在當年，我們會用很狡猾的一招來緩和他們的噁心感：在那整整五天之中，他們會服用一套令人神智恍惚的藥物組合，其中包括高劑量類固醇、鎮靜劑和一種大麻相關的藥物。這讓他們昏昏欲睡、心情愉快又嗨到不行。當藥物開始解放他們的言行，房裡就會充滿胡亂的笑聲和黃色笑話。寂寞蛋廳或許是癌症病房，卻總是少不了歡笑。到了第五天，藥效逐漸退去，他們對整個過程可說沒有什麼記憶，只記得那份友誼的芳醇與溫馨。

我向艾力克斯說明這一切，他在門診時已經聽過了，但是，聽到太震驚的消息時，人們往往只能接收到隻字片語：癌症、到處都是、化療、血檢、精子數量、禿頭、嘔吐、無法工作。至於那些有益的細節，例如，可治癒、樂觀、回到工作崗位，他全都置若罔聞。他嚇壞了，而且對自己被嚇壞這件事感到丟臉；和所有攀岩者一樣，他能夠面對失足摔落、猝然死亡的恐懼，但想到要眼睜睜看著死亡進逼，像獻祭的處女被綁在木桿上，無助地等待惡龍的來臨，他整個人便動彈不得。他應該像他的名字一樣當個英雄，而不是無助的犧牲者。他觸碰到自己的恐懼，認定自己是個懦夫。他的羞恥甚至超過了他的恐懼。

窗邊傳來了笑聲：英格蘭足球代表隊中場球員「硬漢」威爾金斯（'Butch' Wilkins）正在電視上接受訪問，剛被問到面對其他隊伍後衛的凶狠鏟球是否需要膽量（took balls）。這群下面動過刀、只剩一顆蛋蛋的年輕男子們立刻爆笑如雷。黑色幽默是他們在公開場合的最佳武器。在簾子後面，艾力克斯用哀傷眼神看著我，他在床上往下滑，將被單拉到下巴，低聲說：「我永遠都沒辦法像他們那麼勇敢……」一滴淚珠緩緩滾落他的臉頰。

「你一次只需要熬過一天就好了，」我開口說。但他開始來回搖晃，大口吸氣，拚命忍著不發出聲音，卻還是無法控制地開始啜泣。窗戶附近的男孩們禮貌地將電視音量轉大。對恐懼的恐懼是最可怕的部分，他們比我更加清楚。

我感覺如此無助又笨拙。在我面前哭泣是否會讓他更抬不起頭？假如我現在離開，是不是看起來像丟下他不管？

我感覺到我的臉頰發燙，眼裡盈滿淚水，艾力克斯所面臨的巨大困境使我充滿無力感。

我絕對不能哭、絕對不能哭、絕對不能哭……

「我無法想像你們每個人在這裡經歷的一切有多麼難，」我說，「我只知道，每個人在第一天都跟你一樣。他們全部都是——看看現在他們變了多少。」

「我真是個懦夫，」他低語，身子還是不停抖著，啜泣逐漸緩和。

我不知道能說些什麼安慰他或給他希望的話語，便伸手拿器材盤，開始設置艾力克斯的點滴，他伸出兩隻手，好像準備要被銬上手銬。

「你慣用右手或左手？」我問，和許多藝術家一樣，他說他是左撇子。在消毒皮膚、繫緊止血帶並尋找合適的血管時，我問起他的藝術創作，他向我述說他有多麼熱愛創作的過程：想像著那件作品，幾乎是真實感受到；構築每一幅畫布，一層又一層、一個顏色接著一個顏色；他的腦海裡不僅有圖像和色彩，也有對質地和表面的思索；散步及攀岩時，在大自然中看見的平面與空間、色彩與空白的組合，永遠令他著迷不已。他談論這些時渾然忘我，過了幾分鐘，點滴已經裝好，他也平靜下來。我徵得他的同意後拉開布簾，看到他的五名室友在電視機旁邊打牌，一群閃亮的光頭和點滴架，像是金屬樹叢間冒出一圈奇特的傘菌。

「兄弟，你也要玩嗎？」其中一人問。艾力克斯點頭，抓起他的點滴架。我悄悄離開，思索著勇敢的意思究竟是無所畏懼，抑或是忍受恐懼。為什麼這些能派上用場的話語，總在離開病床後才浮現在我的腦海？

接近傍晚時分，這些小夥子個個嗨得快要飄起來，吐得像是英格蘭的嘔吐代表隊。他們躺在床上，努力瞄準特地為他們準備的大洗碗盆：因為他們昏昏欲睡、行動遲緩，根本來不及用病房裡慣用的小塑膠腎形盤接住說來就來的嘔吐物。他們彼此嘲笑、互相打氣，等到我要回家的時候，他們正在不成調地合唱當年度的世界盃主題曲——反正那首歌原本就沒什麼曲調可言。

三週過去了，又到了寂寞蛋廳的另一個星期一。整間病房總共要抽六袋血、架設六支點滴、開立六份令人恍惚的藥物、過去三週情況的六人份檢驗。艾力克斯已不再是菜鳥；他熟門熟路，一顆光頭和其他病友一樣閃亮。這天，大家正對於馬拉度納（Maradona）在對英格蘭比賽中的那顆「上帝之手」進球同感憤慨。艾力克斯的胸部X光顯示，他體內的許多腫瘤沉積物正在迅速縮小。我將大張灰色的透明X光片拿給他看，上面的影像引起了他的興趣，明暗之間的對比、蘑菇狀的陰影在暗色的肺組織中顯得又大又白，僅僅經過第一輪化療，癌症面積便大幅縮減，這令他感到驚訝。我解釋道，在他肝臟、腎臟和腹部的其他轉移性病灶也會如此：隨著化療發揮效果而縮小。這將更進一步提高他治癒的機率。他點點頭，表情嚴肅，若有所思。我在想要不要問他自己感覺如何、他的恐懼感是否還那麼強烈，但我害怕可能會打破他的防備，他或許不希望那樣。於是我轉向其他患者，與每個人進行相同卻又完全不同的談話。

那週我星期三值晚班。我總是在檢查完寂寞蛋廳的點滴之後才回家，因為假如有任何點滴在半夜出問題，我就必須開車回來重新上針。男孩們很安靜。英格蘭隊正從墨西哥打道回府，天氣熱浪來襲，病房窗戶朝南，將這個房間變成一間溫室，唯有夜深了，才會勉強涼快一些。大部分的點滴看起來都沒問題，不過艾力克斯插針位置的皮膚有些發紅，他發現當他移動手臂，點滴就會停止，引發警鈴聲。我拿來器材箱，拉起簾幕，準備重新設置點滴。

「我還是不知道要怎麼面對，」拉起簾幕後，他便輕聲說道。「快樂藥」讓他卸下心防了。「我是說，我知道我現在看起來變得愈來愈好，但就算所有腫瘤都消失了，我們也不知道是不是哪天會再復發，對吧？」

我正試著將一條塑膠管插入他前臂的血管，太過專注而沒有回應。在寂靜之中，他嘆氣說道：「我受不了等待。那些等死的人到底是怎麼忍受的？我不想知道。」

我用膠帶固定管子，壓下按鈕重新啟動點滴，「開」的指示燈鼓勵似地閃了一下。我坐下來看著艾力克斯，他躺在枕頭上，眼眸明亮，沒有了睫毛與眉毛。他看起來很放鬆，卻皺著眉頭努力保持思緒連貫。

「人們會曉得自己要死了嗎？」他慢悠悠地問道。由於藥物的作用，無論我們的對話多麼有用，他都不太可能記得。然而此時此刻，在藥物引發的深度鬆弛的幫助下，艾力克斯真心問出他最害怕的事情。這是可遇不可求的機會。

我坐著不動，只是等待。艾力克斯的臉色改變了。他停頓，抬頭看著簾幕桿，瞇著眼彷彿想要專心。然後他很慢、很認真地說：「我不確定要不要跟你說這個……」

又是一次停頓。不要插嘴，讓他把話說完。

「你有看過這裡的窗外嗎？」他終於問道。

喔，不，難道他是要說墓地的景色嗎？

「有……」我謹慎回答。我們接下來要談的是什麼？

「那麼你知道這裡有多高，是吧？」他拉長聲音說著。

我知道。我一天要爬那些樓梯好多遍。

「你知道我有在攀岩吧？」

知道……

「我一直在想，我其實不需要等。從窗台橫向移動到大樓角落很簡單。如果從那裡墜落，就會直接撞在水泥地上。大概只需要一秒。砰！」他伸手捶在床上，我嚇了一跳。

喔，老天：他擬定了自殺計畫，想要避免等死。

「你一直在想這個嗎？」我問，盡量保持聲音穩定。

「我一到這裡就發現了。後來我也檢查過樓梯天井，但那邊往下墜落時會撞到太多東西

——太窄了。外面比較好。」

「你在想這件事的時候，有什麼感受？」我問道，卻害怕聽到答案。

「我覺得堅強的我回來了。我有選擇，我可以隨時出院——砰！」他又重重捶了一下床，「這次我有準備了。「只要我隨時想走……」他躺回枕頭上，露齒而笑，眼睛盯著我看，想要評估我的反應。

「你覺得自己可能需要這樣做……嗯……在不久之後？」我問，心急如焚地想著萬一他現在就跳下床、企圖鑽過窗戶，我該如何找人來幫忙。

「沒有啦，」他笑了笑，「不是現在，我們知道壞東西已經落跑了。但是假如它又回來了，我不會只是呆呆地等著它來搞我。」

「所以說，我應該擔心你這禮拜之內會做那件事嗎？」我問，但他睡著了。沒幾分鐘，他已開始打呼。明天我要去徵詢精神科團隊的建議才行，但今晚艾力克斯看來已經熟睡到不可能下床。我可以回家了。

半夜，床頭的電話響起。還沒睡醒的我先是抓到梳子，然後才找到電話機。我還沒說完「喂……」，值大夜班的護理師便打斷我的話。

「亞歷山大・萊斯特！」他吼道——他是個退役軍人。「多處出血。已經通知加護病房小組。告訴你一聲！」電話便掛斷了。

什麼？發生了什麼事？為什麼他會流血？他的血液檢測結果很好。一定是他做了什麼事。他跳樓了嗎？喔，完了——萬一他跳樓了呢？我的鞋在哪兒？汽車鑰匙？究竟是怎麼一回事？

從我家開車到醫院只要五分鐘，凌晨兩點路上沒車時更快。我將車停在救護車車位，跑上樓梯，跳過那台「靠不住的電梯」。我氣喘吁吁、滿頭大汗，抵達病房時看見值班護理師正大步穿過走廊。

「啊，曼尼克斯醫生！我剛掛電話，患者就轉到加護病房了。量不到血壓，嘔吐物有鮮血、直腸出血。已經裝了另外的靜脈通路，開始做液體復甦。已通知家屬。還有什麼事要做嗎，醫生？」

「發生了什麼事？」我有些遲疑地問，「他跳了嗎？他是哪裡出血？」

「跳？跳什麼？」值班護理師聲如洪鐘地說，我也不禁跳了起來，彷彿被這個字命令似的。「你說『跳』是什麼意思？」

我深呼吸，語氣盡可能保持鎮靜，說道：「告訴我究竟發生了什麼事。」

護理師描述艾力克斯大約午夜時開始躁動不安，索取了便盆椅，排出了血便，血壓往下降，接著開始吐出像是鮮血的東西。不是跳樓。如果我知道他考慮輕生卻沒有採取行動，那就是我的錯了。寬心與憂心的感受輪番湧來，爭奪上風，最終被愧疚的海嘯所淹沒：艾力克斯在加護病房，我卻在擔心我自己。

「看起來是嚴重消化道出血，」護理師繼續說，「要我說的話，應該是牽涉到主要血管破裂。」

聽起來不妙。確認過癌症中心的其他患者都沒事之後，我在憂慮與羞愧夾雜的情緒驅使下，快步穿越燈光過亮的醫院走廊，前往加護病房。他們已經通知了艾力克斯的腫瘤科醫生，他正在趕來的途中。

艾力克斯側身躺著，沒有意識；房間裡有一股血便味，是我熟悉且害怕的腥甜黏膩氣味。他身上插著兩支點滴，其中一支打進頸靜脈；監測儀上顯示他的脈搏快速、血壓極低。大事不好了。護理師不斷按下「低血壓」的警報按鈕，讓它不要一直尖叫。他的母親一臉蒼白坐在病床邊；她身邊是一名長相神似艾力克斯的年輕男子（「羅利」，他扼要地自我介紹），手裡揉捏著保麗龍咖啡杯。加護病房的主治醫師也在房內，她正向家屬解釋艾力克斯失血過多，他們在等候血庫的交叉試驗結果，因為在化療期間，他必須使用經過病毒篩檢的血液。他們已經在為他輸入凝血因子與血漿，但他非常、非常虛弱，無法動手術來阻止失血。大事真的不好了。他的癌症治療明明很順利——怎麼會發生這種事？

此時，艾力克斯的頭猛地往後仰，幾乎像是自願的行為。一條暗紅色大蟒蛇迅速由他口中滑出，盤繞在旁邊的枕頭上，同時將他的頭往後推；這條蟒蛇濕漉漉的、閃閃發亮，開始將枕頭套及床單染紅，艾力克斯發出了一聲沉重的鼾聲，便停止了呼吸。他的母親驚聲尖叫，她意識到那條蟒蛇全是艾力克斯的血。說不定是他體內所有的血。羅利站起來抱住她，將她帶離房間，交由護理師陪同。她被引導至某處的安靜房間，抽泣與尖叫聲也隨之漸行漸遠。

我呆若木雞，驚恐到動彈不得。這是真的嗎？我還在睡覺做夢嗎？不是。盤繞的蟒蛇崩塌成一大坨褐紅色奶凍。艾力克斯一定會欣賞這強烈的色彩，質感的變化，床單上的明暗色交會。我們難道不應該做些什麼嗎？但要做什麼？

加護病房主治醫師的身影看起來遙不可及，像映在電影銀幕上，她檢查艾力克斯的脈搏說：「這不是種很好的走法……」人工復甦在這種時候於事無補。她搖了搖頭，邀我去喝杯咖啡，這句問話聽起來格外令人平靜，我說好。艾力克斯的腫瘤科醫生抵達後，我們跟他碰面，和他一起到員工休息室喝咖啡並簡單回報現況。腫瘤科醫生以前曾見過這種情形；一顆顆腫瘤將腸道黏附在大血管上，腫瘤隨著化療縮小而留下了小孔，導致來自全身的大量血液流失。這種情況雖罕見，但並不是完全沒有，如果出血量過大，便無法醫治。

我不斷想著，他不想死，他有想完成的願望。

然而我知道，等蜿蜒血跡被清掉，床單換過，艾力克斯的遺體也清洗乾淨，讓他的家人來瞻仰遺容及道別之後，即使告訴他們，他再也不必用跳樓來躲避眼看死亡接近的恐懼，他們也不會從中感到安慰。艾力克斯如他所願地離開了醫院，沒有儀式，也沒有訣別。但那場不存在的告別，對這個小小英雄家庭而言將是終身的遺憾。

到了早晨，我們必須告訴寂寞蛋廳的患者們，艾力克斯的治療已經結束了。

這是個很難開口述說的故事，讀起來或許也令人震驚。如果在預期中來臨，大多數的死亡是可控且溫和的；但事實上，突然的、意外的死亡確實會發生，而且未必都會發生得「乾淨俐落」。雖然在突發死亡的過程中，瀕死之人通常受到昏迷症狀的保護，不會完全意識到當下情況，但他們身邊的人往往會留下難以承受的回憶。

喪慟之人，即便是目睹所愛之人安詳死去的人，通常也需要反覆講述他們的故事，這是將他們承受的體驗轉變為回憶的重要環節，而不是每每憶及此事都像在平行時空重新來過一遍。

而我們這些照顧臨終者的人，有時也需要進行事後回顧。這讓我們保持身心健康，能夠重返職場，繼續在工作中面對新的傷痛。

最後一次守夜

在緩和療護中，臨終病床邊的守夜是常見的景象。有些家庭氣氛平和；有的家庭安排輪班，除了照護病人，也不忘關懷照護者；有些家庭裡的人互相競爭——角逐最悲痛的、最被愛的、最被需要的、最被原諒的位置；有些家庭充滿笑聲、交談聲和對往事的追憶；有些家庭則較為安靜哀傷、較多眼淚；有些家庭只有一個人孤單守在床邊；偶而是我們醫護人員幫忙守著，因為患者沒有任何親友。這些情景我見過很多次，直到我第一次坐在我摯愛且永誌難忘的人床邊，而那次經歷使我就此改觀。

嗯，這是意料之外。

房間裡黑漆漆的，門上方的夜燈發出昏暗的光，照在四張病床和熟睡的患者身上。其他三張病床偶而傳來咕噥聲或鼾聲，凸顯我面前這名白髮婦人的安靜。我坐在椅子邊緣，端詳枕頭上的蒼白臉龐，她的眼睛閉著，嘴脣隨著每次吸氣輕輕移動，鼻孔隨著每次吐氣微微舒展。

我在她臉上找尋線索。睫毛稍微掀了一下——她要醒了嗎？她在痛嗎？她想要說話嗎？但那吸氣與吐氣仍像節拍器一般工整。沒有意識；沒有感覺；無憂無慮。

這是我的祖母，她快要一百歲了。她和二十世紀攜手成長，一生見證許多奇景；當她還是個小女孩時，她看著點燈人燃起她家門前的煤氣燈，羨慕鄰居穿著晚禮服與披肩、坐上雙輪雙座馬車到城裡夜遊；當她成長為青少女時，她目睹哥哥偽造文書前往法國參戰，又迎接他回到家——經過六個月不斷搬運德軍炮彈到前線的戰俘時光，只剩下一具顫抖不安的空殼；新婚時，她經歷大蕭條，看著一個兒子夭折，死於某種如今由國民保健署提供的常規嬰兒疫苗接種便能預防的疾病，又看著丈夫死於只需抗生素就能治療的一場感染，但當時抗生素尚未發明；二戰期間，她帶著倖存的兒女撤離到鄉間避難，在軍火工廠上班，生產線上的女人偶爾會偷偷扭壞炸彈的引信線，寄望某些德國平民能夠逃過一劫；後來她回到城裡的家，發現家中掉下一顆未爆炸的德國燃燒彈，這都要感謝德國的無名姐妹讓引信失去作用。她見證國民保健署的創設；她的兒女接受了高等教育；她看到人類登陸月球。她是四代同堂的一族之長。現在，她就要離開人世了。

她急急吸了一口氣，吐氣時喃喃自語著什麼。

「奶奶？沒事，奶奶。我們明天就帶你回家。你現在可以睡了，我們都在這裡。」

我側耳聽著。我是說我真的、真的努力聽著。那串喃喃自語有說出什麼單字嗎？她在做夢嗎？她醒著嗎？她害怕嗎？

代表無意識的單調呼吸節奏又回來了。我坐著，仔細看著，在這張親愛的、熟悉的臉上搜尋線索。

我已看過許多遍，家屬們這樣持續觀察著，在守候中不斷搜尋。我從事緩和醫療已有十一年了，每天都看著一張又一張的臨終病床。我怎麼會未曾意識到，那些坐著等待的家屬們深沉而細緻的關注？這不是一項被動的活動；我主動且敏銳地警覺著，在她的面孔上探找線索，將每次呼吸當作證據來研究，顯示出的是不舒服？滿足？疼痛？滿意？還是安詳？這就是守夜的真諦，我突然間從一個嶄新且出乎意料的角度，重新體會到這個熟悉的模式：家屬團聚、輪班陪伴、彼此之間幾乎沒有什麼新資訊的詳細報告。

我正巧回到家鄉城市來進行演講。我當時欣然接受這項邀約，因為這樣就有機會探望父母、拜訪其他家人。然而數日前，我人已經在路上時，家人從醫院打電話來，要我更改行程。我們不是在我父母家裡聚餐，而是擠在城裡醫院急診部的小隔間，圍繞著奶奶那滿足無悔的笑容。她來這裡看她的背痛，最後確診了面積可觀卻未曾被察覺的大腸癌，在這個角落被安排了一張病床，我才剛設法說服那個菜鳥住院醫生開立止痛藥是合宜的措施，該院的緩和醫療小組即抵達，他們的專業建議在這裡更受歡迎，讓我可以回去當個孫女就好了。

翌日，我和這幾位緩和醫療從業人員又碰面了，地點是我受邀發表演說的會議。我很高興有兩小時可以脫離「焦慮家屬」的模式，切換為「會議演講人」，從哀傷中獲得片刻喘息，留下一小群家人陪伴奶奶。在我之後的講者是一名社工師，這場關於喪親家屬的動人演說刺穿了我的心防；我在女士休息室擦掉臉頰上的睫毛膏汙漬，衝回醫院。家人們報告奶奶已做過一些檢驗，她的癌症已經擴散開來。她想要回去養老院，因為那裡有座小教堂，而親近上帝是她現在的第一要務。她並不驚慌——數十年來，她都在準備面對死亡，反而很訝異自己如此長壽，成為她那個世代的孤獨倖存者，多年未見心愛的人也讓她感到寂寞。

罹患癌症的消息對奶奶產生有趣的作用：彷彿她一直等著，想要知道她最後會因何而死，她看起來好放心，使得有些家人懷疑她究竟有沒有聽懂這項消息。但這就是漫長人生的智慧：我們都無法永生不死，每天都會帶我們更接近最後一天。奶奶在八十幾歲時中風過，語言能力受到影響。她忘掉許多單字，便用其他字眼代替，讓她的話有時令人費解，有時則不小心造成詼諧的效果。而她的行動能力也受到影響。她用堅忍不拔的毅力承受了這些負擔。回想起來，我猜想她大概預期另一次致命的中風，會把她從不方便的生活中拯救出來，然而十多年過去了，她仍在這裡，跟我們講著香腸的事，「你們知道的，就是……那個什麼……」然後使個眼色，意思是說，「嗯哼！你們完全明白我的意思吧！」於是大家搜腸刮肚，想辦法讓「香腸和那個什麼」跟當下談話扯上關係，這個話題可能是她新買的羽絨被套，或者她想要送給姪孫女的新生兒什麼禮物。

因此，她現在知道了。不是再一次中風，而是癌症。骨盆神經受壓迫造成她「那邊」（使眼色）感到疼痛，這個部位她難以啟齒。她的體重往下掉，胃口也變差了一些，但尚未嚴重到引起警報。緩和療護團隊用來緩解神經壓迫疼痛的方法奏效，她默默感到高興。「那就像是……」——使眼色——「像……」——眼睛瞟著「那邊」——「拍立得」（Polaroid），她解釋著。姨姨看起來一頭霧水，我的妹妹英勇接話，一本正經地回答：「對呀，奶奶，像是痔瘡（haemorrhoid）。」我們其他人假裝忙著翻包包、掏口袋，不敢對上彼此的眼神，怕會不得體地笑出來。

所以說，既然我人在這裡，而且或許不會再有機會了，我於是加入輪班守夜的行列。昨晚，我睡在父母家裡我兒時的臥室，病房無人留守，因為奶奶看起來頗為舒適自在。但今天，突然間，她的狀況開始有所變化。睡睡醒醒；疲倦到吃不下；偶而才進食幾口液體；要求會見教宗。神父來探視她，她很開心。「教宗竟然這麼快就來了！」老天才知道他們之間的談話是怎麼進行的，但事後她似乎非常安心。

待到傍晚來臨，顯然她已經放下了重擔，奶奶已做好迎接死亡的準備。來自她養老院的一名訪客看出了徵兆，她是個身材嬌小、經驗老道的護理師修女，修女問奶奶想在哪裡度過最後的時光——開門見山地問。奶奶想要「回家」，嬌小的修女說他們明天就迎接她回家。病房員工也同意安排轉院事宜。奶奶微笑著睡了，隨後陷入昏迷。這一切我已見過許多遍，卻從來沒有真正看見。

於是，此刻我坐在椅子前沿，在黑暗之中觀察著我虛弱瀕死祖母的臉龐與聲響。突然間她睜開眼睛，說道：「你應該……不在這裡……睡覺……」幾乎是個合情合理的句子。我撫摸她的臉頰，她的鼻尖涼涼的。

「奶奶，你以前晚上都在擔心我們、照顧我們，現在輪到我們照顧你了。睡吧。我坐在這裡很舒服，而且我喜歡跟你作伴……」她笑了，那露齒的笑容像是無言的祝福，令我淚水盈眶。「媽媽和姨姨去休息一下，她們馬上就回來。你有需要什麼嗎？」

她搖搖頭，闔上眼睛。不知為何，布拉姆斯搖籃曲的旋律流入我的腦海中，這首緩慢的華爾滋化為奶奶口中的床邊歌曲，用她深沉、沙啞卻令人安心的嗓音，輪番哼唱給她的十三名孫兒聽（在我們之前多半也唱給我們的父母輩聽過）。此時此地，在她臨終之際，我思索著我對她漫長、坎坷的人生所知是如此有限，而她對我的認識卻鉅細靡遺。她是個了不起的女性，但我並不了解她。她為我母親和其他子女，以及八名孫女和五名孫子樹立起自立自強、韌性非凡的典範。在她變得無法流利交談之前，她是我們的知己，是我們傾吐傷心事及坦承錯誤的人，在我們焦慮時給予建議、煩惱時提供安慰。她對我們無所不知，卻很少談起她自己，而我們這些只關心自己的後輩子孫從來沒想過要問。

有多少陪伴在臨終床邊的人，當他們親眼看著曾經理所當然的未來由身邊溜走，摯愛的人在意識的層層迷霧中緩慢下沉，步向昏迷及死亡時，才能領悟到這些事實？也難怪會出現天鵝輓歌的幻想，人們流連著不願離去，渴求臨終者的最後一句話、一個深奧的啟示，或是一個讓所有人安心的宣言。

奶奶現在的呼吸輕且柔、短且淺。我向家屬、醫學生及患者本人說明陣發性呼吸（periodic breathing）有多少次了？儘管如此，聽起來跟這次都完全不像。她的聲音像是跑了一段長路的人，氣喘吁吁，好像很焦慮。然而她的臉卻很安詳，眉頭沒有皺在一起，脈搏穩定、規律且平靜（我摸著她的手腕）——我注意到，跟她的鼻子一樣，她的手很涼。我將她的手放進姨姨今天稍早從家裡帶來的編織披肩裡，彷彿我能設法給予她溫暖及生命。我的專業判斷確信她並無痛苦，但我仍保持警覺，如同一名高風險目標人物的護衛人員。我的所有感官都準備好隨時察覺最細微的不安跡象。

淺淺的呼吸中止了。我屏氣凝神——喔不，請不要在她們去休息一下的時候死掉。然後，她吸了一大口帶鼾聲的氣息，開始了陣發性呼吸的另一種模式，緩慢、深沉、彷彿打鼾。我想著有多少次家屬們問我，那種聲音是否表示不舒服，我還納悶他們為什麼會將鼾聲誤認為刻意發出來的聲音；然而，此刻我在這裡聚精會神地傾聽，想從那熟悉的如雷鼾聲中，聽出是否有絲毫不舒服的徵兆。記得在我還小的時候，每當她來家裡過夜，這鼾聲總吵得我睡不著。漸漸地，正如我所預料，這種自動呼吸變得更快、更淺，淺到我幾乎聽不見。我密切注意每次呼吸，觀察她的臉，尋找任何腳趾抖動或細微的手部動作，那可能顯示她想要最後一次和我們說些什麼。

我就這樣度過接下來的二十分鐘，直到媽媽和姨姨回來，給我一個紙杯，是那種醫院裡會有的橙色茶。我感覺我好像一個人在這裡待了很久很久，觀察與評估陷入昏迷的祖母，搜尋意義又拋棄那些意義。事情至此，我們已經無語；那份失落感如同重石壓在我胸口。我提議我留下來守夜，可是姨姨不肯——輪到她值夜班了，何況明天我還要搭長途火車回去，回到我的小孩、忙碌的工作和親愛的丈夫身邊。我明白我再也不會見到奶奶了。

事實上，回家讓奶奶大為振作，我們在下個週末又見到她了，她撐在枕頭上，蒼白又虛弱，但很高興看到我們大家。在長長的瞌睡之間，短短的對話讓她很開心。

到了下一週，當她吐出最後一口氣的時候，我沒有隨侍在側，但我已經學到了重要的一課，從守夜的過程，也從自然秩序的慈悲之中——亦即目睹祖父母輩的過世。在那之後，我也經歷了其他的臨終守夜，每一次都是同樣緊繃的觀察、同樣疲憊的專注。我對於那些在對的時間之前（彷彿有正確時間似的）提早降臨的死亡感到哀傷，但同時也一直懷抱且感激我在祖母膝下學到的最後一課。

如今我明白，臨終陪伴者是多麼縝密地注意細節，他們的關注是多麼主動悉心，這項責任有多麼令人精疲力盡，於是我也變得更能針對他們的需求及問題給出更好的回應，對他們頻繁要求檢視任何不舒適或痛苦的徵兆更有耐心。臨終守夜是反省的地方，面對即將結束的生命，其真實價值逐漸明朗；是守望及聆聽的地方；也是一段特別的時間，用來思索我們之間的連結，以及即將到來的分離將如何永遠改變我們自己的人生。

我們是多麼專心地在照顧，雖然只是坐著等待。

思考時間

臨終的模式

選擇放在第一部的故事，是用來說明我們死亡過程中逐步的、可預測的一系列事件，這在醫療進步、人們於家中死亡變得不那麼普遍之前，是為人們所熟悉的。知道接下來會發生什麼事，對於將死之人及其照顧者是莫大的慰藉。一旦我們都知道需要知道的事，便能放下心來，彼此相伴。做好充足準備的家庭在臨終病床前可以多麼放心，簡直令人訝異。

你曾經陪伴著某人死去嗎？你的親眼所見是否符合這些故事所描述的模式？對於死亡的描述是不是在你的預料之中？這些資訊如何影響你對死亡體驗的看法？你認為電視節目、肥皀劇和電影有沒有好好處理臨終及死亡？那些場景是否能幫助我們做好準備，抑或用戲劇效果取代了現實？

等你死期將至，你想要死在哪裡？死在自己家裡的床上（或許搬到更方便移動的房間），或是親戚或朋友家中，或醫院裡，或養老院，或安寧療護醫院，這些地點各有什麼利與弊？

如果你曾經目睹令人不安或驚嚇的死亡，你是如何面對和處理那段記憶的？你在第一部讀到了什麼訊息，讓你可以重新評估所經歷之事？

假使你總是想起某個擾人情境的痛苦回憶（無論是關於死亡或其他事），尤其當那種體驗依然深刻，彷彿事情一再重演，這表示你的經歷或許已造成創傷後壓力症候群。你應該尋求醫師協助，請不要再忍受不必要的痛苦——去尋求建議吧。本書結尾的「參考資源與有益資訊」會有一些實用建議。

第二部

告別的方式

人類的韌性十足。我們適應逆境，找到方法盡可能維持內心的平和。我們通常會運用自己早年發展出來的因應模式：如果你總是「故作堅強」，那就會成為你偏好的模式，因此你可能覺得很難理解那些大聲宣洩壓力作為因應的人。無論你或其他人，並沒有誰的因應方法比較好或比較勇敢；只不過是有些人藉由吐苦水來找到內在平靜，有些人的平靜則來自於自我克制。如果你是個「掌控全局、規劃細節」的人，當你與一個面對壓力時、傾向忽視眼前挑戰的人攜手因應困境，對你們兩人來說會非常困難：一方的迴避態度與另一方的規劃需求形成正面衝突，這對雙方都會構成壓力。要找到可以妥協及共事的中間地帶，需要體諒、技巧及耐心，甚或需要可信的第三方協助。

接下來的幾個故事，讓我們看見人們使用的應對策略差異甚大，往往完全是即興發揮、對自身行為毫無自覺。你或許會認出你熟識之人的類型——甚至認出自己的類型。

每個人都喜歡用「自己的方法」行事，直到人生盡頭也是一樣。

不是否定死亡，而是肯定活者

人類的精神力量很可觀。人們都自認有個極限，超過極限之後便會無法忍受。在數十年間，我面對一個個罹患最棘手疾病的患者，而他們調適與重設極限的能力始終令我驚奇不已。

艾瑞克是校長，非常認真的那種。他是組織能力很強的人，也是個說做就做的人。他管理著市中心一所大型的綜合中學，「他的孩子們」知道，他會支持他們度過任何挑戰，無論是要親自打電話給大學系主任，或是要陪同他們接受警方的正式問訊。

身為校長需要耗費許多時間，在他的職業生涯裡，艾瑞克（和他的家人）就做出了這種犧牲，而他一直期待退休後與兒女及孫兒共度更多時光。罹患運動神經元疾病（motor neurone disease，簡稱ＭＮＤ）並不在他的退休計畫之內。*

---

*編按：ＭＮＤ是一種漸進性疾病，會逐漸損害運動神經元，導致肌肉無法正常運作，最終會影響行動、語言、吞嚥，甚至呼吸。最著名的ＭＮＤ類型是ＡＬＳ（肌萎縮性側索硬化症），俗稱漸凍症。

他的病情緩慢浮現。他在跑步機上跑步的時候，偶爾會絆到腳，直到他從跑步機上跌下來，他的家庭醫生發現他的腿部反射有些奇怪，便讓艾瑞克去醫院檢查他有沒有傷到背。脊椎外科醫生說他的背沒事，但他最多只剩下三年可以活。那些「奇怪反射」與偶爾絆倒是第一個徵兆，隨著肌肉逐漸失去連結脊椎與大腦的神經的指令，他全身所有肌肉終將癱瘓，也就是MND。

記住，艾瑞克是校長：他說做就做。理所當然地，他在網路上搜尋他的病。螢幕上的訊息一字一句直接映入眼簾，沒有讓人思考的停頓空間，恐怖極了。艾瑞克決定在變成妻子的負擔之前自殺，他設想了許許多多種方法。他要不要開車撞上公路橋梁護欄，假裝是意外車禍？還是服藥？或者用塑膠袋？他從網路上找到更多資訊，試著想像自己該如何及何時行動。

假裝發生車禍似乎是最好的計畫，他打算在孫兒們發現他生病之前就自殺，他死都不願意讓他們覺得他是老朽之人。照他的判斷，如果他在夏季之前完成任務，大家就有時間恢復心情，去享受他在退休時滿心期待地預訂的聖誕節特別假期。艾瑞克擬好了計畫與時間表。在一個明朗的春日早晨，他偷偷帶著自盡的意圖開車出門「去郵局取包裹」。他妻子知道的下一件事是，他沒過幾分鐘就走回屋裡，然後說：「我沒辦法換檔。」他的手臂開始癱瘓，開車的生涯告終。A計畫就這樣報銷了。

春去夏來，艾瑞克的手腳逐漸無法動彈。他有一台電動輪椅，讓他可以在家裡及附近街道移動。他陪孫兒們玩，他們對他的輪椅大感興奮，還在上面貼滿蝙蝠車的貼紙。他很訝異他們絲毫沒被他逐漸癱瘓這件事嚇到，還很喜歡替他扶正眼鏡，或者幫他擤鼻涕。看護協助他妻子在早晨扶他起床更衣，晚上躺回床上；住在附近的女兒每天等兒子們放學後就帶他們過來，讓她母親有機會去採購。艾瑞克明白，服藥自盡（他的B計畫）已不可能，因為他沒有獨處的時候。

所以，艾瑞克，那個說做就做的校長，現在成了坐在輪椅上、什麼事都要別人幫忙的人。他原本以為他會痛恨這種情況、痛恨自己成為包袱，會為了喪失尊嚴與行動能力而憤恨不已。但令他意外的是，他發現自己仍然可以說做就做。艾瑞克計畫中的菜園由他妻子與兒子照顧，他本人在一旁指導（「那不是雜草，那是一排歐洲蘿蔔，你這個大頭菜！」），他們享受著這些一起度過的戶外時光。他在廚房門邊設計了一座香草盆栽花園，在他的督導下，由孫子們栽種。他下棋、讀書，細細品味高級的單一麥芽威士忌。

艾瑞克的妻子葛瑞絲是個廚藝高手，品嚐美食成為艾瑞克每天的樂趣。但是，到了夏天，就連進食也成了漫長的苦差事，因為咀嚼與吞嚥愈發困難。除了飲食問題，開口說話對艾瑞克來說也愈來愈難，因為嘴唇及舌頭變得無力。他從網路上得知，在這種症狀之下，有些人需要靠餵食管來補給營養。他覺得寧可死掉也不要用「非自然方式」進食，並揣測著他有沒有辦法餓死自己。這是艾瑞克的C計畫，雖然他尚未決定開始絕食的日期。

仲夏之際，艾瑞克又有了新問題。以事實而言，他因為一頓美味晚餐而罹患肺炎，因為他的吞嚥肌已無法再保護氣管的頂端。些許精心烹調成柔軟口感的食物，在他吞嚥時悄無聲息地滑進肺部。他想著要不要任由自己因為胸部感染而死掉，但是他感覺灼熱、喘不過氣、很不舒服，因此還是選擇就醫治療。他住了院，接受靜脈注射抗生素治療。

那週是我第一次見到艾瑞克。他有些懷疑緩和療護團隊可以幫到他什麼。這些人不是沒什麼用嗎？他表達了自己對餵食管的堅決反對。他說明他希望能早日死去，好讓家人恢復心情去過快樂的聖誕節。他表示他相信安樂死才是對他有益的療程，並對法律禁止安樂死表達沮喪。他說他已經決定從醫院回家後就立刻停止進食。

顯然，這是個說做就做的男人。如果艾瑞克決定絕食至死，他會成功的。所以我們討論了他會需要什麼協助，才能在臨終之前盡可能保持舒適並保有掌控感。他說他害怕皮膚出現褥瘡（很痛，而且多半很難聞），也怕看到家人痛苦。他也害怕會噎到——他十分確信他的病終將結束於某次喉嚨梗塞的意外。我們逐一討論他的顧慮，並考慮因應的方法。

褥瘡是一種皮膚上的潰爛傷口，通常出現在身體內部的骨頭與外部的家具或衣物之間擠壓、拉扯的部位。褥瘡非常痛（想想鞋子太緊時，單單磨出一個小水泡有多疼），當患者無法自行在床墊上改變姿勢，加上撐住皮膚的脂肪減少，褥瘡就更容易發生。所以，艾瑞克是對的——我同意他在褥瘡面前簡直是隻「坐以待斃的鴨子」。這個黑色幽默的雙關語是我們之間第一次出現幽默的曙光，他的眼睛眨了眨，嘴角抽動，發出一絲喘息、微弱的笑聲。

我建議，避免褥瘡的可能方法是用某種旋轉烤肉架的裝置讓他持續翻身，但這種裝置尚未發明給人類用的版本；另一個方法則是避免營養不良。

「可是，」他反駁說，「如果我避免營養不良，就不能餓死自己了，是吧？」他眉毛的挑動顯示他將我分類為「愚笨且無用之徒」。

「反正，」他接著說，「如果我吃東西，還是會噎死。」

「那我們來討論噎到的問題，」我說，「你說的噎死，具體來說是指什麼？」

他的眉頭微皺，但還是極有耐心地解釋他所說的噎死，彷彿我是個特別遲鈍的學童——某樣東西卡在喉嚨、堵塞喉嚨，你弄不出來，無法呼吸，然後你會在自己盡畢生之力保護的家人面前死得很難看……淚水突然滾下他的臉頰。

來了，這才是艾瑞克痛苦的癥結：不是噎死，而是無法履行他保護家人的使命。在整個職業生涯當中，他保護了許許多多其他家庭的孩童，如今他卻覺得無力保護他自己的孩子。

他甚至無法用自盡的方式來守護他們內心的祥和。

「對他們來說，那太糟糕了，你不忍心這樣對他們？」我問道，拭去他的淚水並擦掉鼻水。他點頭，迎上我的目光。「目前為止，他們對噎到的意外事件作何反應？」我問。他想了一下，告訴我其實沒有發生過——目前還沒有。

「你覺得為什麼會這樣呢？」我說，「單純是運氣好？你吃的食物夠軟？或是有其他原因？」

「嗯，我還在等它發生，」他說，「或者說，我更想在它發生之前先死掉。」

「那如果我告訴你，罹患MND的人其實不會因為喉嚨梗塞致死，」我說，「你會怎麼想？」

「我會要求你提出證據，證明給我看！」

我的確有證據。有一項針對數百名MND患者進行的緩和療護調查，一直追蹤到他們死亡為止，其中無人死於喉嚨梗塞。「這並不是指他們沒有偶而遇到喉嚨卡痰、咳不出來的情況——當你的咳嗽很無力時，很難清喉嚨，不是嗎？」他點頭。「可是，沒有人噎死，沒有誰的家人必須看著他們被噎死。死亡過程比那溫和多了。需要我描述你的家人比較可能看到什麼樣的情景嗎？」

他讓我述說我們所見到的死亡過程，而他全神貫注聽著。「太神奇了，」他慢慢地沉思，「真是神奇。所以，吞嚥對我來說是安全的？」

「嗯，事實上不是，並不安全，」我提醒他，「因為一些食物會走錯路，然後會傷到你的肺。但是，如果你不介意肺部受損，想要享受吃東西的樂趣，那麼我會說你是有選擇的。」

他仍專注地聽著；相較於最初感覺我們在辯論，我們現在已經在合作了。

「除此之外，我會說你還有更多其他選擇。如果你想要避免褥瘡，你可以讓餵食管穿過皮膚直接通到胃裡，進食液狀食物，不必親自咀嚼及吞嚥你吸收的熱量。而如果你之後決定不再使用餵食管，那也是你的權利。」

艾瑞克，說做就做的男人，必須花些時間思考。我留他一個人慢慢沉思。隔週，我聽說他要接受安裝餵食管（胃造廔管，簡稱ＰＥＧ）的手術，等葛瑞絲學會如何操作餵食之後，他就要回家了。假如不是聖誕節的話，我們的緣分可能會到此為止。

在家裡，他使用餵食管來補充所有的營養，但也會吞嚥非常少量的葛瑞絲烹煮的美食，單純是為了吃東西的樂趣。他在吞嚥之後往往會一陣咳嗽，但認為這是值得付出的代價。當他再次發生胸部感染時，他拒絕去醫院，但同意前往安寧療護醫院，再一次面臨是否同意治療胸部感染的選擇，他也再一次選擇了抗生素療程。

他的情緒低落，跟護理師說他覺得拖累了葛瑞絲，他真希望可以死掉。但儘管如此，他想要活到聖誕節。這是個令人意外的矛盾，護理師於是追問原因。艾瑞克認為，即使他在接下來的幾天內死去，他的家人也沒有足夠時間在聖誕節前從他的死亡中恢復過來。接受抗生素治療，是他的死亡時機控制新計畫的一部分。之前他想要縮短自己生命的所有計畫全都以失敗告終，但現在他反而試圖延長生命。

護理師詢問他把聖誕節當作最終期限的原由，艾瑞克一股腦兒說出他對聖誕節家庭時光的深厚喜愛：家人團聚、互贈禮物、裝飾聖誕樹時重溫某些飾品的特殊意義、聖誕歌曲，以及每年都會新添一筆的家族故事。那是他們對彼此、對這個家的點點滴滴滿懷感恩的時刻。艾瑞克想要再次體驗那樣的聖誕節，為了他自己，也為了全家人，哪怕是最後一次。

查房的時候，那名護理師重述了這段談話，團隊思考著這道難題。艾瑞克不太可能活過十一月中旬：他的胸部肌肉日趨無力，夜間的呼吸開始衰退，而他的決定是不用呼吸器來輔助呼吸。他已別無選擇。除非聖誕節快點到來……

當我們建議提前過耶誕節，艾瑞克笑了。「必須有樹才行……」他說。

聖誕樹，鋪著亞麻桌巾、擺放瓷器和玻璃杯的餐桌，以及沿著安寧療護醫院的窗檐掛滿的襪子，這幅景象真叫人開心。在一個起風的秋天傍晚，艾瑞克的家人們穿著聖誕毛衣並盛裝打扮，帶著禮物和樂器到來。這場宴會的東道主由兩位頭戴聖誕帽的護理師推著來到大門口，躺在床上迎接他們。連同他的氧氣瓶和管線，護理師帶他進到訓練室，外燴團隊已經將這裡布置得像間五星級餐廳。已下班的員工穿著正式服裝為這家人上菜；火雞與配菜依次上桌；艾瑞克的氧氣供應暫時關閉，好讓布丁以火焰秀華麗登場。晚餐後，我們這些值班人員還可以聽見宴會上傳來的吉他聲、聖誕頌歌和陣陣歡笑。

兩天後，艾瑞克請我過去。他告訴我，他要停止抗生素療程了。「我做好死去的準備了，」他說，「這是我的機會。我很高興我先前沒有自殺，那時離開太早了，我會錯過好多事。我從來不知道自己有辦法忍受如此劇變的生活。」

他閉上眼睛，我以為他累了，便起身想要離開。他令我坐下、好好聽著。「這很重要，」他說，「人們需要了解這點。你需要了解這點。我曾經想在無法承受的事情發生之前死去，但我沒有死，接著我害怕的事情發生了，而我發現我可以承受。我想要安樂死，卻不被准許。但假使可以，那我要在何時提出要求？我有可能太快要求安樂死，錯過聖誕節。所以，我很高興你們做不到這個要求。我已經改變想法了，我想要告訴你這件事。我之前對你很生氣，因為你是那個不願意輔助死亡的體系的一分子。但你不是否定死亡，你只是肯定活著。我現在明白了。我是一名教師，你需要代替我去告訴其他人，因為我無法親自在這裡告訴他們了。」

然後，校長就示意我退下了。

事實上，艾瑞克的肺炎有所好轉，但他變得非常虛弱。這次談話過後的隔天，他昏昏欲睡到無法講話。再隔一天，他陷入了昏迷。在那最後一個美好的聖誕節後，家人圍繞身旁，病房角落擺放著聖誕樹，他安詳過世，沒有任何噎死的跡象。

別讓我走

否認是一種處理痛苦情況的有效心理機制。藉由選擇不相信壞事或可怕的事情正在發生，人們可以完全避免痛苦。當他們愈來愈難忽視事情嚴重出錯的證據，問題就會浮現：若是他們完全不接受任何壞消息，也就沒有進行任何情緒調適。如果他們的否認突然崩塌，則他們可能會在意識到事情的真實嚴重性後被全面擊潰。

對家屬來說，與一個不斷否認難以接受之事實的人一起生活，亦是一項巨大挑戰。

當時間所剩不多，沒有餘裕進行調適時，我們身為專業人士應該如何回應？配合對方的否認，究竟是撒謊，還是對當事人意願的尊重？

安寧療護醫院的一間單人房內貼滿了明信片，裝飾著從家裡帶來的靠墊與飾布，一名滿頭鮮豔濃密紅髮的虛弱年輕女子正在踱步。在她母親的扶持下，她小心翼翼地坐在鋪了色彩明亮毛毯的椅子上。她的丈夫與她的父親坐在小沙發床上戒慎緊張地望著。她撫摸著柔軟的刷羊毛，嘴裡吐出喋喋不休的話語：「你們摸摸看，好軟喔！這是羊駝毛。安迪，你還記得是你哥哥從秘魯帶回這條毯子嗎？等我好點了，我們要跟他一起去秘魯；他知道所有最棒的景點。我要去看太陽神殿。那個神有好多頭髮，看起來跟我很像！我可能是太陽神……」

她坐不住。站起來的時候又差點摔跤，因為腫脹的右腳已不聽使喚，她對焦急關切的母親擺擺手，跛腳走回病床，坐在床緣。她面對沙發，她父親與安迪默默地坐著。

「開心點，你們兩個！」她命令著，「又沒有人死掉！」她咳嗽，嘆了口氣。這是莎莉，她快要死了，但是大家都不准提起這件事。

護理師妮可菈走進病房，拿來莎莉的藥物：用來預防疼痛、嘔吐和呼吸困難，這些是正在侵蝕她身體的癌症所造成的症狀。

「啊，雞尾酒時間！」莎莉泛起勉強的笑容說著。妮可菈倒給她一杯水，莎莉接過水杯，可是她的手臂使不上力，水灑了，潑到她的衣服和床鋪，護理師也被波及。「煩死了！」她大叫，突然生起氣來，「怎麼會這樣？我整個溼了！不要只會看著我！」——對著兩個男士說。「去拿條毛巾來！不，媽咪，我不需要再一條了。天啊，為什麼你們都這麼沒用?!」她痛哭失聲。

妮可菈觀察著莎莉的不安、脆弱、暴怒及痛哭。她猜想著，儘管莎莉努力忽視自己健康的急速惡化，但她本人是否已開始意識到事情不對勁。採取否認來因應不可承受的痛楚，可以幫助人們避免面對痛苦，然而當他們無法再維持這種防禦機制，災難性的真相將排山倒海而來，讓他們溺斃在自己的恐懼中。妮可菈猜測，經過數年的堅決否認之後，莎莉終於意識到巨浪即將到來。她採取了當下明智的舉動，只處理翻倒的水杯，而不是恐懼的浪濤，隨後回到辦公室尋求協助。

自從莎莉確診癌症，我就認識她了。那時她活脫脫是個派對女郎，有著一頭茂密光澤的紅棕色頭髮，光彩耀眼地傾洩在肩頭；像是前拉斐爾畫派（Pre-Raphaelite）所描繪的女神。這不是件小事，因為化療會讓頭髮掉光。

剛認識她的時候，我還是癌症中心的研究員，作為緩和醫學訓練的一部分，我當時正在進行腫瘤學教授的一項研究計畫；為了阻止疼痛的腳趾甲下面長出來的黑色素瘤擴散，莎莉的右腳大拇趾被切除了，讓她在派對上跳舞變得不方便。當我到病房幫她裝點滴時，她說她要「跟它戰鬥」；她忙著享受人生，不會讓癌症阻撓她。她可是有很多計畫。

「跟我說說你的計畫，」我鼓勵著她，一邊替她的手臂消毒，準備插入塑膠導管，讓她在接下來數小時接受化療輸液。

她用空著的那隻手抓攏飄逸的捲髮，以免妨礙我的工作，然後深吸一口氣，微笑著說：「嗯，我想要去學風帆衝浪。找個溫暖的地方，說不定去希臘。」她的眼神彷彿凝視著某個遠方。「我可以去享受水上運動假期，有好多活動可以做。然後我想去澳洲，去大堡礁學水肺潛水。聽說那裡超棒的！」她往前傾身，盯著手臂上伸出來的導管，說道：「你已經弄好了嗎？我還以為會更大支，會很痛，還會流血什麼的！」

我用膠帶貼住導管，掛上生理食鹽水袋，等著醫院藥劑部送來化療藥袋。她繼續述說她的計畫，她似乎就只是大聲說出她腦中想到的任何事。

「我想去旅行，」她說，「我想要度過很棒的假期。我想要和安迪結婚，然後我們會去超級夢幻的地方度蜜月，像是喜馬拉雅山或阿爾卑斯山。他喜歡登山，可是他不喜歡水。我們簡直有天壤之別！大概就是所謂的『異極相吸』，你懂嗎？我是說，他好安靜、心思細密又聰明，而我是那種『嗚呼！大家看我！』的人，他比較是那種『我正在專心，麻煩安靜點』的人，可能在埋頭看書，或是看什麼攀岩或大自然的影片。我不知道我們要怎麼磨合，但我們會成功的。我會學煮飯，做他喜歡的料理，我也會學著安靜——噓——嗯，就像這樣，」——她輕聲細語地說——「當他在想事情的時候，我就會這麼安靜。」

但她無法保持輕聲細語，繼續說個不停，明顯地亢奮及充滿熱情——或者她是嚇壞了，才這麼絮絮叨叨的？實在很難判斷。「可是呢，我當然不能光著頭去當新娘，所以我們必須等到我打完藥、我的頭髮長回來才行，但是只要能治好就值得，等我變成老太太了，我會回顧這一切，這一切會像一場瘋狂的夢。我會打敗它。我知道我會的。」

我被她的熱情感染了，所以直到當天稍後，我在教學課程上和同事一起抽空吃著三明治，我才想到腳的大拇趾對平衡的重要性。沒有拇趾的話，風帆衝浪與攀岩將是極限挑戰。而且，潛水時是不是也需要腳拇趾才能踢動蛙鞋？我若有所思地晃著自己伸出的腳，直到講師與我對上視線，我才意識到講課內容我一個字都沒聽進去。莎莉占據了我的腦海，在裡面嘮叨著，從醫院另一頭干擾我的專注力。

三週後，她回來接受下一輪的化療。我幾乎認不出她：沒有了豐盈的秀髮，她顯得纖細而像個小精靈，沒有了眉毛和睫毛，她的五官赤裸裸的。她熱烈地跟我打招呼，發動另一波意識流的獨白：「嗨，醫生！我們又碰面啦！老天，上次你離開後，我吐得好嚴重。你可以開給我什麼止吐藥嗎？嘔吐真是最難受的。我希望我以後不會害喜。我是說，你可以想像連續好幾個月都想吐的感覺嗎？難、以、置、信！我想要很多孩子。安迪是金髮，所以我們大概會有比較多像我一樣的紅髮小孩。我覺得紅髮寶寶超——可愛，你不覺得嗎？」

我解釋我要先幫她檢查，確認她的骨髓與腎臟已由前一輪的化療中恢復，接著才會幫她安排輸液；我現在要進行血檢，等結果出爐再跟她回報。她面露失望之情。「放馬過來吧！」她宣稱，「我必須好起來才行，快點把那個會毒死癌症的點滴拿過來！」拿來針筒與試管準備抽血時，我問她對未來與安迪的生活還有什麼其他計畫。她說她想要「至少四個小孩」，她已經幫他們都取好名字了；血液流入試管裡的時候，她才停止講話並眨眨眼，在她光溜溜的圓臉上，一雙眼睛像貓頭鷹又圓又大。「哇！我什麼都沒有感覺到！」

事實上，她的腦袋被自己的想法與計畫所占據，根本沒注意到針頭插入。倒不是因為我技巧高超——而是她自己的因應機制，是她心靈力量的展現，表現得好像我們只是約喝咖啡的朋友，聊著自己的近況：「一切安好……」

這週她的輸液是由化療護理師準備，所以我沒有再看到她。直到我要回家時，才碰見她在停車場裡坐著，還吊著點滴。她抽著菸，身旁有個高大瘦削的男子，金色短髮、戴著圓框眼鏡。「嗨，醫生！這是安迪。安迪，這是教授的助理。她是負責下毒的人。」

我穿過停車場去打招呼。原來莎莉必須等這袋生理食鹽水滴完（「那是在清洗我的腎臟，我知道這對我有好處！」），然後安迪會載她回家。他看起來心力交瘁。事實上，他看上去像是生病的那個人；如果莎莉沒有掉光頭髮又握著點滴架，她看起來其實好得很。

接下來四個月，莎莉繼續每三週一次的化療。她大吐特吐，卻總是面帶笑容，並想像其他人必定比她更加難受。她服用類固醇以減輕嘔吐，這些藥片讓她兩頰飽滿紅潤，她看起來容光煥發。但與此同時，安迪則益發憔悴，像是被鬼附身似的。就算他自己吊著點滴，我也不覺得奇怪。

然後，莎莉的療程結束了。研究護理師偶而會在教授的門診看到她，說她很好。我們收到從希臘寄來的明信片（「嗨，毒藥小隊。我說過要來，所以我們來了。站不上風帆，但獨木舟很讚!!工作加油囉。莎莉與安迪上」）。研究計畫結束，我回到安寧病房工作，沒有再聽到她的近況，但是，每當我遇到其他患者用那種沒什麼大不了、比上不足比下有餘的態度來面對他們的不幸時，就會想起她。她的否認支撐著她度過化療的煎熬。

在那之後，過了兩年。莎莉的安寧療護轉介把我嚇了一跳，因為我不認得她婚後冠夫姓的名字。之前整形外科病房部團隊曾向我們尋求建議，是關於一位黑色素瘤擴散的年輕女性患者。他們擔憂她似乎不明白情況的嚴重性，他們猜想這會不會是癌症轉移到腦部所造成，抑或是一種表現為否認的心理問題。領導人派我去評估她的狀況。

在整形外科病房部，醫生說明這名年輕患者的黑色素瘤嚴重擴散，只剩數週的生命。她的腹股溝已完全被腫瘤包圍，並經由切除受影響淋巴結的手術傷口向外生長。腹股溝腫瘤造成的背部壓力，導致她整條腿腫脹。她有多個肺結節，X光顯示每週都在不斷變大，肝臟的腫瘤沉積物也幾乎以相同速度生長。「可是呢，」他嘆氣說，「當我們告訴她這個壞消息時，她好像完全沒聽進去。她只跟我們說那是傷口感染，化療就可以治好她。我從來沒遇過這種事。我們不知道該如何處理。」他請我跟他一起走到病房部，介紹患者給我認識。

我在安寧療護病房的遠處就看到那頭令人難忘的秀髮，因此認出她來，接著她才想起我是誰。她的臉因為治療頭痛的高劑量類固醇而腫起來；她的右腿穿了壓力襪，鬆緊帶束口露出剩下的四根腳趾，其腫脹、紫到發亮的顏色令人不安。她的身邊坐著蒼白瘦弱的安迪，像是道林．格雷的畫像*那般漸漸腐朽，而她儘管病魔纏身，仍然發自內心對我展開笑靨。

「啊，醫生！好久不見！真是個驚喜！」

對我來說也很「驚喜」，我憂心忡忡地想著。

「啊，自從上次見面之後，我一直很忙，」她宣布，「看！安迪和我結婚了！」她舉起左手給我看她的訂婚及結婚戒指，相當好看的環環相扣設計，顯然是訂製的。所以，你的確實現了計畫。我很高興她及時完成了一些夢想。

「不過，黑色素瘤有點小麻煩，」她輕飄飄地說著，「我的腹股溝有些淋巴結裡頭長了一點黑色素瘤，所以我需要做點小小的化療。但是傷口有感染。你應該知道，」——她給了我一個心照不宣的微笑——「他們絕對不會在有小毛病的時候做化療，所以我要先等感染痊癒。它讓我的腿有點腫，但我會打敗它。你知道我一直都是如此。你是為了化療來看我的嗎？」

她停下來喘口氣。安迪眼裡滿是焦慮地看著我，住院醫生也看著我，顯然是想知道我要如何解決這個狀況。

這正是莎莉慣用的因應模式：對負面消息輕描淡寫，最細微的正面消息則大加渲染，假裝一切都會沒事，規劃好多未來。她似乎對自己真正的情況沒有自覺，但只需瞥安迪一眼，我便知道他完全清楚病情有多無望，同時擔憂著妻子無法正視這件事。

如果我說出「安寧」這個詞，會怎麼樣？我心裡想著。她會找個藉口嗎？她會震驚嗎？她會無視我嗎？她的否認是否會全然崩坍？我究竟該怎麼處理？

「恭喜你結婚了，」我開口說，「自從我們上次見面之後，好像發生了很多事。你結婚了，我轉換跑道……」

「你不再當醫生了嗎？」她驚訝地問。

「我現在是不同類型的醫生。我的老教授路易士還在尋找治癒癌症的方法，我希望他成

＊譯注：道林．格雷（Dorian Gray）是奧斯卡．王爾德筆下的小說角色。

功，但現在，我負責的是解決那些麻煩的症狀，像是頭疼、嘔吐和喘不過氣，所有讓人們覺得不舒服的事。」

「啊，那些症狀我全部都有！」她幾乎是尖叫著說出這句話——或許是類固醇造成的去抑制（disinhibited），或許是我太接近她自身問題所引起的緊張。

「那有可能我正是現在適合你的醫生，」我說。安迪在她身後輕輕點頭附和；住院醫生收到呼叫，匆匆離開。

當我問她覺得現在的問題是什麼，她自信滿滿、毫不遲疑地回答：「都是這個感染。」

「你有沒有曾經擔心過，就算只有一秒鐘，擔心問題可能比那還要嚴重？」我溫柔地問她。喔，這好像走在薄冰上……

「當然沒有——我有計畫！」她鎮定地立即回答，「我會好起來，我會克服的。我是說，我不是笨蛋，我知道我得了癌症。只要等到感染痊癒，我就會做化療，打敗癌症。因為我們差不多也是時候要生幾個紅髮小寶寶了。我快要不年輕了！安迪也是。」她伸出手，握住他的手，像安慰他似地握緊。「等我做了化療，就會沒事。」安迪咬住他發抖的嘴脣。

所以說，這就是所謂的全盤否認。我在書上讀過，也跟精神科醫師討論過，但我以前從未遇過如此冥頑不靈的否認。面對重症及健康一週一週地惡化，莎莉找到替代的解釋，讓她保持完美的沉著，甚至樂觀。

我用一連串謹慎委婉的措辭，向莎莉解釋我工作的地方專門管理症狀，有些患者只是來住一陣子，讓狀況好到可以進一步治療。我正要接著說有些病人則是病情嚴重到無法治癒，她就打斷了我的話。

「那正是我需要的！」她宣示，「我需要讓狀況好到可以回來接受化療。所以，你是在哪裡工作？」

呃，我必須說出來了。

「你有聽說過安寧病房嗎？」我問她。

她笑了。「當然！他們去年照顧了安迪的奶奶，他們人超好。你喜歡那裡嗎？」

「我喜歡。那是個很棒的團隊，我知道他們會樂意幫助你。減少頭疼、減緩喘不過氣之類的。你覺得這個星期過來怎麼樣？」

我簡直無法相信她竟然仍如此沉著。

「聽起來很理想，」她說，「那裡比較好停車。安迪過來可以待久一點，我爸媽來看我也更方便。之後等你讓我覺得舒服多了，我就回來做化療。」

因此，兩個星期前，莎莉住進我們的安寧療護病房進行症狀管理，每天都期待著能好起來，可以進一步化療，然而，她每天都變得更加虛弱、遲緩，甚至因為呼吸困難而什麼都做不了。我們可以維持她的生理舒適，但她的情緒困擾被擋在否認的高牆後面，儘管證據確鑿，這道牆依然堅固。直到今天。

妮可菈、另一名護理師和我走進莎莉的病房，發現她坐立不安。她的母親幫她換T恤；男士們走到落地窗外頭的露台，安迪正在抽菸。莎莉搓搓手，舔舔嘴唇，揉揉眉毛，束起、放開又束起頭髮。她做這些的時候不斷在講話。「我需要一些新鮮空氣。我不要你關燈。媽？媽！待在這裡。安迪在哪裡？這個感染什麼時候才會好起來？我想要回家，可是太多樓梯了。嗨嗨，哈囉，女孩們，」——這是對我們說的。「你有看到我差點淹死妮可菈嗎？真抱歉！你已經弄乾了嗎？」

妮可菈拿著水杯，協助莎莉吃下晚間藥物，另一名護理師和我則換掉溼透的床單。然後，兩名護理師熟練地扶著疲憊的患者回到乾爽的床單上，將枕頭拍鬆，調整頭枕的角度，她坐得直直的，疼痛的腿下墊著靠墊，紅髮披散在枕頭上。

「莎莉，怎麼回事？」我問她，坐在她床邊椅子的扶手上，讓我們的眼睛高度在同一水平。

「老樣子，」她說，「還在等著去做化療。」

「你的呼吸還好嗎？」我問道，注意到她有些喘。

「還好。我不耐煩的時候會有點喘不過氣，但這很正常吧？」

不，才不正常。但她並不會想聽到這個答案。

眼前的情況很棘手。莎莉似乎既激動又焦慮，然而她連可能有那種焦慮都不願承認。我們大家（除了莎莉本人以外）都注意到，這幾天以來她變得更愛睡覺，白天經常小睡，中間醒著的時候活力也逐漸減弱。醫護人員明白她已進入臨終過程，但她堅定拒絕討論任何可能的未來，除了狀況好轉後可以做化療、生小孩、跟安迪幸福美滿過一生之外。今天她連一杯水都握不穩。她的焦慮使她坐立不安，耗盡她僅剩的一丁點力氣，而她的恐懼則在努力對抗緩慢逼近的無意識狀態。我們有藥物可以緩解她的焦慮，但是我明白，若要減輕她的痛苦，我們可能會讓她步入死亡。

我也明白她現在精疲力盡、激動不安、無法放鬆。我知道小劑量的鎮靜劑可以緩解這種累人的躁動，但我無法徵得莎莉的知情同意，因為她無法也不願接受事實。我決定給她微量的抗焦慮藥物作為測試，看能否減輕她的躁動不安，再來計劃下一步行動。

我們聊著天，等待那半錠藥片在她舌下溶解。

「莎莉，今天你的體力如何？」我問，想知道她是否觀察到自己的變化。

「喔，不是很好。但我本來就得補回之前疼痛時沒睡到的覺。我的確是一直打瞌睡……會不會是嗎啡造成的，你覺得是嗎？」她變換姿勢，又開始不安地束起和放開頭髮。

「嗯，嗎啡有時會讓人在前幾天有點昏昏欲睡，但你這個劑量已經打了兩星期，之前它沒有讓你想睡覺，所以我不認為是嗎啡的緣故。我想比較可能是你的狀況有點變差了——」（測試……）「所以需要更多睡眠。」她聽得出暗示嗎？

「嗯，你認為我什麼時候可以開始化療？我的疼痛改善了，也不嘔吐了，所以，狀況確實在好轉。我會打敗這個癌症，你知道我會。」不，她沒有聽出暗示。否認還是不動如山，這種自我保護多麼驚人啊！

我不打算強行突破她的防禦，要她完全理解死亡如今已迫在眉睫。我們團隊必須用某種方式與莎莉家人配合處理她的臨終過程，同時不破壞她的否認心理。而且，當然，這表示沒有機會進行訣別。

我請莎莉允許我跟她家人到走廊上另一個安靜房間去談話。

「他們可以在這裡談！」她大聲說。

「當然可以，」我附和，「但以我的經驗，如果可以私下跟醫生談話，許多家屬會感覺比較好，因為他們可以吐露心聲。讓我帶他們離開一下好嗎？我們談話時，妮可菈會留在這裡陪你。」

「好吧，等你們回來後，我要完整的報告！」莎莉說。但我知道她會找到方法迴避這項報告。

我把家屬帶到轉角的一個安靜房間，他們坦承他們都認為莎莉快要死了，我證實了他們的懷疑。

「你認為她理解嗎？」她的媽媽流著淚問道。

「你怎麼想？」我問。

她用手指絞著手帕，試探地看著她的丈夫，他搖搖頭，又看向安迪，安迪看著地板。一陣靜默。此時莎莉的母親說：「她知道，但是她不想談。」

男士們盯著她，我鼓勵她說下去。

「莎莉沒辦法承受。她沒辦法承受哀傷，她沒辦法承受恐懼，她沒辦法承受我們傷心。所以她轉過頭不看。我們必須幫她繼續假裝。」她盯著她的丈夫說，「她爸爸認為我們應該跟她說實話，可是我覺得那麼做會讓她崩潰。」

安迪抬起頭，凝望著半空中的什麼，然後說：「我同意。就跟我在極限攀岩的時候很像。我心裡有一部分明白如果我掉下去，我就會死。但是，思索那份危險，只會讓它更嚇人，也就更加危險。我必須專注在岩石、用力握緊、我的腳、風和繩索——專注在危險以外的所有事情。那正是她現在所做的——專注在其他所有事情……」

「安迪，說得太好了，」我鬆了一口氣。他的確明白，而且他的巧妙比喻可以幫助所有家人度過這項考驗。「我們所有人要一起支持她持續專注於對她最有幫助的事，也就是保持鎮靜。我們可以說實話，」——她的母親一臉震驚——「但不是全部的實話。」

我進一步說明，建議他們可以衷心地告訴她，他們有多麼愛她，多麼以她為傲，他們和她共度了哪些珍貴的回憶，覺得她有什麼很棒的地方。這些都屬於我們在許多臨終病床旁邊觀察到的最後對話，卻也不是訣別的話語。

「萬一她想談論我們看不到的未來，」我接著說，「那麼我們單純鼓勵她就好了。她已經給未出世的孩子取好名字，」——她的母親大聲啜泣，她丈夫伸出手輕拍她的肩膀，他能做的也只有這樣了——「還有未來的假期計畫。如果這些能幫助她不需直面現實，那我們就讓她選擇想要專心的地方。我們都做得到嗎？」

每個人都點頭。我們走回莎莉的房間。她現在坐在椅子上，明顯沒有那麼不安了，雖然看起來更昏昏欲睡。她沒有問我們都說了些什麼。安迪剛才的描述完美捕捉了她的兩難心境，全家人按照劇本演出。妮可菈和我離開房間，莎莉說：「明天見，醫生！」

等我早上抵達院裡，妮可菈在走廊上叫住我，告訴我莎莉的燦爛太陽終於西沉了。在她陷入昏迷之際，仍計劃著要打敗癌症。

死亡前的重生

人們的限制往往不是來自於他們的疾病本身，而是來自於他們對疾病的態度。生病或許帶來生理上的考驗，但情感上的考驗往往更加重要。當前方道路太過艱難時，我們的人性精神可能會跌跌撞撞，然而在支持與鼓勵之下，我們便能重新湧現毅力，找出有創意的解決方案。我們都是獨特的個體，一個人的計畫未必適合另一個表面上看來處境類似的人。讓人們設計自己的解決方案是尊重他們尊嚴的關鍵。他們只是走進人生的新階段；他們並沒有放棄身為人的身分與價值。

潘妮和她的母親露易莎在精品店挑選婚紗。當露易莎伸手拉直潘妮的頭紗時，她感覺自己的髖骨大聲地碎裂了。她瞬間臉色發白，昏倒在粉紅地毯上，隨之而來一陣淑女風格的慌張，婚紗店的夫人們（grandes dames）忙著確認倒臥在地的顧客沒有壓壞任何禮服。她們亦體貼地叫來了救護車，當晚露易莎就住進骨科病房，腳被固定住，髖部檢驗出腫瘤沉積物，是由數年前治療過的乳癌轉移過來的。潘妮也還沒有挑到婚紗。

露易莎在骨科病房裡未見好轉。一九八〇年代末，髖部骨折的治療是使用一系列的重物與滑輪來壓住連接大腿與骨盆的強壯肌肉，從而讓斷裂的骨頭固定不動，因為股骨一旦斷裂，那些肌肉只會幫倒忙，把骨頭碎片扯進大腿軟組織而造成疼痛。若是受到運動傷害或外傷的健康年輕患者，可能會進行人工髖關節置換，但癌症病人則會被建議放射治療及數週臥床靜養，看看骨頭能否自行癒合，才有可能恢復行走。

露易莎得知女兒婚禮當天她只能待在醫院，穿著睡袍，一條腿懸吊在半空中，這可不是傳統婚禮照片會看到的造型。她傷心欲絕，比起知道癌症復發且無法治癒，錯過婚禮是更糟糕的消息。露易莎日漸枯槁憔悴，體重減輕，經常哭泣，陷入了深沉且難以逃脫的憂鬱。身體比較好的髖傷患者，住院後可以接受手術，然後拄著拐杖離開，至於露易莎呢，她不再染髮，任由灰白髮根逐漸顯露，懶得化妝，甚至連婚紗的話題都興趣漸失，開始露出絕望無助的眼神。受到她的絕望無助所影響，護理團隊和她接觸的時間變少了，因為他們溫暖輕鬆的招呼總是被冷漠拒絕。露易莎變成一座孤單、寂寞、不安的雕像。

米莉是個保姆，她最近的雇主不再需要人幫忙照顧小孩了。她如釋重負；她才六十歲，卻感覺自己像九十歲。她的左髖晚上會痛，走起路來喀啦作響，追著小孩跑令她喘不過氣，米莉決定是時候退休了。她一人獨居，與本地奈及利亞社區的許多朋友來往，他們會互訴彼此家鄉的故事，也互相交流食譜，研究如何使用英國食材做出故鄉的靈魂美食。有個朋友注意到米莉跛著腳，勸她去看醫生。米莉不喜歡醫生。「他們總是會對你說你生病了，」她反駁說，「然後說要這樣那樣治療。自從來到英格蘭，我都不去看醫生，所以我才會這麼健康！」儘管在英格蘭住了四十年，米莉仍保有她悅耳的奈及利亞腔調，說整段話時伴隨著沙啞而具感染力的笑聲。

事實上，米莉避看醫生是因為她的右胸疼痛、滲出液體，讓她頗為難堪。她一天清潔及更換紗布兩次，但疼痛處愈來愈大。她是個單身女士，是整潔細心的人，她覺得醫生或許會認為她不乾淨。直到有天她在城裡的奈及利亞超市選購髮油時，髖骨砰的一聲斷裂，她才被迫送去醫院看醫生，在許多顧客的協助下，店老闆的兒子開著店裡的送貨卡車送她去。米莉的X光顯示，她不僅髖骨斷裂，其他骨頭也有許多癌細胞。急診部的女醫生懷疑可能是乳癌，檢查了她的腫塊。醫生發現了紗布，經過溫柔的勸說，米莉終於揭露她的羞恥之處。

「喔，卡柯那維女士，你一定非常痛！」醫生說，米莉立即感到安心。這位仁慈的女士知道我是乾淨的，她想著，現在她會幫助我。

米莉回答醫生平靜的詢問，描述這裡的潰瘍在兩年多前出現，起初只是個小腫包。「我以為是昆蟲咬的，」她說，「可是它愈來愈大，然後出現傷口。」醫生檢查米莉的腋窩，發現又硬又腫的腺體，便問她的手臂是否有腫脹。「我的手指腫起來了，我只好取下我母親的婚戒，」米莉回答，「我現在是將它當作項鍊掛著。我那條手臂的皮膚感覺變厚了，我不知道為什麼。」

醫生向米莉解釋，潰瘍可能是某種嚴重疾病的徵兆，手臂腫脹則是因為造成潰瘍的病因也同時堵塞了她腋下的淋巴腺。米莉聽得一頭霧水——嚴重的疾病會是什麼？醫生問她覺得自己體力如何，米莉表示照顧小孩把她搞得很累。「我快要跟不上那些孩子了！等他們母親帶他們回家，我會倒頭就睡。我不想去找朋友，因為我太累了。有時我甚至懶得煮飯吃。」

醫生簡單總結了她們的對話內容，這時米莉開始看出一個模式，一個走下坡、讓人害怕的模式。體力減退，一使勁便喘不過氣，潰瘍流膿，手臂腫脹，兩腿疼痛，髖部痠痛。「醫生，請老實告訴我——你覺得我是不是得了愛滋病？」她問道。醫生很訝異；她以為自己是在逐步引領米莉得知這是癌症。她沒有料想到這樣的轉折。

「卡柯那維女士，你擔心會得愛滋病嗎？你認為自己會感染的原因是什麼？你有丈夫嗎？」

米莉搖頭。「原諒我冒昧的問題，你上次跟男性發生關係是在什麼時候？」

米莉驚訝地噘起嘴巴，鄭重宣示：「從來沒有，醫生！我是個貞潔的女人，是沒有主人的寶藏。我的父親帶我們來這裡時，我的未婚夫留在了奈及利亞，我從來沒有愛過別人。」

醫生握緊米莉的手，點點頭之後才說：「感染愛滋病毒的另一種可能方式是輸血。你曾經輸過血嗎？」

米莉搖頭。「醫生，我從來沒有生病或接受過任何治療！我一直自豪我的身體很健康。至少是以前……現在，我感覺我沒那麼健康了。對，我確定我不健康。」

「那麼，」醫生說，「人會感染愛滋病毒的另一個方式是共用毒品針頭。你曾經使用過毒品嗎？」

米莉笑了。「醫生，我看得出來你在逗我，因為你知道我不是那種女人。你是要說，我的病不是愛滋病？」

醫生點頭，接著說：「不是愛滋，但仍是很嚴重的病。」

米莉眨著眼。醫生說明她的症狀全部可以用乳癌來解釋，首先是潰瘍，擴散到造成骨頭疼痛、手臂腫脹和呼吸困難。被癌細胞摧殘的髖部承受不住了。她的髖部已經斷裂，需要臥床數週。米莉默默地吸收這些資訊。經過漫長的寂靜，她問：「我會死嗎？」

醫生說：「我們需要先確定這是不是癌症，以及還有哪種治療可以讓你舒服一點。我們會讓你住進骨科病房，他們會把你的腿綁起來固定，再安排其他檢查。」

於是，事情就這樣了。米莉住進骨科病房，左髖部骨折，她發現隔壁床住著一個蒼白、孤僻且右髖部骨折的女人——露易莎。

奈及利亞超市的員工當晚為米莉帶來「正宗的」食物，當潘妮帶著她挑選的結婚禮服照片來給她母親看，她發現女性病房的另一頭洋溢著派對氛圍。露易莎一個勁兒地哭，不過當米莉的訪客瞧見禮服的照片，馬上你一言我一語地討論起來。

「看看你，太美了！」米莉的隔壁鄰居說，「大大的藍色眼睛……嗯，沒錯，是從你媽咪那邊遺傳的，誰都看得出來。米莉，這兩位女士是不是有一模一樣的漂亮眼睛？你們看起來甚至更像姊妹！」

「你一定會是很美的新娘！」

「我希望你嫁的是一個好男人！」

「太幸福了！你會有最美好的一天！」

露易莎聽著這些好心的女士們讚美潘妮，就像是每個新娘都應該從家人口中聽到的，她的心都碎了——彷彿她的胸口裡有什麼東西真的斷裂了一般，她意識到她現在只是個負擔，她的病、她的骨折、她的悲慘，都在破壞潘妮的快樂。探病時間結束後，她把臉埋在枕頭裡，哭出她所有破滅的期望。夜班護理師發現她在哭，翌日便通知安寧療護醫院尋求建議。領導人去病房探視，向露易莎提議，說她在安寧療護醫院臥床或許會更舒適，便安排了轉院。

等候轉院期間，露易莎變得更加孤僻與難過。隔壁床的米莉成了病房的中心人物，還請其他女士吃炸香蕉片——這個點心大受歡迎。探病時間多彩多姿、充滿生氣，米莉床邊總圍繞著奈及利亞美食與響亮的禱告聲。此時米莉已經確診乳癌，她和露易莎每天都坐著輪椅被推到樓下，讓斷裂的髖骨接受放射治療。米莉看起來出奇地開心，在愛滋病的虛驚之後，「只是得了癌症」讓她鬆了一大口氣。她也開始服藥，有效縮小了潰瘍面積並減緩手臂腫脹，況且，自長大成人以來，她從未被如此溫柔地呵護過。醫院似乎成為她退休生活的一個良好開端。

母親在安寧療護醫院安頓下來，也同意讓精神科醫生去看她，這讓潘妮感到相當欣慰。露易莎開始接受憂鬱症的治療，結合了一種稱為認知行為治療（CBT）的新型「談話療法」以及藥物，但這些藥片令她昏昏欲睡，於是她拒絕繼續服用。認知行為治療要求她重新檢視自己的絕望，鼓勵她做些小實驗來檢驗她的絕望感是否真的有道理。她小心翼翼地重新投入日常活動：她同意讓安寧療護醫院志工替她做指甲，塗上亮色指甲油後，雙手煥然一新，她十分喜歡。她請美髮師幫她補染髮根。她請潘妮把她的化妝包帶過來。她甚至要求將她的床推到花園去賞鳥。她在那兒聞到炸香蕉片的氣味，聽見奈及利亞音樂由另一間病房傳過來，這才發現米莉也在安寧療護醫院。

米莉很高興聽到露易莎想要來探望她。米莉的髖部疼痛在放射治療後並未緩解，因此轉送到安寧療護醫院進行疼痛管理。她住在單人房，覺得很孤單。露易莎躺在床上被推過去，她們聊著食譜、比較一般醫院與安寧療護醫院有何不同、她們是如何髖骨斷裂而在店裡昏倒、潘妮的婚禮，還有露易莎很傷心她無法參加——然後米莉有了個主意。

「你離開醫院的第二天，有個年輕醫生來找我，問我要不要加入一個實驗。他問我想不想裝上新的髖關節，讓疼痛消失。但我覺得我年紀大了，所以我跟他說謝謝，但不用了。他告訴我，他的團隊正在做實驗，想確認置換新的髖關節是否對治療癌症有效。你為什麼不去試試看呢？那些病房裡的女孩不都是裝了新髖關節就可以走路嗎？如果你可以走路，就可以帶著你的漂亮女兒走紅毯……」

米莉為骨科部的臨床實驗做了絕佳公關，翌日，興奮的露易莎詢問護理師能不能做置換髖關節手術。領導人吩咐我去問骨科團隊，而他們沒有找露易莎加入實驗，是因為她的情緒太過低落，無法參與同意程序。當他們聽到她躍躍欲試，不到一小時就有一名研究護理師與一名醫師加入了這個專案。住進安寧療護醫院不到三週，露易莎又踏上了返回醫院做手術的路程。這是一場賭博，但她帶著無懈可擊的髮型與閃亮的指甲，已經準備好戰鬥了。她的認知行為治療恢復了她的目標感。

一週後，露易莎帶著新髖部與很多縫線回到安寧療護醫院。她不再是躺在病床、腳上吊著繩索與滑輪，而是坐著輪椅過來，潘妮跟在後頭拿著一副助行器。「你把那玩意兒收起來，」露易莎跟她說，「我不要被人看見使用助行器！」

露易莎與米莉現在住在四人房的相鄰病床，米莉的疼痛症狀已經好多了。物理治療師每天過來看她們，米莉要做運動，讓好的那一隻腿保持靈活，露易莎則開始練習用新的髖關節走路。米莉做著讓她不舒服的運動時，露易莎不斷和她聊天以轉移她的注意力，然後米莉擔任評論員，在旁邊看著露易莎學會使用前臂拐杖，接著是（她超級鄙視的）助行器，最初只能走幾步，直到她可以自行從椅子站起來，穿過病房走到浴室門口。

安寧療護醫院櫃台人員探頭到病房裡。「露易莎，你有兩個包裹，」她大聲說著。露易莎臉紅了。

「你做什麼了？你看起來很開心呢！」米莉喊道。

露易莎咧嘴笑著，跟她朋友說：「你等著吧！」然後請人將包裹拿到房裡。好大的包裹啊！一個是板球球袋大小的紙箱，另一個是巨大的圓筒帽盒。露易莎坐在扶手椅上，用床充當桌子，撕掉膠帶，解開繩結，打開了她的包裹。

我們這些工作人員都走過來圍觀，她從大包裹裡拿出了深粉色禮服、奶油色外套、奶油色與粉色相間的雪紡紗披肩、全新內衣，還有一個小盒子。帽盒裡則躺著一頂適合參加阿斯科特仕女日的帽子，奶油色搭配深粉色鑲邊，帽寬至少有五十公分，作工精美絕倫。*

「那個小盒子裝的是什麼，露易莎？」物理治療師問。

「你一定不會贊成……」露易莎一邊說著，一邊拿出一雙精緻的奶油色低跟涼鞋，「不過這是我們下一個目標，我必須要在三週內成功穿這雙鞋走上紅毯。大家都不准跟潘妮說！這是我們的祕密，我要給她的大驚喜。」

物理治療師笑著搖搖頭。動力十足的患者真是太厲害了。

---

* 譯注：阿斯科特仕女日（Ascot Ladies' Day）是每年在阿斯科特舉行的英國皇家賽馬會，第二天為仕女日，以獨特仕女帽飾聞名。

英國傳統是新娘要從娘家嫁出門，因此，安寧療護醫院的一間單人房被改裝成潘妮婚禮當天的更衣室。她會從美髮院直接來到院裡，而露易莎要在她兩名伴娘的協助下幫她化妝，監督她穿婚紗、戴頭紗。潘妮這時還以為她的媽媽會由護理師推著輪椅來參加婚禮，所以露易莎故意坐在輪椅上迎接女兒從計程車下來，她已換上一身粉紅與奶油色禮服，但尚未戴上帽子。

「哇，媽，你好漂亮！你是怎麼買到這些的？」

露易莎笑著。她在婚紗店暈倒之前，已經和店裡的一名夫人討論過身為新娘母親的穿著。當潘妮被一名滿嘴含著大頭針的夫人套進一件設計特別繁複的蛋白霜似的禮服之際，露易莎已愛上這件彷彿用覆盆子與奶油裝飾的衣服，決定稍後試穿。當然，稍後她的注意力就被疼痛、滑輪和麻煩事所占據，她的婚禮規畫全被癌症搞砸了。直到奈及利亞婦女們在骨科病房展現出對婚禮的興高采烈，彷彿一場示範，露易莎這才突然領悟到她將潘妮拋在腦後，兩人之間早已出現一道鴻溝。

露易莎與安寧療護醫院客座精神科醫生攜手進行的認知行為治療，其中一部分正是在思索如何跨越這道鴻溝。露易莎一步步朝向「在潘妮的結婚日給予我全部的愛與支持」這個目標而努力，她首先做的是撰寫演講稿，原本打算請親戚在婚宴上代為朗讀。後來，她與物理治療師一同去勘察教堂，發現有一條輪椅通道，代表她可以出席婚禮。於是，她打電話給婚紗店的夫人們，詢問能否訂購她夢寐以求的那套服裝，再追加「一頂帽子，以及大到足以蓋住輪椅的披肩」——她們當然永遠不會忘記這位特別的客戶，不但成功達成任務，甚至遠超過她的想像。至於邀請潘妮來安寧醫院梳妝打扮，又是另一個巧妙的計畫。以上每一步都讓露易莎更加投入這場婚禮及潘妮的規畫。她的心情開始高漲，野心也變大，形成一個參與、規劃、疼痛管理與愛交織而成的良性循環。

新娘與母親從更衣室現身，兩名伴娘陪伴在側。潘妮簡單優雅的象牙色婚紗與曳地頭紗，映襯著她的燦爛笑容，完美極了，她和伴娘推著露易莎（呃，應該說是露易莎的帽子——我們看不見露易莎本人）穿過走廊，朝接待處走去。在康樂室裡，臥床、坐在輪椅或扶手椅的患者在兩旁列隊，由拿著相機與手帕的工作人員陪同，為婚禮隊伍鼓掌送行。米莉和幾位奈及利亞女士又哭又唱，隨著他們家鄉的婚禮祝歌拍手搖擺。到了大門邊，新娘母親要求同伴停下來。物理治療師拿出用雪紡紗披肩裝飾的助行器，露易莎站了起來，頂著她那頂氣派的仕女帽，笑得像個園遊會上的孩子，露易莎和訝異不已的女兒攜手走向等候的豪華禮車，陪伴她前往婚禮現場。

他們「從此以後過著幸福快樂的日子」了嗎？

待安寧療護醫院的物理治療師與職能治療專家提供進一步的建議、用新方法安置家具後，露易莎得以回到家中，住在一樓。婚禮過後，她覺得很疲憊，開始發現她的體力已不如以往。身為單親媽媽，她總是假設潘妮結婚將開啟她退休生涯的新篇章，如今卻發現自己被侷限於一些短短的活動，比如走路到本地商店，或者去安寧療護醫院的日間照護中心待一天。她總是在每週的日間照護中心之行順道探望米莉，帶著婚禮照片在安寧療護醫院轉一圈。露易莎注意到米莉看起來很蒼白（「那可不容易看出來呢！」米莉笑說），而且露易莎往往才來沒多久，她就開始打瞌睡。

露易莎搬回家後，米莉變得比較安靜，還請她的訪客要結伴過來，免得累壞了她。放射治療有效，所以她的腿上不必再裝著牽引裝置，她變得可以坐在椅子上，可以坐輪椅逛醫院花園。她的食欲開始減退——甚至連炸香蕉片都不想吃了。逐漸地，踩著相同步調，這兩個朋友都陷入了疲憊。

婚禮後兩個月，露易莎另一邊的髖部開始疼痛。X光顯示又一處癌症沉積，造成骨頭變薄。米莉如果講話太快，就會氣喘吁吁，因為癌症沉積物已降低了她的肺功能。儘管經歷了種種折磨，她每天仍感謝上帝她不是得了愛滋病。露易莎重新住進安寧療護醫院，進行疼痛管理，並臥床休息。兩個人重新作伴。

露易莎在潘妮婚禮的三個月後過世，米莉隔一週也走了。差不多的歲數，幾乎完全相同的腫瘤負擔，這對並肩作戰的姐妹選擇了非常不同的方法來因應髖部斷裂的考驗。米莉以堅忍態度接受了臥床與牽引裝置的命運，讓她得以過著積極外向的生活，儘管時日無多。露易莎的勇氣向骨科團隊證明了置換髖關節的明顯益處，就算是在生命的最後一年。

置換髖關節現已成為癌症導致髖部骨折的首選治療，這要歸功於早期那些自願接受骨科手術的人們，包括那位戴著奶油色帽子的女士。

露易莎對於認知行為治療的迅速反應令人驚奇，也引發我關注這種能賦予患者自主性、協助管理情緒壓力的方法。數年後，我接受了認知行為治療師的訓練，發現認知行為治療可以有效幫助安寧療護患者重新挖掘他們的內在韌性，重新檢視他們的負面想法，並在身體日益惡化的情況下邁出步伐，重新設法適應仍然要過下去的生活。

不害怕自己的恐懼

身兼認知行為治療師與安寧療護醫師，雙重身分使我的行醫實踐更加豐富。在認知行為治療診所平靜的環境之外，無論是忙碌的醫院病房諮詢時間或安寧病房巡房的合適時刻，都有機會用較為簡化的方法運用認知行為治療，協助患者（或臨床團隊）更加了解問題癥結。

這使得醫院同事紛紛轉介患者來接受所謂的「認知行為治療急救」，以處理焦慮、恐慌與其他重大情緒失調。

無論是認知行為治療急救，或是完整的認知行為治療，其核心原則是我們因為自己詮釋事情的方法而使自己變得不快樂。痛苦的情緒是被不安的潛在想法所引發，而幫助患者注意到這些想法，並考慮這些想法是否正確、有益，正是幫助他們改變的關鍵。

「我不會跟心理醫生講話，」馬克一見面就對我說。那天是節禮日，*地點是呼吸照護病房。他上身前傾，交叉雙腿，手肘突出，全身皮包骨，像隻戴著氧氣罩的竹節蟲。他的T恤緊貼流汗的胸口，顯出一排突出的肋骨，以及他每次喘氣時肋骨之間的肌肉凹陷。這是個惴惴不安的男子——為了什麼？恐懼，憤怒，絕望？

「那幸好我不是心理醫生，」我回答。

他嚴肅地打量著我。「他們說你會控制人的大腦。」

「你的大腦好像不需要控制，」我說，他翻了個白眼。「不過你口渴了，對吧？我也渴了。我們來喝點東西好嗎？」

我們進行了協商。如果我證明自己能泡出一杯不錯的咖啡（「五顆糖，有鮮奶油的話要加……」），那麼他就願意跟我談談，前提是不能「控制他的大腦」。而且如果他喊停，我就要停住。我將他的病房門留了一條縫，走向病房部茶水間（經過那座季節性的巧克力小山之後），找到家屬們為表達感謝而在聖誕節饋贈的高級咖啡與茶。甚至還有鮮奶油，感謝天意。

---

* 譯注：節禮日（Boxing Day）是英國、加拿大等國的節日，在聖誕節次日。

馬克和我原本應該在各自家中慶祝聖誕節的，我們怎麼會在這裡？事情是這樣的。經營了好幾年針對安寧療護患者的認知行為治療診所之後，我逐漸發現一些反覆出現的模式。在診所那些寧靜且受保護的看診時間之外，於繁忙醫院裡的安寧療護諮詢服務採用認知行為治療急救，也是相當有幫助的。我注意到的其中一個模式，是面對呼吸困難時非常人性化的恐懼反應。這是原始的求生本能（我們會形容人「奮力呼吸」），也是重要的反射行為，能在溺水、噎住或吸入煙霧等危險環境中保護我們。然而，當呼吸困難是由危及性命的疾病損傷我們的呼吸系統所導致，這種反射作用便會引發一場令人精疲力竭的戰鬥。在這樣的時刻，接受呼吸困難及減少掙扎，會讓生命盡頭的生活更為舒適一些。

我經常遇到具呼吸困難症狀的患者群體之一，是患有囊腫纖維症（cystic fibrosis）的年輕成年人。這是一種遺傳疾病，在兒童期及青少年期逐步損壞肺臟、胰臟和消化系統，患者經常在三十歲前離世。由於損害性胸部感染的處理有所進步，糖尿病與營養問題也有了更好的療法，少數患者得以存活更久。一些人或許可以長期存活，假如他們足夠幸運、可以成功移植肺臟的話。肺臟移植的時間點至關重要——這是一項高風險手術，在患者可以維持合理生活品質時應該延後，但又不能拖到患者肺臟損傷，以致他們無法撐過麻醉與手術過程。我們醫院的緩和療護團隊與囊腫纖維症團隊密切合作，提供建議以減少呼吸困難、咳嗽、腸道問題與體重下降的影響；無論是作為安寧療護措施，或幫助病患為手術做好準備。少數因焦慮和恐慌造成呼吸困難加劇的患者，我們也會提供心理方面的協助。

節禮日那天，我家裡的電話響起，是醫院裡的呼吸科醫生來電，讓我很意外。他打電話來問我關於一名罹患囊腫纖維症的二十二歲男性的事。馬克已到了疾病末期，唯一的存活希望是肺臟移植。他明顯是個堅忍的男子漢：過去十五年來，他應付著逐漸加劇的呼吸困難，他仍繼續學業和踢足球，而後轉為在場下支持，還擁有一群喜歡喝啤酒、愛開玩笑的死黨。他從來沒有讓呼吸困難阻擋他的生活。然而，過去五天來，他直挺挺地坐在醫院病床上，惶恐不安。他無法一個人獨處，也無法忍受房門被關上。他戴著氧氣罩、喘息著，但他其實不是真的需要氧氣治療。五天前，他和移植手術團隊談過，他們告訴他，他現在被列入移植名單中了。他拿到一個呼叫器，如果有可供移植的器官會隨時聯絡他。儘管其他什麼都沒有改變，但在那次手術諮詢的三十分鐘之間，他卻改變了對自己存活機率的看法。在門診結束之後，他嚇到沒辦法回家。

「你可以過來看看他嗎？」我的同事問，還補上一句，「你多快可以到這裡？」

今天可是節禮日耶！

我叫了一輛計程車。

護理團隊熱情歡迎我，直接帶我到馬克的病房。他像是醫院病床孤島上的漂流者那麼坐著，只不過背後是一堆枕頭，而不是棕櫚樹。嘶嘶作響的氧氣罩上方，他的雙眼圓睜。原本焦急地坐在他旁邊的物理治療師一個箭步衝向門口，嘴裡含糊說著：「不介意我留你一個人處理吧？」便奪門而出。

在我通過咖啡測驗後，我們可以開始談話了。馬克描述他有一種要很辛苦才能呼吸的感覺，伴隨著口乾舌躁、心悸和一種忽然的領悟，領悟到原來他快死了。自從他被發給呼叫器之後，這種情況每小時至少發作三次。雖然馬克的氧氣罩嘶嘶作響，他又很愛飆髒話，使得這場對話殘缺不全，但我們仍然成功將他的體驗繪製成下列步驟：

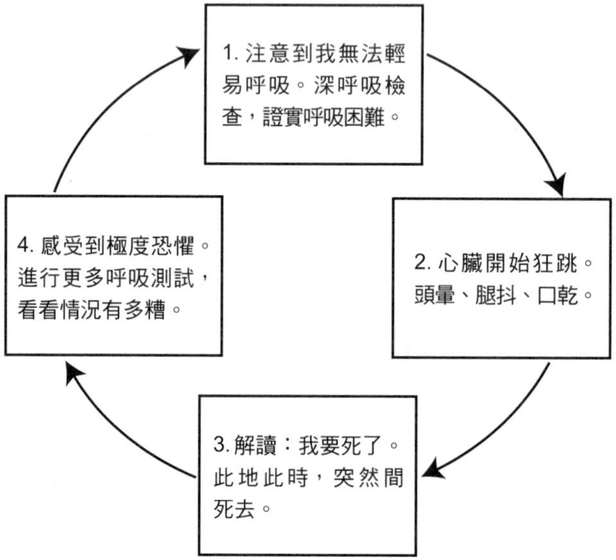
1. 注意到我無法輕易呼吸。深呼吸檢查，證實呼吸困難。
2. 心臟開始狂跳。頭暈、腿抖、口乾。
3. 解讀：我要死了。此地此時，突然間死去。
4. 感受到極度恐懼。進行更多呼吸測試，看看情況有多糟。

馬克的興趣被勾起了。當我將他描述的體驗畫成這個圖表，他探身向前看，即便這樣會限制他的胸部活動。他被氧氣罩的嘶嘶聲弄得不耐煩，便把罩子從口鼻處移到頭頂，在鬆緊帶的固定下看起來像個迷你警察頭盔。他開始指點狀況發生的順序，添加細節，直到他滿意，覺得這個模式和他的體驗相符。

「你怎麼看？」我問他。他沉思了一會兒，拿起筆加深了那幾個箭頭，又在「恐懼」這個詞底下劃線。

「這是一個惡性循環，」他宣布。千真萬確。

「那麼，我們來稍微想一下，」我提議，「這種體驗感覺很可怕，所以你無法入睡或不能獨處，我並不覺得奇怪。到目前為止，這發生過多少次？」

我們一起計算，過去五天內，一小時至少發生三次，一天至少二十小時（因為他晚上不時會打瞌睡）。他覺得隨時要死掉的情況加總起來大約發生三百次。這是多麼消耗精神的事啊。

「好的，」我引導他回想，「這幾天以來，你有三百次感覺瀕臨死亡？」他認同。「那麼有多少次你真的死了？」

他看著我眨了眨眼，然後搖搖頭。

「嗯，心肺復甦小組進來救了你幾次？」我問。

他搖頭，用懷疑的眼神看著我。他戴在頭頂上的氧氣罩有些許不合時宜的滑稽感。

「那你曾經昏過去嗎？」我問。沒有，當然沒有。

「所以，你為什麼覺得你隨時都會死？這情況發生了三百次，都沒有讓你倒下、昏迷或死掉……」

一段長長的停頓。他深吸一口氣，然後用相當有控制的方法緩緩吐氣。我們已經談了四十五分鐘。他沒有吸氧氣，也沒有想要重新戴上。該來驗證一個理論了……

「差不多該問了，你為什麼把氧氣罩戴在頭上？」我說。他猛然一驚，扔下那張紙，戴上氧氣罩，突然呼吸急促，眼球因恐懼而震動。我把圖表舉到他面前，問他覺得自己處在惡性循環的哪一步。他用手指戳著「恐懼」，持續喘氣。我問他為什麼突然覺得自己需要氧氣，先前戴在頭上超過三十分鐘，卻完全沒有感覺缺氧。

「等你感覺沒問題了，馬克，我想你是不是可以再把氧氣罩拿下來。」我說完，他在氧氣罩裡喘著粗氣，卻驚人流利地飆出髒話。逐漸地，他胸口的起伏平緩下來。他小心翼翼把氧氣罩扯離鼻子，拿掉圍著頭部的鬆緊帶，然後他右手拿著面罩，左手拾起剛才扔下的圖表。他遲疑地對我笑了一下。

「是恐慌，沒錯吧？」他說。

答對了，他說的完全正確。一下就懂了。

我們一起檢驗他覺得可能隨時會死掉的想法，思考他的恐慌體驗是否有其他可能的解釋。他記起很久以前學校生物課教的「逃跑或戰鬥」反應；身體因應任何威脅時會分泌腎上腺素，導致呼吸加深、心跳變快以及準備好迎擊的緊繃肌肉，這些肌肉充滿了氧氣，準備採取行動來拯救我們的性命。他亦能描述他喜歡的足球隊在重要比賽的關鍵時刻拿到十二碼罰球時，他會經歷什麼樣的生理感受。當球員把球放在罰球點，往後退、準備起腳踢出生死交關的一球，許多人都能說出當時腎上腺素分泌的生理症狀：口乾舌躁、心臟怦怦跳、喘不過氣、雙腿無力、手心冒汗……然而我們會將這種體驗形容為「興奮」。大喜之日的緊張感覺可能也差不多，但新娘通常不會將之解讀為對死亡逼近的恐懼。

待馬克了解腎上腺素所扮演的角色、焦慮感為何會造成他更多的症狀，以及他錯認（但情有可原）那些腎上腺素造成的症狀對他構成危險之後，我們開始修改原本的圖表。（見下頁）

離開前，我問馬克是否覺得自己可以跟等候在病房外面的父親解釋這張圖表。另外，他不妨再經歷幾次恐慌發作以檢驗我們的假設，補充我們可能遺漏的任何症狀。他笑著同意了。

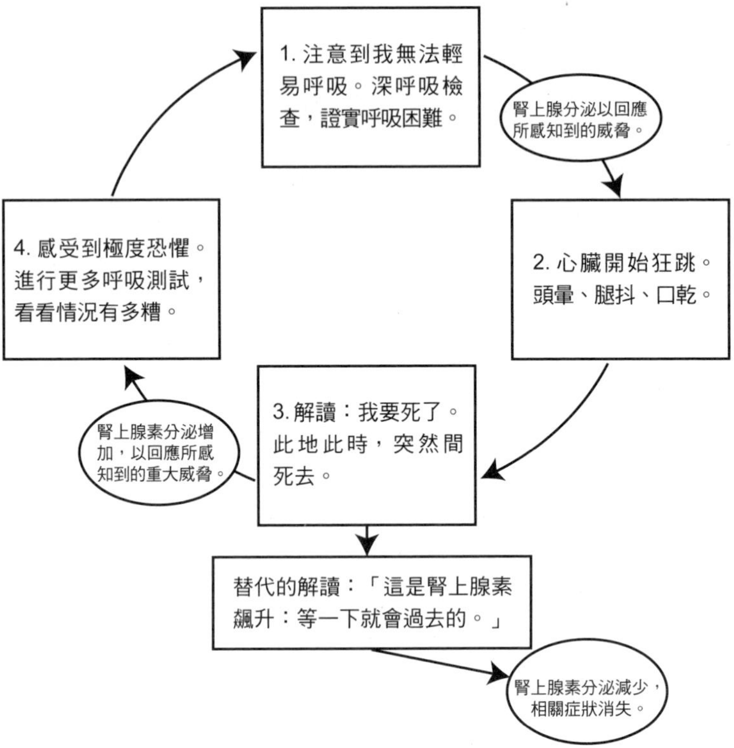
1. 注意到我無法輕易呼吸。深呼吸檢查，證實呼吸困難。
腎上腺分泌以回應所感知到的威脅。
2. 心臟開始狂跳。頭暈、腿抖、口乾。
3. 解讀：我要死了。此地此時，突然間死去。
腎上腺素分泌增加，以回應所感知到的重大威脅。
4. 感受到極度恐懼。進行更多呼吸測試，看看情況有多糟。
替代的解讀：「這是腎上腺素飆升：等一下就會過去的。」
腎上腺素分泌減少，相關症狀消失。

以上是針對恐慌的認知治療。這個模型的應用時機，通常是健康的人誤解了腎上腺素分泌的無害生理感受。但對於真正呼吸困難、過度專注自己的症狀，以致無法參與其他事情（尤其是愉快的事）的狀況，這個模型同樣適用，且可能十分有效。馬克和我下次碰面時將會談到這些。

兩天後，我們一起檢討他的圖表以及他過去四十八小時的體驗。一如預期，如今他已了解腎上腺素－心悸－恐慌的連結機制，後來只有再發作過五次恐慌，其中一次是因為「想著那個超正的護士」而引發的。幽默感回來了，這是好兆頭。

馬克仍然認為他太虛弱，不能住在家裡，但他思考過「頭頂氧氣罩」事件，體認到我們在畫圖表的時候他沒有呼吸困難，因為他的注意力完全沒有放在呼吸上。我們列出一份清單，都是他在醫院裡可以用來因應呼吸困難的分心方法。他同意使用這些方法，看看能否走出病房、走到電梯區，甚或搭電梯下樓到咖啡吧，尤其是如果那位護理師可以陪他去的話。

前往電梯區的冒險成功了。翌日，馬克還與物理治療師一起搭電梯下樓去咖啡吧；他玩得太開心，在外頭待了整整半小時，搞得病房部還派出一支搜尋部隊去找他。他樂不可支，於是穿上保暖的衣物，過馬路到公園去。之後他更進城和朋友們玩了半天。

假期過後第一天上班，新年的開始，我去病房裡探望馬克。他對自己的表現洋洋得意。他說他和朋友去酒吧，還差點跟人打起來。怎麼會這樣？這個嘛，原來他在走出病房後採用了一套完全不同的分散注意力技巧，從無害的方法，例如觀察路上汽車的品牌，到更富挑釁意味的方法，例如在女人的絲襪上找破洞，還有猜測她們的胸罩尺寸（這也就是差點打起來的原因）。

馬克後來成功出院回家了。我們持續進行認知行為治療，他用分散注意力與提醒自己那些症狀不具威脅性來管理他的呼吸困難。這方法在之後三個月都有效運行著，但還是沒等到可供移植的肺臟，此時他發生了另一次胸部感染，又回來住院。

病房部團隊在某個星期六打電話來，說馬克要死了，問我想見他嗎？他想要見我嗎？是的。他的父母在場嗎？是的。過來看看我們有沒有遺漏了什麼，他們說。

我很樂意過去。與馬克感情最好的物理治療師也在她的休假日趕過來，和馬克的父母與護理長一起待在他的病房裡。在場的眾人神情肅穆，紅著眼睛。告別向來不容易。

「喔，你來了，」他跟我打招呼，蜷縮成胎兒姿勢，身旁用枕頭支撐，鼻子上插著氧氣管。他的呼吸非常急促，每次呼吸間只能說一兩個字。「你來這裡是要做認知什麼的，還是那個緩和什麼的？」

「我來這裡看你是否需要有人泡一杯好咖啡，」我說。他笑了，然後請他父母離開房間一陣子。他閃閃發亮的眼神環顧著房內，戒慎而警惕，然而他的笑容是真誠的。

「你應該他媽的以我為榮！」他宣示，他飆髒話的能力仍然完好無損。

「是嗎？怎麼說？」我不能哭。

「你說呢，看看我。我他媽的要死了，但我他媽的一點也不慌！」他宣稱，對自己頗為得意，在臨終病床上擺出張揚的態度。

我們彼此微笑著淚眼相對（好吧，或許我還是哭了），我們都明白這是馬克個人勝利的偉大時刻。他知道自己要死了。他即將被注射藥物以緩和他的呼吸困難，他也清楚那會令他入睡。他已經跟母親說過他無法忍受看到她傷心，所以她必須等在外面，父親則會在他臨終時留下來看著。

馬克運用他只練習了數週的認知行為治療原則，成功管理自己的痛苦，安排了自己的臨終，正如他所說，他沒有驚慌失措。他學會不害怕自己的恐懼，他英勇地護衛著自己心靈的平靜，直到最後一刻。

這段臨終照護的經驗帶來不少反響。病房部團隊使用馬克的圖表來了解他的恐慌並和他討論，而不是給他不必要的氧氣，讓他過度依賴安慰劑。囊腫纖維症團隊從中看到，即使在生命盡頭，心理治療仍有益處，於是讓他們護理團隊的一名成員受訓成為認知治療師，成功開創了變革性的臨床服務，以及認知行為治療對呼吸道疾病患者影響的突破性研究。呼吸困難很嚇人：認知行為治療協助人們了解與管理恐懼，而不是感覺被恐懼所掌控及打擊。

心理治療的成功與否，取決於患者能否拋開沒有幫助的信念、想法及行為，轉而接受新的、較為有益的；治療最為有效的時候，是當患者意識到他們自己才是改變的主導者、而非治療師的時候。這可能會被視為「沒有得到功勞」，但事實上，這或許是最令人充滿成就感的成果——看到人們展翅高飛、以自己為傲，因為治療給了他們翅膀。

思考時間

告別的方式

這些故事讓我們看見人們用以因應困難的不同方法：試圖維持控制感；逃避真相；陷入無助；逆來順受；堅忍面對情況；因為情境帶來的威脅而焦慮不已。你在自己身上看到什麼模式？或許不只一種。

你在最親近的人身上看出什麼樣的因應模式？如果你們必須一起面對考驗，你們各自的模式會讓彼此更輕鬆或是更困難？你們現在可以如何進行對話，以了解並認可彼此的模式？

每一種因應模式都有其優點與缺點——例如，陷入無助的人願意接受他人幫忙，但這對其他模式的人而言或許很不容易。所以，別忘了找尋彼此的長處與韌性所在，不要遺漏任何可能引發災難的「閃火點」。*

---

* 譯注：閃火點（flashpoints）是揮發性物質所揮發的氣體與火源接觸下產生閃火的最低溫度。

如果你不太放心與你熟悉的人進行這類對話，不妨加入「死亡咖啡廳」（death cafe），自己加入或是與你摯愛的人一同加入都可以。這是友善、非正式的聚會，人們可以在享用撫慰人心的熱飲與美味蛋糕之際，好好思考有關死亡與臨終的各種層面。死亡咖啡廳聚會遍布全球四十多國，而且他們總是歡迎新訪客的到來。

第三部

死亡的名字

談論死亡已成為一種禁忌。這是一項漸近的轉變，且因為我們對於整個過程已不再熟悉，如今也喪失了敘述死亡的語言。「走了」或「失去」等委婉說法取代了「死亡」及「死去」。疾病成為一場「戰鬥」，描述生病的人、治療與結果時，都離不開戰爭的隱喻。無論人生過得多麼充實、人們的成就與畢生所積累的豐富體驗令他們多麼滿足：到了人生盡頭，他們還是會被說成「打輸了這場戰役」，而非單純說是死去。

重拾過去生病與死亡的語言，讓我們得以進行簡單明瞭的死亡對話。讓大家能夠討論死亡，而不是把「死」字視為光是大聲說出就會造成傷害的魔法密語，這可以支持臨終之人對他們人生的最後一幕有所預期，提前規劃、讓他們摯愛的人做好喪慟的準備，亦能將死亡是所有生命盡頭必然發生之事的概念帶回到正常領域。公開討論可以減少迷信與恐懼，在假裝沒事與善意謊言可能使我們產生隔閡、浪費寶貴時間之際，不如就讓我們彼此坦誠。

二手消息

兩個人透過對話來溝通是生活裡固有的一部分，我們時常視為理所當然，然而我們都知道朋友與家人不時會對我們有所誤解。他們以為聽見了某件事，但事實上並不是我們想表達的意思。現在，想像看看，當人們從醫生那兒聽到重要消息，然後試圖向他們的家人傳達時，聽錯、誤解與錯譯的機率有多高。這無疑是災難的根源。

在職業生涯早期，我很幸運拿到一份擔任癌症研究員的一年合約，得以在學術癌症中心與一支開創性的權威團隊合作。我的工作是在門診與病房部為那些同意加入新藥試驗的患者看診；有時是癌症藥物，有時則是旨在降低治療副作用的其他藥物。在那一年，我面對的主要是可知治療選項已經用罄的患者，他們明白自己僅餘的治療選項就是改善他們的生活品質，或延長一小段生命。其中一些病患勇敢地自願測試新的癌症藥物，雖然知道自己不大可能獲得任何個人益處，卻仍願意協助我們的研究、為未來的病患貢獻知識。對某些人而言，這是一場屬於自己的抗癌鬥爭運動；對其他人來說，是藉由他們的不幸以增進別人未來的幸運，從而為自己的困境找到意義；還有些人視之為與上帝或命運談判的籌碼，希望會獲得回報，出乎意料地好轉。

這些患者大多數都會定期接受我的診療。除了每三週住院兩天或三天，接受新的化療藥物治療之外，我每週也會跟他們會診，進行血液檢驗以監測藥物對他們身體的影響，並詢問他們有沒有感受到任何副作用。當然，我們也會聊其他事情，他們的近況、家人是否無恙、他們對逾越節或開齋節有什麼計畫、女兒懷孕的情形，或者孫子的實習申請結果。相較於朋友和鄰居，他們或許更常跟我說話，他們見到我的時間也確實多過跟自己家人見面。

我就是這樣結識佛古斯的。他是個健壯結實、嗓音粗啞的蘇格蘭人，自十八歲起就在他叔叔的農場做牧羊人。他喜愛山丘、開闊的天空和無垠的景色。他是個安靜羞怯的男人，坦承自己從年輕時就不敢跟女孩講話，始終預期自己會「跟農場結婚」。但他毫無防備地，突然間在四十三歲時愛上了那位負責管理本地肉品市場畜欄的女士。他徹底被虜獲，甚至忘記了害羞。十八個月後他們結婚，有了一個兒子。五年後，佛古斯成了我的患者，由於癌症進展毫不留情地侵襲肝臟，他的膚色慢慢變得蠟黃。

佛古斯加入了一項他所罹患癌症的新藥研究。「我一定要打敗這可惡的東西，」他說，「我有太多理由要活下去了。我的瑪姬，我的漂亮老婆，我才剛遇見她，怎麼可以離開她？還有我家的小男孩……」他的眼睛牢牢盯著我的臉，搜尋好消息的跡象，希望我能帶來康復的可能性、些許喘息，或為他意外獲得、始料未及且歡樂的家庭生活爭取更多時間。他總是叫他的兒子「小男孩」，他說出這個詞時帶著虔誠，彷彿正在談論什麼神聖到無以名之的事物。

他的第四個療程安排在二月中旬，就在小男孩的六歲生日前，那天正好是情人節。佛古斯會及時回家，趕上這個大日子，但是治療總是會令他痛苦、噁心、嘔吐個五天，再滿身大汗地睡上四十八小時，然後才開始有力氣跟家人說話。前一週，他來做血液檢測。他進城去了，向我展示他買給瑪姬當情人節禮物的一個漂亮項鍊墜子。「我要把小男孩的照片放進這裡面，」他說，「他會在正面。還有這張我的老照片，她很喜歡的，你看」——他拿出一張家族婚禮上拍的照片，當時他年輕、強壯結實，一頭黑色捲髮，蘇格蘭裙底下露出厚實的大腿，笑得燦爛，黑色眉毛高高挑起，底下的眼睛周圍因為長時間搜尋地平線的職業而長出皺褶——「所以我會把照片裡我的頭剪下來，放在背面。這麼一來，我就會永遠緊靠在她的皮膚上。永遠。不管之後發生什麼事。」

我問他們有什麼生日計畫。他告訴我，他們會待在家裡，就他們一家三口團聚。「我們給小男孩買了一輛腳踏車，加上輔助輪。是藍色的腳踏車。他完全不知道，他一定會超開心的……」想到這裡，佛古斯的雙眼瞬間亮了起來。就我所知，他的肝臟掃描沒有顯示好轉，假設延後他的治療一週，以避免治療後的嘔吐與衰竭毀掉這個生日，對他的整體狀況並不會造成影響。他節節敗退；膚色愈來愈黃，變得骨瘦如柴。

「佛古斯，如果我們照常在下週進行治療，你在生日時的情況會怎麼樣？」我問，「你還可以享受送腳踏車、切蛋糕和整個活動嗎？」

「啊，我大概會像個廢物，你知道的，我至少好幾天都會是那樣。可是我不能放棄！」他不認輸地抬起下巴。

「我們延後治療一週怎麼樣呢？不是放棄。只是讓你能夠享受生日與情人節，然後你再回來接受下一次治療。延後幾天沒什麼差別。你覺得呢？」

他思考著，眉頭深鎖。「延後幾天不會有什麼妨害嗎？」他猶豫地問。

「我認為不會。你要不要跟太太商量一下？」我問。我知道她就在候診室裡，他讓她留在外面，一人進來診間。「如果你想要的話，我們現在可以一起跟她談。」

「不了，不用麻煩，」他說，「我可以自己跟她解釋。好啊，我們稍微延後一下。那樣我說不定還可以幫忙弄腳踏車。」他笑著，「重要的家庭時間，生日，是吧？我小時候也有留下珍貴的回憶。我希望小男孩也有。」他拿起外套，「那麼十九日回到病房部，對吧？還是下週要回來做血液檢測？」我告訴他十九日回來就好了。「謝啦，醫生，」他說，「再見，下個回合見。」聽起來我們好像在討論拳擊賽。他將外套甩到肩頭，走向門口。

「你確定不需要我跟你太太談一下，看她有沒有問題？」我問。

「不用啦，不用什麼解釋！」他說完，消失在拐角處。

情人節後的星期一，有位家庭醫生打電話到癌症中心說佛古斯右小腿肚紅腫。「看起來像是深層靜脈栓塞（DVT），」醫生說，「你們那邊有床位嗎？」我們都同意佛古斯需要住院，派了救護車去家裡接他。他在一小時內就到了，只穿著睡衣和短褲。「找不到長褲可以套上我的胖腿。」

沒錯，看起來像是深層靜脈栓塞：癌症的血栓併發症之一。接下來數小時，佛古斯進行靜脈掃描以確認診斷，開始給藥以稀釋血液，避免血栓變大。他跟我說了生日的事：小男孩騎上腳踏車有多麼開心，生日那天就大膽地在房子外頭的步道騎來騎去，之後也每天都騎；瑪姬看到項鍊墜子時哭了，親吻了照片才戴到頸子上；她烹煮了一頓美味晚餐，做了腳踏車輪形狀的生日蛋糕；他多麼高興能在沒有嘔吐和治療後的種種不適下度過這樣的特別節日。他的眼睛閃閃發光。離開他的病房去看其他患者時，我心想，延後這次治療是正確決定。

「心臟驟停」的機器嘟嘟聲嚇了我一跳。我跑向病房部，發現佛古斯的病房外一陣紛亂：有個護理師推著急救推車跑過來，有個麻醉醫師衝上樓梯跑過來；患者的茶水推車被棄置在走廊中央。病房裡，佛古斯臉色蒼白，仍有些許意識，正大口喘氣。他的嘴唇發紫，眼睛睜得大大的，一臉驚訝狀。我向麻醉醫師解釋深層靜脈栓塞：可能是佛古斯腿部的血栓已經破裂，在血管裡流動，現在阻塞了肺部的血液供給。我們給他戴上面罩供氧：嘶嘶作響的聲音蓋過他的喘氣。我請護理師打電話給他妻子。麻醉醫師告訴我，由於他的癌症擴散，還有肝臟、心臟和肺臟衰竭，佛古斯不適合加護病房的床位，我明白他說得沒錯——假如他已經要死了，應該要在這裡，在認識他的人之間，有妻子陪伴身邊。心臟急救小組撤退。我們等候瑪姬到來。我給了佛古斯小劑量的藥物，以減緩他的呼吸困難，使喘氣變得不那麼急迫。我坐在床邊，在腦中為了他的離去而慟哭。

「我要死了嗎？」他問我，在面罩底下的深沉呼吸之間。

「有可能，」我謹慎地回答，「可是還不知道。瑪姬已經在路上了。我們就在附近，如果你有任何不舒服，要跟我講。」

「混蛋！」他說，「我不能這麼早死，我有很多理由要活下去。我的瑪姬，我們的小男孩……」他每次呼吸間只能說一個字。

「佛古斯，我可以再給你一些呼吸困難用的藥，你想要都可以說。不過這種藥會讓你想睡。你要醒著等瑪姬嗎？還是你比較想睡著，不要那麼喘？」

在能夠回答前，佛古斯的呼吸又改變了：變慢，喘息著，很費勁。他的瞳孔開始放大。他已失去意識，沒有回應，沒有感覺，瀕臨死亡。血栓的位置跑得更深了。他的肺部沒有任何血液循環，大腦得不到任何氧氣。五分鐘內，他的呼吸完全停止了。

瑪姬在十分鐘後抵達，直接被請進護理長辦公室。護理長請我進來，介紹我是誰。我聽說過許多瑪姬的事，卻從未見過她本人。我必須告訴她，佛古斯已經死了。我必須慢慢地、小心地說出這幾個字，讓她聽懂。我坐在她旁邊，解釋佛古斯腿部的血栓跑進肺部，害他吸不到氧氣。我解釋說我們處理了他的呼吸困難，所以他很平靜舒適。我告訴她，他開心地講述他們兒子的生日。我重申他的遺言：「我的瑪姬，我們的小男孩……」

我們一同走到他的病房，護理師已拆掉點滴及氧氣管，他安靜、蒼白、脆弱地躺在床上。我讓瑪姬坐下，讓她可以撫摸他、擁抱他、跟他講話。我跟她說，她想坐多久都可以。

稍後，回到護理長辦公室，她和護理長一起啜飲著國民保健署的憐憫茶，我則是去開立死亡證明書讓她帶走。我問她還有沒有想要知道什麼事情。

「沒有，」她慢慢地說，「我只想說，我很高興今天是你在這裡照顧他，而不是上次他看門診的那個蠢婆娘。」

我猶如五雷轟頂。她是什麼意思？我詢問上次門診時的情形。

「那個醫生跟他說沒有希望了，他一週不治療也沒關係，反正沒什麼差別。等我們回家後，他才跟我講的。那個蠢婆娘奪走他所有的希望。」

護理長看著我。我可以聽見血液衝上我的腦門。呼吸！呼吸！我說了什麼？他是怎麼聽的？我無法想像我們在診間的對話怎麼會重組成這個樣子。我記得我問過要不要找她來談話。我記得他拒絕了。我不懂他是如何解讀我說的話。

「那就是我，瑪姬，」我說，「佛古斯每次門診都是我在看診。我記得在生日前給他看診那天。」我盡我所能地重述那次對話，提到我們如何決定避免在情人節期間還要承受化療後的痛苦，佛古斯希望為他們兒子創造幸福的生日回憶。我看著她努力想要調和門診那個蠢婆娘與眼前這個女子的形象，這個耐心引導她處理丈夫去世過程的女子。我看見她眼中掙扎著想要理解的神情。

「我覺得非常抱歉，瑪姬，」我說，「我不知道要跟你說什麼才好。或許我表達得不對，或許他聽到的不是我想說的意思。」

「其實，」她安靜了好一會兒之後說，「我想他說的跟你剛才說的一樣。但我知道，假如治療真的順利，你就不會給他放假一星期。他總是抱著希望，而我總是預期災難會發生。他的確度過了美好時光，我看到了，他是那麼快樂。你絕對不會認為他心裡知道這是他幫我們兒子慶生的最後一次機會，也是我們的最後一個情人節。或許他真的不知道吧。但我知道。」

她小口喝著茶，撫摸頸上掛著的項鍊墜子。在寂靜之中，我思索著我所造成的可怕傷害。如果我在門診時跟佛古斯說出我的擔憂，他或許就能和妻子分擔那種明知死亡逼近的感受，而不是讓她獨自忍受。如果我當時走到她坐著的角落，她或許有機會問出自己想問的問題，說出她心底絕望的預感。他們或許可以說些夫妻在臨終時需要說出口的重要話語。然而，這位孤單的女人沒有獲得訣別的時刻。

儘管如此，她打算原諒這個不可饒恕的過錯。她明白她的丈夫不喜歡多說些什麼，更不喜歡多知道些什麼，而我容許他照自己喜歡的做。

「我很抱歉我罵你是蠢婆娘。」她說。

「在這種時候，你不是故意的。」我回答。

我忍著沒哭出來，直到她起身離開，回家去告訴小男孩噩耗。身為母親，再也沒有比這更糟糕的對話了。

從指縫中溜走

急診部是個分類的地方，必須迅速協助每一名重症患者，以免錯失挽救生命的機會，同時急速找出無法避免死亡的人，給予協助，讓他們好好度過最後時刻。來到急診部的人們，除了可能無法活著離開的人，還有仍然希望可以治癒的人、之前從未懷疑過自己生病的人，以及已經和病痛與日益衰弱的身體相處了一段時間的人。唯有我們誠實告知治療的可能結果，才能讓病患與家屬做出明智選擇，決定何時應該接受生命即將結束的現實。

並不是所有的死亡都乾淨俐落或做好充足準備。雖然人生最後時刻通常遵循著意識模糊與自動化呼吸（automatic breathing）的約略一致模式，然而，抵達這個終點的路徑則比較難預測。大約二五%的死亡是突然的、意外的，發生得太快而沒有時間治療。然而，即便是這類死亡，通常也存在某種已知的基本健康狀態，例如心臟病，或者單純年事已高，這些狀態使得死亡的時間點無法預測，但依然預示著死亡的逼近。

假如大多數死亡是在健康加速惡化的時期尾聲發生的，而且即便是猝死，大多數也是已知重大疾病的結果，但為什麼我們卻依然措手不及？

當時，我和我們的專科護理師凱瑟琳正在針對一名患者向員工提出建議，這名女性患者是本市緩和療護服務的熟面孔，剛剛才被焦急的女兒送來急診部。此時，一名我們再熟悉不過的、外表年輕稚嫩的初級醫生跑過我們身旁，喊叫著：「心臟驟停，二號床！我們應該會需要你們，緩和療護組！」

我剛取得醫生資格的時候，緩和醫學專科尚未設立，而緩和療護只是一個概念，侷限於少數慈善性質的臨終關懷醫院。如今我是這個領域的主治醫師，實習醫生會來我們醫院的緩和療護小組受訓。真是光陰似箭。每年我們都會接受三名新近合格的醫生進來實習四個月。

十八個月前，莉絲來到我們辦公室，對緩和療護這份工作有些畏懼膽怯。四個月後，她學會新的溝通技巧，能夠提出全面性的疼痛與症狀評估，並開始策劃她自己的「解釋死亡是什麼模樣」的對話腳本，也逐漸習慣我們小組被稱為緩和療護組。我們最喜歡看著每個實習醫生一路上培養起信心與理解，準備好將更多關於緩和療護的知識應用於他們的醫學生涯中。莉絲現在是創傷手術的實習醫生；緩和療護的技巧在所有醫學領域都能派上用場。

我們聽從莉絲的建議，和走廊上的心臟急救小組一起來到二號床。一名老年男性被救護車人員送進來，他的心跳在救護車上便已停止，於是急救人員開始進行心肺復甦。兩名急診部護理師接手繼續做心肺復甦，莉絲也加入他們，同時有麻醉醫師準備為患者氣切插管。急救人員正向急診團隊簡報情況，我們也加入了。我注意到房裡遠處有個穿襯衫打領帶的中年男子，神情驚恐、臉色煞白地看著這一切。是患者的親屬嗎？

我看著往昔受過訓練的實習醫生詢問那名受驚嚇的男子，他的父親是否曾經討論過他對心肺復甦的意願。我看到他不可置信地搖頭，而心肺復甦如同電視劇一般持續進行。莉絲插入第二根靜脈注射管，抽取患者血液進行分析，同時詢問他的兒子更多問題，以補足急救人員沒提到的細節。

原來患者已經八十二歲，有心臟病史，曾發作兩次，正在治療高血壓，通常只能在平地上短距離行走，然後胸痛會迫使他停步——典型的晚期心臟病史。今天，他突然口齒不清、左臂無力，接著就倒下了。他的妻子叫來救護車，其中一個兒子陪同來到醫院——現在倚著牆才能站好的這個男人。他的兄弟們和母親正開車過來。我的心往下沉——他們找停車位會找很久，他們或許趕不上了。

此時，心肺復甦小組往後退。螢幕上可看出患者恢復心跳，但他的血壓太低，幾乎沒有跡象顯示他的心臟正在有效跳動。支持他衰竭心臟的藥物正透過靜脈注射輸入體內。他可以自主呼吸，但臉上戴著氧氣罩。種種情況看來，可能是中風，也可能是又一次心臟病突發。他的存活機率渺茫，康復機率更是微乎其微。必須做出艱難的決定了。

莉絲的主治醫師來了，他今天負責急診部。她簡報了這個男人的情況，把脈搏、血壓、氧氣量、藥物與輸液的圖表拿給主治醫師看。她的結論指出這是晚期心臟病，在今天的事件發生之前便已知心臟功能欠佳，病人進加護病房沒有好處，也不列在心臟移植名單上，主治醫師聽完點了點頭。他的病史與特定生理跡象亦顯示他今天早晨可能發生了中風，可能是在又一次心臟病發作之前發生，也可能是發作後造成的結果。如果按照心臟病發作的常規治療，給予藥物來「稀釋」血液及消除血栓，將會非常冒險，因為可能導致中風加劇，甚至致命。主治醫師也同意這種情況需要盡量給予輔助治療，等待時間及病況來確認這名老年人有沒有復原的可能性。他問莉絲能否向家屬解釋情況，她點頭，用手指了指混亂人群當中的兩名緩和療護人員。他朝我們笑了笑，接著說：「時機正好！」便離開去看下一個患者。

穿西裝的男人小心翼翼地走近他父親。他聽到莉絲的話了，但我不知道他作何解讀。

病房門又打開了，另外兩名中年男性與一名老婦人往這裡窺探著——其餘家屬到了。我不想帶他們離開去談話，以免患者嚥氣時他們沒在身旁陪伴。凱瑟琳意識到家屬沒有椅子坐，便離開去找椅子。急救團隊各自散開，去收拾藥物、打電話或檢查其他患者。只剩下家屬、莉絲、我和一名急診護理師跟病患在一起。我介紹了我們的身分，解釋說我是醫院的主治醫師，他們的爸爸／她的丈夫很可能是中風，心跳曾停止過一段時間，現在他的心跳不足以支撐他的身體。凱瑟琳悄然出現，拿來椅子；男士們坐下，但他們的母親堅決地站在她丈夫旁邊，我很感動地看見我們的年輕醫生站到她身邊握起她的手，放在她丈夫擺在胸口動也不動的手上，然後用自己溫柔的手握住他們的手，向老婦人點頭示意沒關係——這是屬於她和丈夫的空間與時間。

急診護理師在閃爍的監測器螢幕、點滴導管和患者之間安靜移動，處理血壓下降、心跳急促、血氧下降；調整氧氣流量；更換點滴袋，跟莉絲用點頭與手指動作溝通，以免打擾我們需要謹慎處理的談話。凱瑟琳在男士們之間找了椅子坐下，默默地看著，臉上滿是同情。

我問男士們知不知道父親心臟不好，他們點頭，低聲說他已經「狀況欠佳」好多年了。自從兩年前他第二次心臟病突發以來，他們便預期噩耗的電話隨時可能打來。我問他們父親最近怎麼樣，他們說他因為胸痛與衰竭而被關在家裡。我說，所以他們明白他來日無多，他們點頭。他們並不感到意外。

「那麼，」我問他們，「你們父親有沒有交代，萬一他的心臟更加惡化，萬一他昏倒或需要送到醫院，他想要醫生怎麼做？」

一陣漫長、緊張的停頓。男士們坐著、駝著腰、雙手緊握，用圓睜驚恐的眼睛看著我，他們搖搖頭。他們不知道父親想要怎麼辦。

「他有沒有說過任何事，也許可以讓我們知道現在該怎麼做？」我盡量溫柔地問。其中一人用心碎的嘶啞聲音回答：「他曾經試過要討論。喔，老天——他想要談這件事，我叫他不要那麼多愁善感……」他說不下去，肩膀起伏著。凱瑟琳輕柔地碰觸他的肩膀。一名兄弟接話。「不只是你，山姆，」他說，「爸要我去幫他辦理一份法律文件，以免媽未來需要幫忙，我只說他會長命百歲，不要再那麼喪氣……」他的聲音飄散。

這種共同的沉默如此常見，如此令人心碎。老年人對死亡早有預期，很多人會試著跟別人訴說自己的希望與願望。但年輕人時常打斷他們的話，因為他們無法忍受、甚至無法思考那些對長者或病患來說如影隨形的念頭。

此時，他們的母親發言了。她剛才一直看著自己的丈夫，但在我和她兒子們說話時專心聽著，偶而和我眼神接觸。

「讓他走吧，」她輕聲說著。男士們坐直身子、瞪大眼睛，一人開口想要反駁，但她舉起空著的那隻手，朝他揮了揮，示意他安靜。「他已經不再活著了。他不快樂。他常說他準備好要死了，」她告訴他們。她接著轉向我，「他知道孩子們會照顧我，知道我會沒事。他已經好長一段時間都在等死了。」一陣全然的寂靜，直到其中一個兒子發出啜泣聲。

「請跟我們說，假如他現在醒過來會說些什麼。」我鼓勵她。

她用充滿愛意與熟稔的笑容低頭看著他的臉，答道：「他幾乎每個禮拜都會跟我說一次：『珍妮，我們過了美好的一生。現在該走了。我希望它來得很快，我希望它來得突然，我希望我比你早走……』而我只是說：『蓋瑞，我希望我不會比你晚走太久。』然後我們會擁抱彼此，心情就會好一些。」她停頓下來，問我：「他還會醒過來嗎，醫生？」

「我想不太可能。」我說，尷尬地意識到他們急匆匆趕來，大家沒有好好介紹。直接稱呼她為珍妮似乎有點冒昧。

「你們看得到他的心臟監測器嗎？」莉絲指著心跳起伏的線條給家屬們看，「上面顯示蓋瑞的心臟有試著跳動，但不夠有力，無法讓血液循環。腦部沒有得到充足供氧，就沒辦法醒過來。蓋瑞已經失去意識。他非常、非常虛弱……虛弱到可能會死亡。」她停下來讓他們消化這個訊息。

「有時候，人就算失去意識也能聽到周遭的聲音，所以，他或許可以聽見你們的聲音，很高興你們都在這裡。我們必須盡快決定治療的強度，我們想要做他希望的事。我們不能問他，因為他沒有意識。所以我們需要你們、最認識他的人，來告訴我們他會怎麼說。這不是要求你們做出決定——必須由醫生做出醫療決定。可是，假如你們認為他不願接受某些治療，我們會在做決定時納入他的意見。」

兒子們交換幾個焦慮的眼色，他們的母親則看著莉絲。莉絲繼續說：「再過幾分鐘，我們會幫他找個病床，不用繼續躺在這個救護車擔架上，你們可以在病房裡陪他。我現在就去安排。如果他已經沒有多少時間——這很有可能——還有誰應該到現場嗎？」她等候著，但他們只是悲慘地面面相覷，沉默又震驚。「在我出去幫他找病房的時候，你們不妨想一下？」我看著她處理急診室的死亡事件，讚許她的信心與沉著的同情心——我們以前的實習生，確實將她的臨終關懷訓練付諸實行了。她向每張泫然欲泣的臉龐點頭致意後便離去，留下我來鼓勵這一家人，接續她未完的腳本。

「有時候，沒剩下多少時間的話，人們會想要聚在一起，」我說，「有些人有宗教信仰，想要找牧師或禱告。有些人想要音樂，有些人則想要安靜。我們會盡量協助你們安排這段時間，所以請讓我們知道有什麼可以幫忙的。」停頓。這裡有大量訊息需要吸收，往往必須重複說明。護理師打開另一小瓶藥劑加入輸液導管，我看見蓋瑞的血壓幾乎測不到了。他的生命正在快速消逝。

兩名護理師迅速推來一張病床，俐落地將他轉移過去，連同他糾結的管線與點滴管。他們請家屬一起過去，把蓋瑞推到一個安靜的房間。凱瑟琳陪著兒子們，莉絲則牽著蓋瑞妻子的手跟在後面。心肺復甦床位清空了，急診部護理師立即著手清潔所有表面、補充各種藥物和設備，準備下一次使用這個可能拯救生命的床位。沒有時間流淚了。

凱瑟琳和我在半小時後離開急診部。蓋瑞在一間單人房，家屬圍繞在他身邊，醫療團隊解釋，血液及心臟檢測證實他是心臟病發作，可能在之後二十四小時就會死亡。他的狀況太過不穩定，不適合進行掃描以確認他是否同時中風，但答案也純屬學術性、已經不再重要。他的妻子代表蓋瑞表達了他的願望，也就是不願用醫療來延後他的死亡，兒子們接受了母親對父親願望的認知，這是他們父親也曾試圖跟他們討論的願望，醫療團隊將他的已知偏好列入考量，決定不轉到加護病房；在那裡確實可以延後他的死亡，卻不可能讓他恢復健康。

當晚我下班前打電話給莉絲告訴她，她對於那次非常困難的談話處理得很好。她很高興聽到我的回饋。蓋瑞在數小時前過世了，莉絲報告說：「他做了很多人都會做的事。就是『選擇對的時刻』。你知道——他昏倒時，家人在場，還陪著他到急診室、去個人房。等兒子們去吃東西，太太去外頭抽菸，他就死了。他只獨處了兩分鐘。」

這種情況經常發生，所以我們時常警告家屬可能發生這種事，尤其是臨終過程長達數日的話。我們不了解原因，但我們察覺到，有時人們只有在獨自一人之下，才能安心地死去。他們是否被看護者的憂慮所羈絆？心愛的人在場使得他們在生死之間徘徊？這是他們的選擇嗎？我們不知道答案，但我們察覺到這種模式。

「你真的習慣了嗎？」她問我，「那些臨終對談——我有一天真的會在對話時覺得沒事嗎？」

我可以很高興地說，答案是不會。你永遠不會習慣跟他人的哀慟靠得那麼近。面對死亡的工作總是令人感到深奧、敬畏，有時難以承受——這就是為什麼我們要以團隊形式工作。但你將會發現，你所提供的是至關重要的、具蛻變性、甚至是精神層面的東西：讓人們有機會在覺察之下遇見或看見死亡，而如果我們未能誠實面對，那種機會就會喪失。以誠實且具同理心的方式告知可怕的事實，讓患者與家屬依據真相做出選擇，而不是鼓勵具誤導性、沒有指望地追求醫療奇蹟，這會導致無用的治療，延後了死亡，也剝奪了告別的機會。

今天在急診部，莉絲專注的並非不惜代價拯救生命，而是讓家屬可以好好告別。有時，到最後，那是我們所能提供的一切。

禁忌的話題

迄今我人生裡的許多平行旅程之一，就是我的兩個孩子從幼兒到青年的成長過程，以及他們如何一步步接觸到生活裡的基本概念——五花八門的事，比如，臥室地板上的髒襪子是如何變成抽屜裡乾淨的襪子；為什麼必須餵金魚適當分量的適當飼料；嬰兒是從哪裡來的；為什麼誠實很重要；嬰兒到底是從哪裡來的——其中也包括他們對死亡概念的初步理解，這個概念是透過金魚、老年人，還有我們所愛與所懷念的人來展現。

向孩童講述死亡是一件重要的事，卻也令人不安。我們想要保護他們遠離悲傷，又要讓他們準備好面對人生。孩童理解時間、永恆、看不見的東西仍然存在以及普遍性等概念的能力，需要好幾年才會發展出來，因此，我們所說的話會根據孩童的年齡而受到不同的接收及理解。儘管理論上知道這點，我的孩子對我們談話的嶄新詮釋，有時候仍會讓我吃驚。以下是我們家庭旅程的一些案例，顯示早期體驗如何漸趨成熟，化為對死亡的理解，以及有些時候令人啼笑皆非的誤解。

金魚的故事

我的祖父過世時，我三十幾歲，我的第二個小孩才剛上幼兒園沒多久。當時我們家有養寵物：兩條金魚，還有安寧療護醫院患者遺贈的一隻貓。我們花了很大的努力讓金魚不要被孩子們開心地餵太飽，或者被貓咪開心地吃掉。我們的預期是，藉由觀察寵物的生命周期，孩子們可以溫和地接觸到一些事實，例如不要怕水（成功：他們都是游泳健將），照顧生命（成功：他們都對魚很溫柔，對貓很小心），疾病與醫療照護（成功：從獸醫那裡打針回來後要呵護貓咪），甚至最終要面對的死亡（不過三隻寵物都健康得不得了）。

當我得知我摯愛的祖父因為胸部感染突然離世，我向當時分別是三歲與七歲的孩子解釋，他們的曾祖父已經去世，我要去見他最後一面。我會去陪伴傷心的爺爺奶奶，而他們過幾天會跟爸爸一起回去參加曾祖父的葬禮。翌日早晨我準備出門時，注意到其中一隻金魚（有斑點的，名叫瓢蟲）不太對勁，游的角度很奇怪，只有一側的鰓和鰭會動。金魚也會中風嗎？這條魚看起來確實病懨懨的，可是我要趕早班火車，家人都還在睡覺。這種情況或許應該交給超人老爸去煩惱。

那天傍晚，我與父母前往停柩的教堂，親吻那張令人感到些許陌生的冰涼面容，之後我接到孩子們打來的電話。「媽咪，瓢蟲死了，」三歲的女兒哀悽地通知我，「但不要擔心，我們把她裝在一個罐子裡，放進冰箱，所以你可以看到她。」

孩子們對於葬禮不感興趣，但很開心在結束後與表親們團聚。死掉的魚成了熱門話題，我的一雙兒女向表兄弟姊妹們展示他們的新專業知識。我的姊妹聽到廚房冰箱被當成停屍間有些不安，但超人老爸是病理學家——這就是他的行事作風。

在瓢蟲死後四天，我與她重逢了。她動也不動地躺在我的量杯裡，鰓有些發青。我用衛生紙墊在手掌上捧著她，跟孩子們討論死亡。「你們看，」我說，「她動也不動，連呼吸都沒有。她感受不到任何事，聽不到任何事，不知道任何事。她不傷心也不害怕，她沒有痛苦。她甚至不知道自己死了。」他們瞪大眼睛點點頭，其中一人用衣夾輕輕撥動她，好像在檢查什麼似的。

「動物和植物死掉後，他們的屍體會慢慢變回塵土，」我解釋說，「就可以幫助新的植物生長，成為其他動物的新食物。」為了呼應這個主題，我讓他們在花園裡選個地方埋葬瓢蟲，讓她的屍體化為泥土，幫助植物生長。他們協助我在一處樹叢下挖了一個洞，我們埋葬了包著舒潔裹屍布的魚。

數週後，來訪的朋友發現我們的魚少了一條，便問起此事。我們女兒用大大的眼睛嚴肅地看著她，用「解說的口吻」說道：「瓢蟲生病了，所以媽咪把她放進一個洞。」看來，還需要加把勁才能讓她了解。

孩童在五歲以前並不明白人死不能復生，也不明白死亡會讓身體完全失去功能。我的七歲兒子對埋葬一條死掉的、沒有在動的魚並無疑慮，他三歲的妹妹則對整件事相當困惑，可能還有些擔心自己生病時怎麼辦！

牌匾

我的長子八歲時對死亡的概念感到著迷，這只是一個階段，卻把我逼瘋了，難以區隔生活與工作。以公共長椅上的紀念牌為例。他堅信牌匾標示著死亡之地，每當民眾坐在公園長椅上，或在河畔座位上打開午餐，都冒著滅絕的危險。「他們就死在這裡，這張長椅上嗎？」不是，長椅是在他們死後才設置在這裡的。「那他們是死在這條馬路上／從懸崖墜落／這個公園裡嗎？」不是，這是他們的家人希望大家記起他們的地方。經過數週關於長椅牌匾的審訊之後（當你想要避開這些牌匾，它們突然無處不在），他終於了解了。我鬆了口氣。

有個週末，我們去戶外玩，正走在荒野中。高高的峭壁上有張長椅，上頭的牌匾是用來緬懷一名與兒子騎登山自行車時在這裡喪命的父親。「好酷，」我的長子肅然起敬地低聲說著，「爸，我們可以把自行車騎來這裡嗎？」

幾個星期的努力在一瞬間白費，又開始了……

這種看似病態的對死亡的著迷，其實是兒童發展的一個正常階段。除了對於牌匾的好奇，我們兒子在這個階段還喜歡在畫圖時畫上葬禮與棺材，這些東西與畫中人物的長篇背景故事有關。這一切幫助他將死亡放在具體的背景中，例如死亡通常發生在老人身上，或是生病或事故所造成的結果。

大約七歲時，孩童開始明白死亡會發生在每個人身上，再大一點之後，他們知道甚至會發生在自己身上。這可能導致一段時期的焦慮，以及不斷要求親近的家人保證他們不會死。在我們孩子的童年時期，我們因應的方式是向他們解釋，爸媽通常不會在他們變老、子女長大之前死掉。當然，並不是每個家庭都有那種好運，有專家建議可以供家庭協助兒童面對死亡——更多資訊請見本書結尾的「參考資源與有益資訊」。

貓的災難

當女兒快滿六歲，她哥哥快滿十歲的時候，我們這個小家庭搬到鄉間居住。看起來彷彿長生不老的醫院遺贈貓咪此時至少十六歲了，倖存的那條金魚跟貓咪鬥智依然取勝。這是一項重大決定，也是明智之舉。新家有個大花園，我們種了蔬菜，挖了一個水池，附近就有條河流，可以築壩、划船和釣魚。我們把金魚放進水池，還給牠許多刺魚當朋友，牠們悠遊自在，大量繁殖。貓咪與一隻住附近的蒼鷺會在池邊狩獵。

我們的貓咪尤其快活。原來他是狩獵高手，會跑到田野中覓食，帶回一般田鼠、河堤田鼠、有時是鳥類作為禮物——有一次，他甚至將一隻兔子拖進貓門。他把獵物放在車庫展示，孩子們逐漸學會原諒他的這種習慣，後來甚至覺得他很厲害。等到八歲及十二歲的時候，他們已對這些貓咪獵物的屍僵狀態異常熟悉。

雖然我們的房子座落於田野間，但就在一條繁忙道路旁邊，結果造成我們家小小獵人的殞落。一天下班後，我被汽車喇叭聲吸引到屋前，看見貓咪就坐在路中央，身邊車輛飛馳而過。當我走向他，舉起手來擋下車輛，我才看到他的背部扭曲，後腳與尾巴不動——他一定是被車子輾過了。

我們的保姆正要回家，但她看了一眼貓咪，又看了看我八歲的女兒，便說：「我會待在這裡，你可以帶貓去找獸醫。」我們迅速找來堅固的紙箱（沒必要把貓關進搬運籠裡），在裡面鋪了毛毯。然後，我那才十二歲、卻像五十歲那麼老成的兒子爬上汽車後座，貓咪紙箱放在他身邊，我們便出發了。我可以從後視鏡看到兩名乘客。貓咪大口喘氣，吐出舌頭，眼神呆滯，不時虛弱地喵喵叫著。

「你要不要跟奧斯卡講講話？」我跟兒子說，「讓他聽見你的聲音。你也可以很輕地摸摸他的頭。他喜歡被人搔耳朵，不是嗎？但不要摸他的背，免得他會痛。」

我們飛車開了十五英里進城找獸醫，兒子一直低聲鼓勵貓咪：「你是很棒的貓，奧斯卡，你沒事。我們在這裡。我在你身邊，不要擔心，我們會照顧你。你是一隻超棒的貓。」

我觀察到貓咪意識的明顯改變，他似乎慢慢昏迷，然後會突然喵一聲又醒來。我明白這就是我每天上班時所看到的模式——貓咪可能在我們趕路的途中就死掉，而我兒子還沒做好準備。

「你看到了嗎？你跟他說話時，他有多麼舒服？」我說，「他是不是慢慢昏迷了？你可以聽見他的呼吸也在改變嗎？現在是不是變得比較輕柔，比先前更慢了？那是告訴我們，他很舒服，很放鬆，但也很虛弱。他一定很高興你在這裡跟他說話。」

男孩的眼睛噙滿淚水，聲音哽咽，但是他繼續連篇地讚美。「你是最厲害的獵人。你捉到好多老鼠，你喜歡追小鳥，連兔子都敢追。你好勇敢，你是最棒的貓，奧斯。」接著，「留下來陪我們，奧斯卡。不要死。獸醫會把你治好，我們快到了……」

保姆已經打過電話給獸醫，他們正在等我們抵達，看了一眼貓咪的背部之後，他們叫我把他帶到鄰近的動物醫院，他們會打個電話通知。我們回到車上，沿著蜿蜒道路駛向醫院，這次開得很小心。但是，腳本改變了。我聽見後座傳來：「你是最棒的貓，奧斯卡，我愛你。謝謝你做我的貓。你一直以來都是好棒的貓，奧斯。我們都愛你。再也不會有比你更好的貓了，奧斯……」如此細微的改變，卻是用過去式，男孩知道這是告別。

奧斯卡撐到了動物醫院，但當天稍晚便死了，我們帶他回家。他將會幫助我們花園裡的植物生長，在他往昔的狩獵場裡。

抵達目的地

我的教母，我媽媽的妹妹，快要死了。她在八十幾歲時長了腦瘤。她無法在腦中找到正確的用語，但聽得懂每一句話。她拒絕化療（她說「那只會讓羽毛變多」，翻譯過來是說如果腦子壞掉了，活得久也沒有生活品質），並接受自己來日無多。她擔心誰來照顧她無用的老公（「我在這裡是最肥的！」），但大致上都很平靜。

在許多家人與鄰居的協助下，她在家裡度過了生日，但之後連續幾次的癲癇發作，讓她被送進城裡那家醜陋不堪的大醫院。她住進了位於邊間的病房，密封不良的窗戶漏進來的風讓百葉窗嘎嘎作響。不過，醫護人員的溫暖彌補了建築物的不足。醫院的緩和療護團隊來過了，病房部被告知「等我外甥來，她是這種東西的專家。」儘管她宣傳我的專業時搞錯了性別，他們仍親切地歡迎我。「你阿姨人真好，」他們告訴我，「她為你驕傲得要死！」然後，他們發現自己講了死這個字，紅著臉道歉。

我和當時已經十七歲的女兒搭火車去醫院。我的父母開車過去，我兒子則來車站接我們，因為他就在這個城市讀大學。此時距離我們埋葬那條金魚（還有那隻貓、數隻倉鼠、另一條金魚，以及被附近狐狸咬死的兔子）已經過了很長的時間，現在他是個高大壯碩的橄欖球前鋒，最擅長狂歡，他的大嗓門依然充滿生活的喜悅。他妹妹則是溫柔安靜，個性較為謹慎，傾向先思考再開口，善於意會他人的感受、默默地牽起他人寂寞的手。

我們踏入姨姨的房間。她躺在一張大病床裡，瘦小而蒼白。她穿著病人袍，黃色的鑲邊與她的膚色很不協調。我的一個表親坐在窗邊的椅子，他抬起頭，臉上滿是絕望；他不知道該怎麼辦，然而他花了半天趕過來，就是要坐在這裡、在她身邊，為了表達他的愛。姨婆似乎睡著了，但是我們家溫柔的大男孩用洪亮的聲音說道：「哈囉，姨婆！你的睡衣很漂亮耶！」她睜開一隻眼睛，微笑著，逐一辨認房間裡的人，很高興見到大家，然後噙著淚水說：「你們每個人大老遠過來！」接著哭了起來。我的父母到了，先跟孫子女和遠道而來的外甥打招呼，接著和姨姨問好，他們每天都來探望她。她的右臉下垂，右手也不能動。我注意到我的表親坐在病床右側——她可能根本看不到他。腦瘤已慢慢讓她無法看見、感受、注意或移動她右邊的身體與右邊的世界。

我們大家各自找了椅子坐下來。我把表親帶到姨姨的左邊，她看到他的時候很高興。我口袋裡有一條護手霜；我握住姨姨蜷曲的右手，叫我女兒握住她的左手，我們一起用護手霜為她按摩。她笑著說：「這個吃起來不錯。」病房對話零零星星在空間裡飄著。我的父母看起來累了。我女兒裝出勇敢的樣子，但她看出親人們臉上的哀傷。「來吧，」我跟兩個孩子說，「我們去找杯茶來給大家喝。」我們沿著混凝土走廊前行，循指示牌來到餐廳。大男孩負責帶路（由於橄欖球事故頻仍，他是這裡急診室的常客），他妹妹和我跟在後面。她臉色蒼白，安靜且緊繃。

「我真以你們兩人為榮，」找尋餐廳時，我跟他們說，「你們做得很好。你們努力跟人交談，對祖父母很親切，也對姨婆很溫柔，表現出關愛。」

「嗯，媽，」溫柔大男孩說，「你和爸花了一輩子讓我們準備好面對這種事，學校裡的人可不曾談論過死亡，那是我們家的特色。現在你看——沒問題。我們知道接下來會怎麼樣。我們不害怕，我們可以做到。這是你們希望我們做到的，不要害怕。」

我們走到餐廳了。我擁抱他們兩人。我不確定我的大男孩是否也有說出妹妹的心聲：我的可愛女孩看起來想哭又焦慮。但那也是正常的，因為我們可以做到。我們可以陪伴姨姨走完她生命的最後幾天，愛著她，回顧她對我們人生的重要貢獻。當她睡得更久、更少醒來，我們知道接下來會如何，知道她將更難開口說話，知道結局將是平靜的。

等到那一刻來臨，事實上是在數週之後，確實是平靜的。她已做好準備，我們也是。

藉由公開與坦誠，我們希望孩子們可以安心提出問題，表達焦慮，肯定並承認他們對死亡之定局的悲傷。這沒有讓他們變得過度感傷；這沒有讓他們害怕冒險、不敢把握人生的機會；在我們的努力下，他們似乎完好無缺。

每個家庭都會找到專屬的方法來面對「人生的真相」；我們必須記得，「死亡的真相」亦同等重要，值得承認與討論。

當愛化為說不出口的祕密

在家庭裡討論噩耗，可能令人畏縮卻步。有時，如果只把噩耗告知患者，或只告訴某個家屬，那個人可能背負著一個不敢說出口的真相而備感負擔。這可能導致一場安靜的陰謀，在人們最需要依賴相互的力量與支持的時候，造成彼此之間的隔閡。儘管有親愛的家人陪伴，仍可能感覺孤單，因為每個人為了愛與保護別人而守著祕密。

醫生在告知噩耗時，應該確定合適的人皆在場聽到，能夠一起思考，互相支持，共同面對。這樣家人間才能分擔悲傷或憂慮，避免把人關進「孤單祕密牢籠」。這種艱難對話在忙碌的門診或病房巡視時可能是一項考驗，但若不這麼做，對患者與他們廣大的支持網是一項極大的傷害——我過去便是以無法忘懷的震驚方式學到這件事。

那是個明媚的春天早晨，我敲著煤礦社區排屋其中一棟房屋的前門，礦區於數十年前便已關閉，年輕人現在一有機會就往城市去。至於老一輩的、父母和祖父母，仍是一個緊密交織的社群，當地的家庭醫生詢問我如何處理一名卵巢癌晚期、現已無藥可醫的婦女的腹部症狀。她和結縭五十年的丈夫住在他們當年搬進的房子裡，那時他還是個驕傲的礦工，而她則是他的完美新娘。

我在大門台階前等待，看著蝴蝶飛過那個小巧但打理得很漂亮的前院花園。一塊大如鋪路石的草坪由繁盛的灌木叢所圍繞，上頭有許多即將綻放的花苞，底下還有藍鈴花、白水仙和勇敢冒出土的鬱金香芽朝向陽光生長。逐漸凋謝的黃水仙被剪去，葉子紮成彎曲的結。這是一名講究的園藝家的手藝。

透過毛玻璃，我看見一個人影走向前門，門嘎吱地打開，露出一張焦慮的臉，一隻手指放在嘴脣上。

「你是從安寧醫院來的嗎？」他緊張地問，並沒有要開門讓我進去的意思。當我開口說是的，他噓地要我小聲點，食指在嘴上不停動著，說道：「她不知道！悄悄進來。」然後拉開門，將我領進一間收拾整潔的小起居室，可以看到美麗的花園。屋子裡有滿滿的裝飾品與小擺設：瓷器人偶、異國海螺、孩童捏的黏土模型、陶瓷動物、各式各樣用煤炭雕刻出來的礦工模型和採礦設備。這些收藏品擺滿餐具櫃、高轉角櫃，裝飾著維多利亞風格壁爐架，擠滿弧形窗台，全都一塵不染、亮晶晶，顯然有人固執地定期擦拭及撣塵。除了我們，屋子裡沒有別人。*我的患者在哪兒？*

男人做個手勢請我坐下。他自己仍然佇立，一直不安地換腳站，接著說：「你絕對不可以告訴她，她沒辦法接受壞消息。相信我，我了解她。」

「告訴她什麼？」我不知道他指的是不要提到安寧療護醫院，還是不要提她的診斷。

「她不知道是癌症。她以為只是腹部積水，醫生正在設法治療。」他著急地低語，側過頭張望以確定他有把門關好，「假如她知道真相，會嚇死她的。」

*老天，這狀況真尷尬。*他的確最了解她，然而當家人試著「保護」心愛的人，幾乎總會產生反效果。我見過很多次了。我知道我是他的客人，在他家裡必須遵守這個家的規矩。我也知道他不是我的患者，我來這裡是為了盡力幫助他的妻子。我必須踏著小心、尊重和親切的步調，查明怎麼做對她最好，同時不會嚇到他，以致請我離開或者改變話題。

我問他希望我怎麼稱呼他。亞瑟先生？他稍微放鬆了，說道：「叫我喬就好。她叫奈莉，是艾莉諾的簡稱。」

「謝謝，喬。我是曼尼克斯醫生，大多數人叫我凱瑟琳。」

接著，我告訴他，我很高興他提醒我。「你是最了解奈莉的，我知道你很用心照顧她，想辦法讓她不要擔心。你們結婚多久了？」

他告訴我，他們是青梅竹馬，在幾個月前慶祝了結婚五十週年。他指向牆上的一只瓷盤，上面是伊利莎白女王二世的肖像。「那是家人送給我們的金婚禮物，我們是女王的死忠擁護者，」他驕傲地說，「她始終維持著高標準。現在很多人都不再重視標準了。」

「喬，我很想見見奈莉，看看我可以怎麼幫助她。請跟我一起來，這樣你可以確認我說的話是否合適。」他坐在椅子扶手上，看起來沒那麼緊張了。「我保證我只會回答她問我的問題，」我接著說，「但我不保證會向她撒謊。如果她要求我說實話，我必須盡可能對她說出我覺得她可以承受的部分。你可以信任我嗎？」

喬迴避我的目光，假裝擦拭椅背上不存在的灰塵。

「不會談到癌症吧？」他問。

「不會，除非奈莉自己提起。」我說。聽聞此話，他似乎滿意了。他帶領我走出小房間，走上狹窄樓梯到起居室上方的臥室。房間裡，在植物圖案的床罩與四散的靠墊之間，靠在枕頭上的是奈莉，喬的生命之光。

「奈莉，這是另一位醫生。」他告訴她，同時直視著我，傳遞明確的訊息：「說話小心點！」

奈莉伸出一隻手來跟我握手，然後指著窗前的一張椅子，就在床邊，示意我可以坐在那兒。喬在門邊徘徊，再次焦慮地來回挪動雙腳。奈莉指示他去浴室搬一張凳子來坐下，看在老天的份上。他嘴裡咕噥著，離開我們去拿凳子，我則開始自我介紹。喬像火箭般衝回來，監視我有沒有說出任何禁忌字眼，例如「安寧」、「癌症」和「死亡」。我解釋我是症狀處理專家，奈莉的家庭醫生詢問我有關她腹部發脹症狀的建議。喬無聲地鬆了一口氣，把凳子放到奈莉床邊坐定。他們隔著一片花海似的床罩望向我。

透過我旁邊的窗戶，可以看見當地山谷的宜人景色，春天薄紗般的綠意沿著河畔林地徐徐展開。舊礦坑入口從樹林上方探出頭來。奈莉像女王般端坐在枕頭堆中，她瘦弱的身軀像是被夾板固定似地，撐著圓滾滾的腫大腹部。一定很不舒服。在她身旁，喬踞坐在高凳子上，像隻正在擔任警衛的狐獴，戒慎的眼神緊盯我的臉，一隻手握住奈莉的手。

「奈莉，你從床上看出去的景色真美，」我用不會讓喬不舒服的話題作為開場白，「你的狀況還可以好好欣賞風景嗎？」

奈莉望向窗外。「這就像在看一部用四季當主題的電影，」她笑著說，「我曾看著那些樹木一點一滴慢慢長到礦坑入口，在那片樹林前，我可以看著喬下班回家，沿著山坡走回來。每一分鐘都不相同——光線、雲朵、色彩。我喜歡欣賞這些。雖然我真的很不舒服……」

「跟我說說不舒服的情形，」我鼓勵她，喬的頸子緊繃起來。

奈莉說的和我預想的差不多。她的腹部腫脹到她幾乎食不下嚥，可是仍然有「裡頭的東西」往上冒、想吐出來，每天會吐個幾次，分量驚人。她持續感覺噁心，腸胃好像沒辦法運作，腿腳使不上力。「喬很有耐心，」她說，「如果我要上廁所，他會扶我走到浴室。但是愈來愈難了，我最近好像一點氣力也沒有……」

「唉唷，你什麼東西都沒吃！你還能怎麼樣？」喬唐突地插嘴。她平靜地看著他說：「真的沒辦法，親愛的。我不是沒有努力。今天早上我把冰淇淋吃了。」

「你最困擾的是什麼，奈莉？」我問她，「嘔吐？不舒服？沒有力氣？或是其他的？」

喬的目光由床對面掃射過來。

奈莉停頓了一下才回答。「是各種事情混合在一起，真的。感覺噁心的時候很難專注在任何事情上……」我完全同意。疼痛雖然不適，但只要有足夠令人分心的事物，就可以從當下的意識中摒除。不過，噁心感是一種壓倒性、全面滲透、削弱身心、侵蝕靈魂的體驗。

「我最擔心的主要是身體虛弱，」她接著說，「因為這好像愈來愈糟。喬要我吃東西，他努力做好吃的點心給我，可是我實在吃不下那些，看到他那麼傷心失望讓我很難受……」

她哀傷地看著他，捏了捏他的手，「最糟糕的是讓喬失望了。」

喬向前倚身想要抗議，但她舉起空著的那隻手要他安靜，然後說：「喬，你有請醫生喝杯茶嗎？」他搖搖頭，她堅持他立刻去泡茶，怎麼可以如此失禮？喬不情不願地離開房間，在奈莉看不到的角度，他用一根手指指著我，然後移到嘴脣上。我對他笑了笑，希望是個令人安心的微笑，我們聽著他笨重地走下樓梯。

「你對喬最擔心的是什麼，奈莉？」等到沒有被抓包的危險之後，我立刻問道。她的答案絲毫不令我感到訝異。

「他還沒有準備好承認事情有多糟，」她說，「我無法想像沒有了我，他怎麼活下去。」

「沒有了你……？」

她目光銳利地看著我說：「你一定知道是癌症。他們幾個月前就告訴我了，醫院裡的人。可是喬不知道，而我不知道該怎麼告訴他。他外表看起來是個堅強又勇敢的礦工，但他內心是個柔軟的小男孩，無法忍受任何人難過。」

我們聽見水壺沸騰的哨音從樓下傳來。我猜我們還有兩分鐘，然後喬就要回來了。

「你通常都是自己一個人處理重大問題嗎，奈莉？還是說，以前你和喬曾經一起面對過什麼事？」我無意擾亂這對夫妻心目中的理想生活方式，但我感覺他們通常是夥伴關係才對。

「啊，我們是個很棒的團隊，一起養大了五個孩子」——她的目光飄向窗外的礦坑入口——「經歷許多風風雨雨。他或許心腸太軟，但我們在一起就能面對任何事。」

「除了這件事？」我盡量柔和地問。

她低頭看自己的肚子，在袖子裡一陣摸索，找出一張衛生紙。她擦拭著眼睛說：「他會心碎。我知道我必須告訴他，但不知道怎麼開口。」

樓梯上的瓷器叮噹聲預告喬回來了。他將托盤放在浴室凳子上，看著奈莉，看見她的淚水，便氣得滿臉通紅，轉身對我厲聲說道：「你把我太太弄哭了嗎？」

「沒有，喬，她才沒有，」奈莉堅定但溫柔地打斷他，「現在倒茶吧，親愛的。」

喬轉過身去倒茶，我看到他拿起精巧的牛奶罐時，手在顫抖。他瞥了我一眼，監視著。我努力微笑，對他說我喜歡加一大堆奶，如果方便的話。他繼續完成泡茶的任務，幫我倒了一杯淡茶，幫他自己倒了一杯不淡不濃的，再搖晃茶壺，為奈莉倒上一杯濃茶。

「喬，餅乾呢？」奈莉敦促他，「錫罐裡應該有奶油酥餅。」

「可是……」喬不願再次留下我們獨處，但她跋扈地揚起一邊的眉毛，他便離開房間。

「放在好看的盤子上！」她在他離開時命令道。聽到他下樓的腳步聲後，奈莉彎腰靠在海灘球似的肚子上說：「我該怎麼做？我要怎麼告訴他？」

想到這對暖心的相愛伴侶雙雙活在孤獨的謊言當中，不想讓心愛的人難過，真是令人揪心。他們之間刻意的沉默，就如同奈莉的癌症般不斷蔓延，除非打破僵局，否則他們或許連告別的機會都沒有。

「奈莉，你們曾經共同面對的最糟事情是什麼？」我問她。

她立即回答，回想的語調卻很慢，彷彿不願聽到自己說的話。「我們的兒子死在礦坑裡。他十七歲的時候……才十七歲。那時發生了爆炸，死了三人。喬心碎了……我也是。我們只能藉由談心來度過難關，一直談、一直談。說著他的名字……凱文。再也沒有人會提到他的名字了……」

喬出現在門口，我們兩個都沒注意到，因為我前傾靠在床邊，才能聽清楚她輕聲細語的回憶。他坐到床邊，背對著我，拉起她的手。

「怎麼提起這個，寶貝？」他溫柔地問，另一隻手撫摸她的臉龐，拭去一滴淚水。她傷心地搖搖頭，低頭看著床。

「喬，奈莉跟我說了你們的婚姻有多美好，以及你是多麼棒的伴侶。你是個好丈夫，你們加起來組成了很棒的團隊。」喬轉頭看著我，奈莉盯著他的側面。「奈莉告訴我，你們能度過凱文死亡的痛苦，靠的就是彼此談心，一遍又一遍地談。」

喬又看向奈莉，她直視著他。我說：「奈莉覺得她必須用同樣方式跟你分享這場疾病痛苦的部分，你說是嗎，奈莉？」

奈莉點頭，繼續凝視著喬。

「奈莉、喬，雖然時間很短，但我了解到有關你們的好多事情，」我接著說下去。講這些話的時候，我的嘴巴發乾，舌頭打結。事關重大，我絕對不希望弄巧成拙。「你們深愛對方，你們都不願對方為了這場病而傷心。你們兩個都是這麼告訴我的。」

喬吸了口氣想要說話，但奈莉說：「聽著吧，親愛的。聽著就好。」她是在允許我繼續說下去。

「奈莉，你告訴我，你愈來愈虛弱，你擔心或許不會好起來。」喬的眉毛挑高，眨著眼看她。「喬，你告訴我，你非常擔心奈莉，可是你不跟她討論病情，以免害她難過。」這次輪到奈莉面露驚訝。

「因此，在我看來，雖然奈莉是生病的人，但你們兩人都受苦了」——我稍微強調了這個詞——「因為這場病而受苦。而且你們兩人都獨自受苦。奈莉在樓上擔心著喬，而喬在樓下擔心著奈莉……我在想，如果你們可以談一談，會不會讓這些痛苦變得輕鬆一點點。」

奈莉凝視著喬，他往後靠了一點，好像害怕她要說出口的話。奈莉此刻勢在必得，這是屬於她的時刻。

「我要死了，喬，」她開門見山地告訴他，他垂下頭開始啜泣，「我要死了，我們都心知肚明。」

「噓，奈兒，不！我們可以打敗它！」他啜泣著，但她牽起他的雙手說：「喬，是癌症。他們在醫院裡就告訴我了，我只是不知道該怎麼跟你說。」

「你知道？」他不可思議地問，「你一直都知道？」

「是的，寶貝，」她說。他舉起她的手放到自己脣邊，哭泣著。

「我以為只有我知道而已，」他啜泣著，「我看著你慢慢變衰弱，喔，奈兒。我的小奈莉。」他哭得前仰後合，邊親吻她的手指。

我悄悄從椅子上起身，繞過床邊。我收拾茶盤，溜出房間，端著他們的寶貝瓷器，小心翼翼地走下陡峭的樓梯。他們現在獨處比較好。我要找到小廚房，裝滿會發出哨音的水壺，泡好幾杯憐憫茶，如同我許久之前跟那個有描金瓷杯的護理長學來的。

我會守著你的每次呼吸

臨終的過程是可以辨識的，其中有明確的階段，也有可預測的事件順序。在死亡被轉移到醫院之前，對於那時的人類世代而言，死亡過程是種常識，人活到三、四十歲便會看過許多次。當時大多數社群仰賴當地睿智的婦女在臨終之際與之後支援病患和家屬，如同她們在分娩之際與之後所做的一樣（至今依然如此）。死亡的藝術已經成為被遺忘的智慧，但其實每次臨終都是一個機會，讓活著的人重拾那種智慧，將來面對其他死亡時能夠從中受益，包括他們自己的。

「你現在可以過來嗎？」我們熟識的病房護理師問道，語氣聽起來有些急切。他們是一支優秀的住院團隊，緩和療護團隊總是與他們合作愉快。她打電話來我們辦公室，是因為她擔心一名病危患者的病床邊即將爆發一場戰爭。那位患者名叫派翠西亞，因為心臟衰竭而性命垂危，狀況已持續數週——起初是清醒的，但因為呼吸困難及兩腳笨重腫脹，無法離開床邊太遠；之後是愉快的臥床時光，接待提著滿手巧克力及水果來探病的訪客（這兩樣東西都是她的心臟及腎臟衰竭飲食所禁止的，但她根本不管）。最近，白天大多在睡覺：這是最常見的模式，已經向她龐大又充滿關愛的家族解釋過了，他們也經常彼此複述，如同咒語，彷彿在測量這位女族長邁向死亡的進度。她身邊有三個女兒、兩個兒子、一堆青少年孫子女的悉心陪伴——然而，每個人都在討論「我們的比利」何時才會來訪。

今天，「我們的比利」終於來了。昨天，病房部主治醫師與「我們的比利」目前被關押的高度警戒監獄典獄長討論過他母親的狀況。典獄長放行比利去探視母親，因為看來她最多只剩幾天可活。比利到來的時候，手腕被鍊在兩名獄警身上。這表示他如果無人看管、沒有戴上鐐銬，則有逃跑或造成傷害之虞。我早已學到最好別知道坐牢的原因，無論坐牢的是患者或家屬；在這種已屬不易的時候，以人與人的身分碰面比較單純一些。

看來「我們的比利」不開心他母親受到的照護，一點也不開心。他想要知道她何時會醒來；他想知道為何她被注射了「什麼鬼東西」，讓她那麼愛睏；他想要知道從何時開始英國醫院對待老婦人還不如動物。不開心。這支病房團隊完全有能力應付不開心的親屬，就算是手銬鍊在警衛身上的家屬也一樣。這個問題必然存在其他層面，我們醫院的緩和療護資深護理師桑妮亞於是前往病房部去查個明白。

她發現病房部一團混亂，所有護理師都很不安。有位初級醫生躲在醫師辦公室裡哭。清潔人員告知護理長，他們要兩人一組才肯進派翠西亞的病房工作。護理長把桑妮亞請進她的辦公室，關上門。她解釋說，「我們的比利」是派翠西亞六個子女裡的小兒子，總是被認為是她最寵愛的一個。他的姊姊們形容他「被寵壞了」，他第一次入獄是因為——「不要告訴我，我最好不要知道，」桑妮亞打斷她——於是護理長繼續說故事，總之比利成年以後的人生就是不斷犯法。他目前在高度警戒監獄服刑，代表他的罪名至少涉及了槍械暴力或重傷害。他的姊姊們對他很不高興，派翠西亞現在瀕臨死亡，根本沒辦法明白比利在這裡，他為此怪罪姊姊們，說她們放任事情到不可收拾，她們給媽吃鎮靜劑，她們只想報復他。

比利憤怒粗魯的言語讓清潔人員深感不安，他對護理師進行人身威脅，還痛罵那名年輕醫生是「垃圾」。焦慮的女兒們要求醫生給派翠西亞一些藥物，「把媽叫醒，讓她知道我們的比利在這裡。」這不是對於比利霸凌行為的回應，而是出於她們對母親的愛，母親非常想念「我們的比利」。可是，派翠西亞並不是吃了鎮定劑，她是快死了，這不是可以喚醒的鎮靜狀態。讓醫生落淚的其實是女兒們對母親與弟弟的惻隱之心，而不是比利的目中無人、跋扈囂張。

桑妮亞與護理長走進派翠西亞的房間。她側身躺著，背對門口，床頭搖高以減少心臟衰竭造成的肺部積水——因為心臟無法讓血液有效地在全身流通。她的呼吸深沉緩慢，每次吸氣與吐氣都伴隨著嗒嗒、冒泡的聲響。護理長把桑妮亞介紹給正在照護母親的女兒卡莉，以及坐在兩名警衛中間的比利。桑妮亞跟他們所有人打招呼，然後繞過病床，走到派翠西亞的頭旁邊。

「哈囉，派翠西亞，我是桑妮亞，」她靠近派翠西亞的耳邊大聲說著，「我旁邊還有卡莉與比利。你可以睜開眼睛嗎？」

「你這個蠢女人，」比利嗤之以鼻，「難道你看不出來她被迷暈了嗎？」

桑妮亞不理他。她觀察派翠西亞的呼吸，測量她的脈搏。她的呼吸變得又快又淺，但仍有嗒嗒和冒泡聲。

桑妮亞轉向卡莉、比利和警衛們。出乎眾人的意料，她先向警衛開口。

「你們一定要上手銬嗎？」她問他們，「戴著手銬，這個人怎麼擁抱他的母親？他看起來像是急著要離開的樣子嗎？」比利一臉驚訝，然後不情願地被感動了。警衛們一陣商量過後，決定拿掉手銬和鍊條。比利訝異地揉著手腕，接著站起身。兩名警衛立刻跳了起來，但比利慢慢走向他的媽媽。他在哭。

桑妮亞請警衛們到病房外頭去坐。房間只有一個出口，比利在這裡很安全，他需要一些隱私。「我是負責的護理師，我知道我可以要求這點。」桑妮亞在必要時很強悍，而現在正是這種時刻。護理長也同意了，卡莉對比利豎起大拇指。警衛們離開病房，桑妮亞在他們離去時真心表達感謝，並向他們保證，她會對比利待在病房裡的時間負起個人責任。她看著他說：「不要讓我後悔這樣做，比利。」比利一時語塞。

兩位資深護理師現在將注意力轉移到患者身上，她們決定調整派翠西亞在床上的姿勢，看看能否減少她呼吸時的冒泡雜音。她們用輕柔、專業的手法將她翻轉到平躺姿勢，抬起上身，調整與拍鬆枕頭，再慢慢把她放下來。她們大聲說明手上正在做的事，整個過程都不忘跟派翠西亞講話。她仍然陷在深度無意識中，但半坐在床上，兩隻手臂下方都有枕頭支撐，她現在呼吸緩慢、大口吸氣，不過冒泡聲減少了。

桑妮亞重新排了椅子，讓卡莉與比利分別坐在派翠西亞的兩側，可以各握住她的一隻手。比利想要跟他母親十指交握，卡莉則輕撫著她的手臂。

護理長離開後，桑妮亞對家屬開口說：「你們可以聽出她的呼吸模式從又快又喘，變得很緩慢、像在打呼嗎？」比利與卡莉看著派翠西亞，然後卡莉說這種模式已持續兩天了。

「這是深度失去意識的徵兆，」桑妮亞說，「表示你們的媽咪已經陷入昏迷。你們懂我的意思嗎？」

比利拉著派翠西亞的手指，他咬著嘴唇，點點頭。「就像是頭部受傷嗎？」他問。

「過程完全相同，比利，但這不是因為受傷，只要我們的腦部失去功能，就會發生這種情況。我們走到生命終點時都會遇到。」

她停頓下來。房內一片寂靜，除了派翠西亞呼吸的咕嚕聲之外。沒有冒泡聲了。

「我們從那些頭部受傷後康復的人身上知道，」桑妮亞謹慎地說著，「即使是深度失去意識的人，也可以察覺周遭的聲音。他們會聽見我們說的話——你們說的話。聽到合適的聲音可以讓焦躁的人平靜下來；聽到不喜歡的聲音會讓人變得焦躁。這就是為什麼護理師在照護你們媽媽的時候會跟她說話。我們知道她陷入深度昏迷，可是我們仍然想要用敬重、有尊嚴的態度對待她。」

比利若有所思，然後他深吸一口氣，吼出來：「媽，是我。是比利！我在這兒，媽！我在這兒……我愛你，媽！我真的愛你。我很對不起……」他哭得無法再說下去。

「就是這樣，比利，這正是現在該做的事。繼續說話，跟她說話，你們也可以互相交談，讓她聽見你們的聲音就對了。」

接下來，桑妮亞將注意力放在派翠西亞呼吸模式代表的意思。這是「陣發性呼吸」，顯示生命已經接近終點。

「卡莉，其他家人呢？」桑妮亞問，卡莉說明因為媽媽病重太久了，他們都是用輪班的，確保一直有人陪伴她，大家也能得到充分休息。桑妮亞說這是明智的計畫，能在工作上遇到互相細心照顧的家庭真是太好了。

「不過，卡莉，我想是時候把大家叫來了，因為……聽著。你們聽見你們媽媽呼吸之間不時會有長長的中止嗎？」

大家側耳聽著：派翠西亞的呼吸聲中止了五秒、十秒，將近二十秒……桑妮亞即將判定派翠西亞已經死亡，突然間一次深沉、顫抖的呼吸之後，又恢復為快而淺的喘息。

「現在的呼吸模式變成這樣，」桑妮亞說明，「起初快，然後變慢，接著是長長的中止，然後再從頭開始這個模式。」卡莉與比利點點頭，目光從派翠西亞身上轉過去看桑妮亞，再轉回去看他們沉默的母親。「然後，在某一次她呼吸非常緩慢的時候，」桑妮亞接著說，清楚且小心地說出這個重要訊息，「她會吐出一口氣，就不再吸氣了。就是這麼平靜地結束，而且可能很快就會了。」她停頓，確定他們聽懂了，然後問：「那我們把其他人都叫來吧？」

桑妮亞已經看到派翠西亞的呼吸變和緩了，她的臉部肌肉十分放鬆，嘴巴是張開的。時間不多了。桑妮亞明白她身為比利的保證人不可以離開房間，所以她按下護理師呼叫鈴。護理長在門邊探頭。

「我們談到時間或許不多了，護理長，」桑妮亞說。她語調平靜，但是護理師對護理師的溝通一清二楚。「卡莉必須留在這裡，有人可以去把其他家人叫來嗎？」

護理長明瞭這個訊息，也知道其急迫性。「卡莉，我先打給貝拉好嗎，再請她通知每個人？」

「好，叫貝拉轉告蓋比，然後直接過來。我會傳簡訊給男孩們。跟她說我會傳。」卡莉說，臉色漲紅，在手提袋內翻找手機，「還有，護理長——告訴他們，我們的比利在這兒。」

與此同時，在另一區的外科病房，我在另一張臨終病床旁邊會晤另一個家庭。病人是布蘭丹，中年男性，食道癌廣泛蔓延。他是自營木匠，雖然胃灼熱加劇與感覺吞嚥困難的症狀已經持續好幾個月，但他忙於工作，一直沒去看醫生。如今，癌症已由食道穿孔進入胸部，一邊的肺已經壞掉，胃酸跑到胸腔裡，他快死了。我們的團隊設法處理他的胸痛及呼吸困難，今天他清醒及舒適的時間夠長，可以跟他妻子莫琳交談，與牧師一同禱告，這名牧師為他們提供了很多支持。

我來到病房和布蘭丹的哥哥派屈克碰面，他剛從愛爾蘭過來。布蘭丹平靜、無意識地躺在病床上。我到的時候，他的呼吸淺且慢，我和派屈克、布蘭丹（因為我們一向會跟失去意識的人講話）及莫琳打招呼。

「我就是不能相信！」派屈克抗議道，在床邊踱步。「幾天前我才跟他通電話，現在看看他！我不敢相信！為什麼你們什麼都不做？他是個年輕人！你們不能就這樣讓他死！」

我在床邊坐下。不知怎的，坐下可以傳遞出團結的訊息，表示你準備專心待在現場，即使只是一陣子。我看著派屈克踱步，也看到莫琳緊繃壓抑的表情。她在這種艱難時刻還把情緒化的大伯找來，真是心胸開闊。

莫琳是個充滿憐憫之心的人，這幾天我們一直在討論，她該如何讓青少年兒子們做好面對父親死亡的準備。她的做法很具啟發性：她已經說出了壞消息，帶他們來探望他，鼓勵他們跟父親說他們有多麼愛他，然後如同我向她解釋的那樣，她向兒子們解釋父親臨終時會怎麼樣，讓他們選擇要不要在場。今天他們去上學了（她甚至通知了學校，讓她的兒子們得到後援），但有一名友人隨時待命，必要時緊急將他們帶過來。是時候該解決派迪伯父的不滿了，在男孩們抵達之前。

布蘭丹的呼吸又改變了，他進入另一種深沉、有雜音的呼吸階段，他喉嚨後頭的唾液與分泌物隨著每次吸氣與吐氣顫動及冒泡。派迪停止踱步，聽了一會兒，然後大吼：「你們聽聽看好嗎？現在！聽聽他的聲音！在呻吟！他很痛苦！」

這是常見的情況。從未見過別人死亡、不熟悉過程的人，可能誤解他們所看見與聽見的。這通常使他們確信他們最害怕的事情已成真。派迪聽見喉嚨的液體在呼吸時顫動，以及陣發性呼吸那深沉、打鼾般的隆隆聲，他以為他深愛的弟弟是在呻吟。

「你們也不會讓一條狗這樣受苦！」他吼叫，「這太可恥了！你們不想想辦法嗎？你們不能讓他從痛苦中解脫嗎？」

這個房間裡的確有人希望解除他的痛苦，但不是布蘭丹。布蘭丹陷入深度無意識，無法咳出或嚥下積在喉嚨後頭的液體，他對它們完全沒有感覺。這時，莫琳安靜地坐在床邊，撫摸他的臉頰，在他耳邊悄悄說著往昔的快樂時光、家庭假期、心愛的兒子們，對他說兒子們愛他，他們愛他，他們會記得他，他們會好好的。不過，派迪的痛苦則是顯而易見。

我請他過來，坐在我旁邊空著的一張椅子。他不情願地照做了。我問他覺得現在是什麼情況，他告訴我，布蘭丹掙扎著想要說話，想要表達他的痛苦。我請他跟我一起聆聽——安靜地聽，這樣我們才能真正專心。陣發性呼吸已進入溫和喘氣的階段，冒泡的顫音仍持續。我問派迪，如果他跟布蘭丹一樣喉頭積痰的話會有什麼感受。他會嚥下？咳嗽？吐痰？「我當然會。那種搔癢感很難受。」

「那麼看看布蘭丹，」我說，「仔細看。他沒有咳嗽或嘔吐或吞嚥，是吧？」派迪承認這點。「布蘭丹完全放鬆，深度失去意識，他根本沒有感覺到自己的喉嚨。他喉頭有痰，但他沒有試著清痰。這告訴我們，他在深度昏迷中。」

派迪又看向布蘭丹。他仔細看，他思考著。「嗯，那他先前呻吟是怎麼回事？」他懷疑地問。

「啊，你說那種吵雜的呼吸聲……」我剛開口，莫琳便插嘴告訴他：「那只是深沉的呼吸，是正常的噪音。他在家裡有時候睡熟了也會發出那種聲音，不過他不相信我……」她笑著，又再次撫摸布蘭丹的臉。

莫琳和我演練過如何向男孩們解釋死亡的過程，她不希望他們誤解所看到的情況。我們談過呼吸的改變：呼吸由深沉吵雜變得又慢又淺；中止；再重新開始這個循環。她親眼看著布蘭丹遵循著這種可預期的過程，由此得到一點慰藉。

莫琳與派迪隔著床看著彼此。兩人看到相同的情況，她得到安慰，他卻感到痛苦。

「醫生，你現在確定嗎？」他問我，我告訴他這是正常的死亡、舒適的死亡、溫和的死亡。他將看到布蘭丹的呼吸在快慢、淺深之間改變。他將看到呼吸變弱，然後，在一次吐氣之後，布蘭丹將不再吸氣，那可能微弱到難以察覺。

派迪的眼睛噙滿淚水。「我可以待到那個時候嗎？」他問莫琳。

她伸出手越過床去握住他的手說：「我希望如此，派迪。為了布蘭丹，為了我，為了孩子們。」

我悄悄退出，去手銬之地加入桑妮亞的行列。

派翠西亞現在已被女兒、兒子、他們的伴侶與配偶、孫子女所環繞。雖然房間裡人很多，卻很安靜，因為大家都在聽她的呼吸。桑妮亞已經退到房外跟警衛們一起坐著，讓出房內空間。護理長正在端茶給大家。這個家庭恢復了和平。桑妮亞和我溜進房間，此時輕聲細語取代了原先的寂靜。桑妮亞用眉毛暗示我應該看看患者。派翠西亞躺在枕頭上，看起來安靜祥和。她的眼睛閉著，嘴巴張開，膚色蒼白，指尖發紫。她沒有在呼吸，但無人注意。

「天啊，她看起來好安詳，」桑妮亞說，「她一定很高興你們都在這裡。你們有注意她的呼吸嗎？」他們都看著，仔細端詳。最靠近她的人摸著她的胸口，看還有沒有在動。「她已停止呼吸了，我想，」桑妮亞鎮定地說，「她可以聽見你們都在這裡，她知道可以安心走了。你們做得很棒。」

我們的比利低聲啜泣，他走過房間，躺到派翠西亞身旁，把臉埋在她的頸邊。「晚安，媽，我愛你。」他呢喃道。桑妮亞和我離開病房，通知警衛與護理長，走回我們的辦公室。

我們的工作至此已經結束。兩個家庭都已做好準備，他們可以好好開始哀慟，心裡充分了解他們所陪伴的人是安詳地死去。

「我喜歡我們的工作。」我們搭乘醫院電梯時，我說道。旁邊是放在搖籃裡的新生兒、自豪的父母與一名助產士。

「你們是做什麼的？」助產士問，目光在我們的名牌上搜尋我們的職稱。

「和你的工作差不多。」電梯門打開時，桑妮亞回答，然後我們走了出去。我們轉身對新家庭和助產士笑了笑，後者震驚的嘴形成一個完美的O形，電梯門關上了。

事實上，桑妮亞說得沒錯。我們是助死者，這是一種榮幸，我們每次都這麼覺得。

父母最後的愛

喪慟是一個過程，讓我們由立即的失落與隨之而來的哀傷進入過渡期，在這個過渡期中，以新的角度認識世界，再到達能夠重新正常運作的狀態。這不是「痊癒」——喪慟並不是一種病，喪親者的生活永遠不會跟以前一樣。但只要給予時間和支持，這個過程本身將幫助喪慟之人找到新的平衡。

對孩童而言，他們哀痛時的主要支柱是父母，所以，協助自己的子女對垂死的父母來說是格外困難的挑戰，他們明知正是自己的死亡將造成改變孩子人生的哀痛。其關鍵是做好準備：儘管很痛苦，儘管是悲劇，但這是父母之愛的表現，遺贈給他們無法參與的未來。

婦科癌症專科護理師的轉診信寫著，這名年輕女性的腿部疼痛。信上說她得了子宮頸癌，如今已擴散到骨盆。由於腫瘤的影響，她的腎臟逐漸無法將尿液輸送到膀胱。我預期會看到病容憔悴的患者。

因此，當這名女孩到來，穿著緊身牛仔褲、高跟鞋，完美無瑕的妝容，黑色秀髮長及腰部，令我大感意外。她不光是漂亮，而是豔光四射。我請她進診間，而她優雅動人地走進來。唯有當她彎下身子坐進桌邊的扶手椅時，小心地緊握扶手以支撐她的重量，並在臀部翹起時略為皺眉，才顯露出不舒服的樣子。她迅速恢復沉著，笑著將頭傾向我，示意我可以說話了。

在診所裡，我總是先自我介紹，然後我問如何稱呼她。我請她直呼我的名字似乎讓她嚇了一跳，她說她的名字是薇若妮卡，不過我叫她薇若妮就好。「只有我媽會叫我薇若妮卡，」她笑了笑，「而且那通常表示我慘了。」

新患者來看診時，我的下一個程序是詢問他們希望我如何給予幫助。薇若妮停頓一下，思索著怎麼回覆。「呃，如果我可以更輕鬆地走動」——她說著本地方言——「那會是個好的開始。癌症護理師說你擅長處理疼痛，所以我才說要來……這個」——停頓，嚥口水——「地方。」

「你是指安寧療護醫院？」我問。她點頭，屏住呼吸，淚水湧進了眼睛。「收到寫著安寧醫院名字的約診信，有點嚇到嗎？」我問，因為我知道以前其他病患也被嚇到過。她點頭，於是我問她認為安寧療護醫院的作用是什麼。

「嗯，人們最後會裝在棺材裡抬出去，不是嗎？」

「我知道很多人都這樣想，」我說，「但是，如果今天人們好好地來到我的門診，卻要裝在棺材裡回家，我會很驚訝。」她似笑非笑。

我解釋了一九九〇年代英格蘭的安寧療護醫院究竟都做些什麼，告訴她不會如她預想的那麼可怕。她有些焦慮地表示認同：「好吧……」

「你提到癌症護理師，所以我可以得知你了解自己的癌症，」我開口，「在我們這裡看診的人有各種不同疾病，不只有癌症。」她驚訝地抬頭。「我們的患者都有一些令他們困擾的症狀，是因為他們的疾病所造成的，而且通常是重病。有些來這裡的人永遠不會康復，有些人實際上在我們試著幫他們控制症狀時，就在這裡過世了。不過，來這裡的人有半數以上可以在一週或兩週的照護後回家，身體還會舒服許多，他們不是裝在棺材裡離開的。這跟大家想的不太一樣，對吧？」

她搖搖頭，確實和她預想的不同。看起來，今天充滿了意外。

我接著說：「我們的安寧療護醫院更像是醫院裡的專科病房部，但不是專門治療心臟病或婦科疾病，我們的專長是症狀控制。首先是生理症狀，例如疼痛、呼吸問題或嘔吐；還有伴隨重症的情緒問題，比如憂慮、悲傷、恐慌；或者家庭問題，像是大家都要插一手，可憐的患者應付不來，或是如何向孩童說明父母病得很嚴重等等。」

聽到最後這句話，她迅速抬起頭，我了解到我或許觸及了緊繃的神經。稍後也許需要談一談這部分，或者改天再談，等到她準備好再說。

「現在你比較了解我們都在做什麼了，你認為我們可以幫上什麼忙？我們今天有個人專屬服務，我想看看能怎麼幫助你改善。」

這次她是真的笑了，燦爛開朗的微笑，說著：「你可以幫我改善我的腳痛嗎？」

「好，你說說看。」她述說的時候，我拿起筆做筆記，然後提出更多問題以確定我充分了解。

薇若妮跟我訴說她的疼痛，以及疼痛對她的影響。她三十二歲，有一個七歲女兒與一個九歲兒子。她和伴侶丹尼住在一起，他是她女兒的生父，她兒子也叫他「爸」。他是當地郵購公司的包裝人員，而她是辦事員。這間家族企業在她請假去治療時從不囉嗦，還讓丹尼彈性上班，以便做她的後援。

她媽媽就住在街角，兩個姊姊也住附近。「保持一切井然有序，真的很累人，」她說，「可是我必須維持家中整潔，他們才不會擔心。」問題在於她想要一切看起來「正常」，這樣別人才不會覺得她病了。所謂的正常，包括一塵不染的家（「我無法忍受看到地毯上一絲絲絨毛！」）以及她緊到不可思議的長褲——我實在沒辦法想像她是如何塞進那條長褲的，不過毫無疑問，她看起來又俏麗又時髦。

她訴說疼痛是由臀部開始，像電擊一般往下竄到雙腿。當她彎腰（比如她剛才要坐下來時）就更嚴重，有時她在床上翻身也會痛醒。下腹也會痛，那裡的皮膚感覺異常緊繃。

我請她脫衣，以便檢查她的腿。她進到拉簾後面，我聽見她氣喘吁吁地努力脫下緊身褲。等我拉開簾子，她已平靜地躺在診療床上，蓋好毯子。我徵得許可後拉下毯子檢查。胸部無異狀，心臟聽起來不錯，然而腹部的皮膚印著長褲縫線與拉鍊的痕跡，顯示那裡的皮膚底下有體液堆積，才會被衣物壓出輪廓。

接著我們一起檢查她的雙腿。她腿部的皮膚光亮緊繃，這是因為腫瘤壓迫骨盆內的靜脈，致使液體滯留在腿部而造成皮膚被拉扯。腿部的肌力正常——測試方法是請她在我用力扳彎或拉直各個關節時加以抵抗，這讓她不停發笑，尤其是我用小反射錘檢查她的反射性的時候。可是，她腿部的感覺能力不正常。在她感到刺痛的那些部位，皮膚的敏感度較低，她閉上眼睛時無法分辨是尖銳的東西或棉花棒在戳她。

我重新拉上毯子，讓她保暖及衣著得體，同時觀察她焦急的臉孔。她在等待我的判決。

「沒有我們預期之外的發現，薇若妮。你想先穿好衣服再來談嗎？」

「你有辦法讓我不要那麼痛嗎？」

「我想我們可以幫到你。你需要人幫忙穿衣服嗎？然後我們來討論怎麼讓你感覺更舒服一點。」

「我自己穿就好，謝謝。」她乾脆地回絕了，於是我留她在簾子後面。我在寫筆記時，聽見她正掙扎著穿上長褲。

等到薇若妮小心翼翼地坐回扶手椅，我們更為詳細地討論她的疼痛。皮膚感覺能力不正常的部位所感受到的疼痛，通常是神經傷害所導致。有些特定的治療方式，對神經痛的效果比一般的止痛藥更好，我建議她嘗試其中一種。我會推薦給她的家庭醫生，由後者開立處方箋。她同意試一試。

然後，我問起長褲的事。我在想如果她穿寬鬆一點的褲子，是否能減輕骨盆神經的壓力。薇若妮內心深處的某個地方潰堤了。她直直看著我，眨掉眼眶裡氾濫的淚水，顫抖著深吸一口氣。她張嘴想要說話，發出的卻是一聲空洞、哀號似的嗚咽，全身發抖。接著她哭到抽搐，擰著雙手，在椅子上搖晃。我們坐得很近，幾乎膝蓋碰到膝蓋。我默默遞給她一張又一張的衛生紙，彷彿過了很久很久，然後這波情緒平息下來。她擤了擤鼻子，看著我，低聲說：「抱歉……」

「你覺得你可以說說剛才的情況嗎？」我溫和地問。我明白那些最困擾我們的想法、最深處的害怕與最黑暗的恐懼，通常會被壓抑及埋藏，好讓我們能繼續過日常生活。唯有當它們突破表層，才會觸發我們的情緒反應。薇若妮此刻更能辨識出那些可怕的念頭，在她的痛苦仍然清晰可感的時候。不過這是一個重大的提問，她或許寧願把一切重新埋回黑暗中。

「我不知道，」她首先說了這句，接著又說，「我一直覺得，如果我開始為了這一切事情而哭泣，我可能再也停不下來……」她又開始抽鼻子，看著手中揉皺溼掉的衛生紙。她再度顫抖著抽泣，但這次比較溫和了。她堅決地抬起下巴說：「這就是我。這是我的穿著。假如我不能看起來像這樣……」她指指長褲，聲音哽咽，但繼續說下去：「那我會覺得不像我自己了。」

這是來自內心深處的想法，但經驗告訴我，這或許不是問題的全貌。我請她思考一下覺得不像她自己是什麼意思。這是個困難的提問，她皺著眉頭，努力思考。

「我覺得我好像會消失。不再認真做任何事了。我可能會放任家裡變成垃圾堆，穿胖子才穿的褲子，什麼都不在乎了。只要我讓一件事改變，就可能會讓所有事情都失去控制。」她吞了一大口氣，然後深呼吸，不過現在她忙於思考自己的想法，所以不再被情緒淹沒。這裡可以看見一項重要的真相：藉由面對內心最深處的煎熬、而非將其封閉，會使人有能力探究那些最痛苦的想法，處理它們，甚至找出更有益的方法來應對它們。

「所有事情都失去控制，聽起來很可怕，」我附和道，「對你來說，失控真正代表的是什麼？」她現在很鎮定，也非常專注。想了一會兒之後，她輕聲說：「死掉。」

「薇若妮，你可以跟我說，當你想到死掉這件事，心裡的念頭是什麼嗎？」我問完，遞給她一張新的衛生紙，表現出我的支持。她接過衛生紙，用憂愁焦慮的眼神凝視著我說：「沒有人能跟我女兒講關於生理期的事。」然後輕輕流下眼淚，滴落她的膝上，她像座雕塑，動也不動地坐著。一座哭泣的聖母。

「我拋棄了他們。」她低語著，彷彿難以忍受聽到這些話被大聲說出來。

我們安靜地坐著。對於邁向死亡所引發的、各種各樣屬於個人的深刻悲痛，我始終無法習以為常。薇若妮的孩子們只比我的小孩大一些，我知道我感受到的痛苦有一部分源於自己，我將自己投射到她的困境，設想自己無法完成這份寶貴的母職。

我原本預期會在我的門診裡進行單純的、一次就能搞定的疼痛諮商。如果我沒有問到長褲的事情，大概會是那樣沒錯。但如今我明白，薇若妮的痛苦不完全是生理上的痛苦。她獨自一人，在疾病不斷惡化之際，努力握緊手中逐漸鬆脫的生命線。她有工作需要完成，如果將這項工作做好，就能讓她的兒女更加準備萬全地展開沒有她的生活。她將自己視為他們幸福的守護者，而她確實是。幫助他們為喪慟做好準備，將是她為他們所做的最後一項愛的行動。

「你有多少時間都在思考這些悲傷的想法？」我問。她告訴我，她幾乎隨時隨地都沉浸在哀傷之中，這麼年輕就要死掉讓她忿忿不平，她用吸塵器拚命打掃來發洩這種憤怒。

「我完全可以想像你拿著吸塵器的畫面，」我說，「你有穿防彈衣嗎？」

她笑出聲來。「是啊，我可能嚇到鄰居了！」

她已經恢復了沉著，現在可以來討論之後要如何協助她了。透過一連串問題，我幫助她意識到，她最強烈的情緒是如何與她腦海裡最難以承受的痛苦想法及影像連結在一起，也促使她考慮是否有可能尋求協助來處理這份痛苦，並擬定一些計畫，讓她在病情進展之際應對情感上的挑戰。我解釋說，除了這裡的醫院門診，我也經營一間診所，專門使用認知行為治療，幫助人們因應這種痛苦。

「就跟我們剛才做的一樣，」我說，「你可以學習如何發掘真正困擾你的想法，然後好好處理它們。舉例來說，跟你討論生理期的是誰？」

「我媽。糟透了，她表現得很尷尬。我不想要凱蒂也經歷那種情況。」

「那你要怎麼找到更好的人選？」

她思索了一下，然後說：「凱蒂很喜歡我的姊姊們。她最要好的朋友的母親，人也很好。凱蒂喜歡去她家過夜，我住院時，她都是待在他們家。」

「那麼，在這三人之中，你會選誰？你覺得凱蒂會選誰？」

「我會再想想看……是不是很蠢？這麼明顯的解答，我卻沒發現。」她反思著。我指出，心煩意亂會讓人無法清晰思考——這就是認知行為治療可以協助的地方。

接下來的三個月，薇若妮和我大多是每週進行一小時的認知行為治療。她學會察覺模式，每當她感到悲傷、害怕或生氣時，總是有某種想法在驅使著那種情緒。她稱這種想法為「彈出視窗」（pop-ups）。她腦中彈出的想法視窗，有很多都是想要讓事情保持「正常」，不過她後來允許自己買條大一點的牛仔褲，還決定買一套柔軟舒適的睡衣，白天在家裡穿。（彈性腰圍！像老太太穿的！我才幾歲！）

在認知行為治療之中，我們審視她用以維持生活正軌的想法與行為，並測試不同的做事方法。我們注意到，她拒絕所有可以幫忙她的提議，但她往往在孩子放學回家之前，就因為日常打掃清潔的工作而累到精疲力竭。她試著「做實驗」，接受她姊姊的提議，讓她每天早上到家裡來幫忙一小時，結果她發現自己很喜歡有人陪伴、幫忙吸樓梯地板，也發現她的生活並沒有如預期般整個崩塌。有一次喝茶休息時間特別逗趣，她們一起回想媽媽的「性教育」談話，然後薇若妮請求姊姊在「適當時機」為凱蒂解說。

「那時我們稍微哭了一下，」她向我坦承，「但是，是好的那種哭。」

在認知行為治療剛開始時，薇若妮發現她需要讓凱蒂與她的哥哥班，為她的死亡做好準備。這導致又一次痛哭失聲，因為她面對了自己腦海中令人心碎的畫面：她的寶貝兒女孤單地在學校遊樂場上傷心，沒有人可以求助。她坦承這幅畫面時常出現在她腦中，也肯定包含在我們第一次見面時，惹她哭泣的種種思緒之中。

「什麼對他們最有幫助呢？」是我的第一個問題，薇若妮隨即提出數項可能有用的策略，首先可以跟他們的女校長說明薇若妮的情況，請他們的老師注意他們在學校裡的任何不快樂；可以跟孩子們解釋媽咪還是不舒服，她有時可能太累了、沒辦法講很多話，但是她永遠愛他們；可以和丹尼結婚，這樣在她死後，他才能成為班的合法監護人。「他一直想要我嫁給他，」她說，「可是我覺得自己又胖又笨重，不能做個漂亮新娘。」

不過，薇若妮為自己設定的最艱鉅任務，是為凱蒂和班準備回憶的資料。她有一整套家庭相片，保存在三個巨大的餅乾罐裡，她試著整理，挑選她想寫下短箋的照片，這樣就算她不在了、沒辦法親自跟他們說，班和凱蒂依然能分享她對那些時刻的回憶。但當她嘗試做這件事時，總是崩潰到做不下去。

「所以，我知道該怎麼做，」在某次認知行為治療時，她告訴我，「反正我來這裡就是要思考痛苦的事情，我決定就在這裡做那件事。」她打開她的購物包，拿出兩大罐照片。「我已經分成兩罐了，一罐是給班的，一罐是給凱蒂的，但我想把照片放到相簿裡，記下我們在哪裡做了什麼，還有我記得哪些事——就像是我在他們長大一點後跟他們說話。還有，」她害羞地補充，「我不太擅長拼字，我覺得這點你可以幫上忙。」

我的心往下沉。我的整個職業生涯都在面對將死之人，而我設定了自我防衛策略來應付這些，但喪慟是我的「不舒適圈」。我會避開喪慟準備工作——我覺得那真的太揪心了。可是，薇若妮不願意進行其他的「悲傷」諮商，即便是非常優秀的兒童喪親關懷專家也不要。所以，在我向我們的喪親關懷專家尋求建議（以及心理支持）之後，薇若妮和我延長了我們每週的諮商時間，增加二十分鐘的「孩子時間」。聆聽她描述家庭回憶，幫助她用短箋捕捉那些失去的快樂時光，用她圓潤、童稚的筆跡寫下來，附在每張照片上，這個過程既有趣又難受。她分別為他們的十八歲生日及二十一歲生日寫了信。我們一起將兩個餅乾罐變成了兩個時光膠囊，託付給兩個孩子未定的、她已不在的未來。

「順帶一提，我要跟丹尼結婚了，」她酷酷地說。她想要用平常的聲調說這句話，可是她笑到合不攏嘴。

她當然是個美麗的新娘，光燦耀眼，挽著丹尼的臂膀，牽著凱蒂的手，親吻班的頭，這張照片她分別放進了他們兩人的相簿。

作為結婚禮物，我送她兩本大相簿，一本是好看的蝴蝶設計，另一本則用班最喜歡的足球隊的顏色裝飾。她知道這兩本相簿的作用。

不知道現在這兩本相簿在哪裡呢。

考慮自己的死亡是件複雜的事。有些人害怕死亡逼近，有些人害怕死亡的瞬間，有些人一心求死。有些人害怕不再存在，有些人害怕以無法想像的方式繼續存在，還有些人期待應允的天堂。有些人感受到終將與所愛之人天人永隔的悲傷，有些人則嫉妒自己身後繼續活下來的人。別人對自己終將一死的事實有何想法，你根本不可能猜到他們的所思所想。在緩和療護領域中，我們學會不做假設：我們開口發問。有趣的是，人們往往能夠回答，並且願意回答。當他們將那份重擔和他人分享，通常也能從自己內心發現新的見解與想法，幫助他們好好面對與處理。

思考時間

死亡的名字

不妨留意看看，「走了」、「走掉」、「失去」等委婉用語有多常出現在日常對話和媒體上。如果我們無法對死亡直呼其名，我們又如何能談論死亡、規劃照護，或者在死亡來臨時（無論是他們或我們自己的死亡）支持我們所愛的人？你和你的家人也絕口不提死字嗎？若是如此，你要如何著手改變這種情況？

假如你正在接近自己的死亡，你會告知哪些重要的人？假如他們知道自己快要死了，你希望由誰來告訴你？

死亡是你家中的年輕成員覺得可以談論及發問的事情嗎？不要因為他們從未提及，就假設他們不懂，就跟喬與奈莉一樣。即使是幼童，如果他們明白談到某個話題就會帶來痛苦，也會想要避免讓家裡的大人傷心。

你跟你最親近的人是如何表露彼此的想法？你們都傾向明確說出來，或者寧可用暗示的？你們聽得懂別人的暗示嗎？

你知不知道你所愛的人在臨終時希望獲得何種治療？或者，你直接假設你希望的也會是他們希望的，或是你認為你在必要時刻猜得到？

如果你快要死了，你的優先選項是在情況許可下盡量保持清醒，或是你寧可昏昏欲睡，不想把當下情況及身邊的人看得太清楚？

你如何看待生命的長短與生活品質之間的平衡？如果可以選擇，面對那種可以延長生命但無法恢復生活品質的治療，你會接受或者放棄？你覺得活愈久愈好，即使要在加護病房使用機器維持生命，抑或你想要擬定計畫，明確表示治療到何種程度就應該停止，以舒適為主，而不是延長生命為優先？你有沒有信心，萬一你突然病危，你最親近的家人朋友會知道你對照護的意願及偏好？

這些都是大問題，可能需要好幾次對話才能釐清。請考慮現在就找時間來討論，不要等到生死關頭才開始思索。急診室的醫護人員、快速反應小組（Rapid Response Team）或救護車人員會很高興知道你明確表達了自己的意願。在艱難時刻負責代表你意見的親人也是一樣。

假如你已經處於重病狀態，不妨詢問你的家庭醫生或醫院的專科醫生，可能會有哪些緊急情況最好可以提前規劃。在許多地區，人們可以制定書面計畫，說明在發生可預見的危機時要採取何種治療。這能避免救護車的緊急呼叫，避免不必要或違反意願的住院，同時確保其危機需要急救（有時則需要適當的住院治療）的人獲得他們所需的幫助。你也可以請求醫生進一步說明你是否適合簽署不施行心肺復甦術同意書，你可以拒絕任何你不想要的治療——但是，你需要確定涉及你的治療的重要人士都知道你的意願。

第四部

眼見不為憑

眼見為憑。所見即所得。我親耳聽見。我在現場。

然而，有時候，一個情境所包含的不僅僅是我們親眼所見或所聞。有時我們過於關注眼前的細節，以致無法後退一步去發現我們所經歷之事的整體模式或意義；有時我們的假設掩蓋了相同資訊的其他可能詮釋。斯多葛學派哲學家主張，造成我們快樂或心痛的並不是事件本身，而是我們對事件的反應——以摯愛的家人或朋友死亡而言，我們的痛苦可能是出於自己的無力感或失落感，或者出於我們所愛之人顯而易見的痛苦。但是，當我們在情感上深深投入時，我們真能看得清整個情境嗎？萬一我們自己的假設與情緒形成有色濾鏡，影響了我們對所見所聞的體驗及理解呢？

接下來的幾個故事，說明了重新詮釋情境或許會為我們帶來新見解與更偉大的智慧。並不是事件本身，而是每個人對事件的感知才是我們的最佳指南；我們應該明智地保持警覺，那些看似不可動搖的真理，往往存在著另一種解讀方式。

生命兩端的寶貴時刻

儘管我們安寧療護醫院的患者往往是短暫的過客，卻常常令我們感到欽佩，他們總能放下自身需求，結為朋友、相互支持。同樣地，各個家庭也會在共同的旅程中形成短暫的互助網絡。

正是其中一個這樣的非正式互助團隊的省思，讓我看見了對我們工作的全新詮釋。

那是個仲夏的傍晚。依然明晃晃的天空照亮著安寧療護醫院女性病房外的日式花園，在花園旁的病房裡，四個陌生人結下了遲暮的友誼。安真，嫻靜優雅的日本祖母，一九五〇年代嫁給一名英國水手，隨他來到英格蘭；布莉姬特，不同凡響的愛爾蘭女家長，多年來在本市經營養老院；派蒂，她的家人與這裡所有員工都叫她「奶奶」，是九十幾歲的河畔居民，因為腦瘤而喪失語言能力；還有瑪喬麗，被員工們暱稱為「公爵夫人」，她特別喜歡高檔內衣、精緻化妝品和昂貴香水。

奶奶的熱心大家族來探病，把她給累壞了。她在輪椅上坐了一整天，已長大成人的孫子女推著她逛大樓、逛花園，又推著走上街去披薩店吃晚飯，然後回到安寧療護醫院，當護理師協助她躺回床上，她發出鬆了一口氣的嘆息。奶奶的右半身及語言能力都受到腦瘤影響；隨著腦瘤變大，她能說的單字愈來愈少，需要更多協助才能移動，但她的左半臉仍然表情豐富，所表達的通常是幽默，以及她對荒誕事物的絕妙感受能力。

奶奶覺得荒誕的事物之一是她對面的孤挺花苞，長在公爵夫人床邊的盆栽裡。這是夫人女兒送的禮物，她是本地相當知名且被看好即將大紅大紫的女演員。這個盆栽當初是復活節禮物，放在一只俏皮的金缽裡，經過春天的生長，球莖發出了挺直堅實的花莖，頂著金字塔型的花苞，所以現在怎麼看都像是一根昂然挺立的綠色陽具。公爵夫人若不是無視，就是真的沒看出這種相似度，可是奶奶很著迷，永無止境地覺得好笑，每回公爵夫人請護理師「幫我寶貝送來的花澆水」時，她都會咯咯笑。隨著奶奶的腦瘤成長，她的謹慎自持隨之減退，今天當盆栽被舉高起來、送到水槽去澆灌時，她捧腹大笑到無法自制。護理師們亦難以掩飾對整個逗趣情景的笑意。

公爵夫人有一本新聞剪貼簿，持續記錄著她女兒的演藝生涯，任何願意聽的人或者無法抽身的人都是她展示的對象。奶奶和安真便是被俘虜的聽眾。安真的禮儀觀念依然有著強烈的日本色彩，她太有禮貌了，無法婉拒觀看剪貼簿的邀約。公爵夫人把安真當成貼身侍女，安真對日本絹印藝術的見解尤其令她感興趣。由於長期的肺部問題，公爵夫人現在的行走距離僅限於戴著氧氣罩所能及的範圍；氧氣管的長度使她無法走出這間四人病房之外。

安真的床位面對著布莉姬特。多年的護理師生涯已讓布莉姬特學會少發表自己的意見，她認出安真有著安靜同伴的精神。這兩人偶而一起去日式花園散步，安真剛到安寧療護醫院時，便對這處靜謐的空間感到驚喜。她們手挽著手，在靜默中將花園裡的美麗之處指給對方看。布莉姬特喜歡池塘裡的巨大金色錦鯉；安真則更欣賞植物色彩與型態的錯落有致。安真的日本神道心靈在這個美麗的所在獲得慰藉；布莉姬特的基督教靈魂則因為能夠幫助她的新朋友而獲得提升。

布莉姬特總是會和奶奶的訪客聊上幾分鐘，因為她曾經是奶奶所居住的養老院的護理長。布莉姬特的乳癌最終迫使她退休了，但她很感動家屬在數年後仍能認出她、記得她。聽到她的團隊維持著她為養老院所設定的高標準，以及奶奶希望放射治療結束後能回去住，都讓布莉姬特相當欣慰。對奶奶來說，養老院是她的家，是她希望終老之處；對布莉姬特而言，那是她畢生的心血與傳承。

安真之前因為大範圍食道癌壓迫到氣管而呼吸困難，她接受了放射治療，還裝置了一根特製的支架以撐開氣管。她已經住進來一星期，看起來好多了。她起初不敢離開她的床，但在布莉姬特的鼓勵與扶持下，她鼓起信心走出去，我們預計她下星期就可以回家。

在我們昨天的每週團隊會議中，我們討論了每一名患者，以及（在合理範圍內）他們最親近的人是否有需要我們擔憂的地方。日式花園病房女士們的家屬全都出現在討論之中。奶奶的家屬似乎還不明瞭，她的放射治療無法治癒她的腦瘤。安真的丈夫擔心她回家後能不能應付家中陡峭的階梯。布莉姬特的兒子擔心他的母親出現了信仰危機：她不再嘮叨著叫他去參加彌撒。公爵夫人的女兒正在西區演出舞台劇，無法來探望母親，不過她的喜劇演員丈夫目前住在公爵夫人家裡，每日都來探望，員工與患者都被他逗得很樂，我們的病房護理長報告說：「他對那株可憐植物說的黃色雙關笑話快把我們笑死了！」

我們決定必須處理布莉姬特可能出現的信仰危機（安排牧師來訪）；奶奶的兒子對她預後不佳的理解（領導人或我去跟他說）；安真的居家環境（職能治療師進行家庭訪問與評估）；然後，還沒有見過那盆孤挺花的人現在都想去看一看了。

在這個金色夜晚，輪到我值班。雖然已經晚了，我還在這裡，因為我已經答應會晤一名臨終患者的家屬，他們從澳洲出發，經過二十六小時的長途跋涉後，將在今晚抵達。廚師也和我一起加班，等他們抵達後要為他們準備一餐。他坐在病房小組辦公室裡，大家正在討論孤挺花。

「真的很詭異又可怕！」較為年長的護理師阿曼達說，「我不知道它最後會長成什麼樣子，但今天我看到它開始彎向日光。噁！」

我們最年輕的護理師艾莉開始咯咯笑。

「還有你」——阿曼達訓誡地對艾莉搖著手指——「在你這麼嫩的年紀根本不應該聽懂我們在說些什麼！」

艾莉笑到流下眼淚。她一邊笑到打嗝一邊回答：「曼蒂，現在是一九八〇年代，不是一九四〇年代！而且我還是個護理師！」

廚師覺得很有趣，一部分是因為孤挺花，一部分是因為病房辦公室裡的玩笑話。「我還以為你們都很保守又神聖，」他嘴裡喃喃說道，艾莉大笑到抽搐。

辦公室外響起敲門聲，透過玻璃，我看到奶奶兒子焦急的臉。護理師們立刻切換到專業模式，我打開門。

「醫師，聽說你想見我，」他說，「而且我也有些事需要問你。」

「對，我是想找機會跟你聊一聊，」我回答。我們一起走向訪客茶水間去泡杯茶，帶到訪談室。

茶水間裡，喜劇演員吸引了全場注意。安真的丈夫與另一名患者的丈夫正因為他剛才說的一些話而哈哈大笑，然後他們決定出去外頭抽菸。我替奶奶的兒子泡了一杯茶，他則看著菸友們離去的背影。

「你想加入他們嗎？」我問，「我還會在這裡待一陣子，如果你想先去抽菸的話。」他悶悶不樂地搖頭，彷彿知道我即將要說出口的話。

我們坐在訪談室裡，隔著我們彩色杯子的杯緣對視。這個七十幾歲的男人，仍然被他垂死的母親呵護與愛惜著。他有一輩子的處事技巧可以運用，但她卻強烈抗拒讓他知道她的病情有多麼嚴重。直到今天，我們才取得她的同意，能夠與她的家人坦誠相談，部分原因是讓她不要被他們給累壞了，只因為他們太想找點事來取悅她。我思索著如何開口。

「你想要問我一些事？」我說。

他放下茶杯。「對。我要問你，她是不是快死了。」他說。有點令人意外。老天，他注意到的必定比我們以為的更多。

「我想知道你為什麼這麼問。」我問道，試圖進入這個話題。

「布莉姬特說的。」

「布莉姬特？怎麼會？」

「今天晚上我到的時候，媽睡著了，所以我跟布莉姬特聊了一下。她問我是否注意到媽這幾天比較沒精神，我真的沒注意到。但是布莉姬特告訴我，那是她看到的模式，沒有精神，然後更想睡覺，然後直接失去意識，然後人們就死了。她見過無數次了，而且她從以前就認識媽。布莉姬特問我，孩子們準備好了嗎……」他悲痛地說不下去，看著自己的手。

哇，這個人際網絡啟動了，布莉姬特已經幫我做了我的工作。

「嗯，這正是我想要跟你談的事，」我說，「你聽了布莉姬特的話，有什麼感覺？」

「老實說，我不知道。就是，我從沒看過任何人死掉，我不知道要預期什麼。但她絕對不像以前那麼硬朗，對吧？她的臉更下垂了，她沒辦法好好站著，她的手臂僵硬扭曲。連話也沒辦法說。我猜這都解釋得通……」他嚥下口水，搓著雙手，抬頭用懇求的眼神看著我。

我無法為他編造一個快樂結局。他要我告訴他，他想錯了。可是，他注意到的正是她旅程的第一步。

「你說對了，」我說，他別過頭去，眨著眼睛。「你回想看看，你覺得她現在的情況跟一個月前比起來怎麼樣？」

「現在絕對更差。」

「跟一個星期前相比呢？」

他搖著頭說：「對，就算才一星期前，她都比現在好。我不懂我之前為什麼從來沒有把這些連起來。」

「如果對方是你深愛的人，確實很難。你看到的是這個人，而不是他可以做到什麼、不能做到什麼。」我說。他揉著眼睛。

一陣寂靜，他在想辦法接受現實。然後他將手按在膝上，挺起背來問說：「那她還有多久時間？」

我討厭這個問題。這幾乎不可能回答，然而人們問出口的態度彷彿那只是找零錢的算數問題。那不是一個數字——而是一個前進的方向，是隨著時間推移的變化，是踮著腳尖走向臨界點的旅程。我給出我最誠實、最直接的答案：我不確定。但我可以告訴你，我是怎麼估算的，然後我們可以一起猜測。

我回想起領導人是怎麼跟莎賓解說死亡，以及在他訴說的過程中我有多麼入神。僅僅兩年後，我就在這裡，使用我自己的版本來訴說，如今我帶著經常練習所帶來的信心，但我還是要謹慎，因為這是這名心中滿懷關愛的兒子的第一次，我必須溫和地進行。我必須配合他的步調。

我們一起檢視他注意到的種種變化：失去行動能力，失去語言能力。然後我們討論她的活力程度，跟兩週前相比，她現在是多麼疲累。她的疲倦有一部分或許是暫時性的，跟她的放射治療有關，但也存在著一種明確的、更重大的改變，每一週都能看出差異。所以，我們會用週為單位來估計她的剩餘性命。或許足以撐一個月或兩個月，但不足以撐到秋天。

他把茶杯拿在手裡轉來轉去，凝視著茶杯，彷彿穿透茶杯看進他心中某個空洞，開始感受到生活裡的一處空缺。他年逾七十，他的媽媽快要死了。他像個青少年——他不知道該如何承受這種失落。我可以幫上什麼？我感受到自己的少不更事，還不滿三十歲，卻要奉勸一個比我父親還要年長的男人。我如何能夠提供協助？他謝謝我，說他要回去看媽媽醒來了沒。我回到辦公室。澳洲家屬到了，廚師已離開去幫他們備餐。我有更多壞消息要告知他們。

等我去到茶水間為澳洲人準備一整個托盤的飲料，吸菸團已經回來了。喜劇演員幫我拿牛奶罐過來，安真的丈夫同情我工作到這麼晚。奶奶的兒子帶著哭腫的眼睛和空茶杯出現，喜劇演員拍拍他的肩膀以示安慰。這個背景各異的小社群中有一種同儕情誼，大家都是因為生命之終結這個不可抗拒的召喚而聚集在此處。此時，喜劇演員發表了一番洞察力極佳的評論。

「上次我跟這樣的一幫傢伙聚在一起」——他揮手指了房間一圈，以納入所有探病的人——「是在產科醫院裡。一群準爸爸和焦慮的母親，全都在等他們的女孩生產。大家交換著情況——她的羊水破了嗎？多久宮縮一次？產道開了幾指？寶寶的頭有下來嗎？偷溜出去哈口菸，喝杯茶，可憐的老婆正在拚命出力、大口喘氣……大家都在等待相同的結果。大家都看著相同的過程，只是在不同階段、不同房間罷了。而這也一樣，不是嗎？我們都在交換進度，等待相同的事情。然後，我們會回家，永遠不會忘記你們」——他跟我眼神接觸，而不是其他正點頭同意的聽眾——「你們會換掉床單，準備迎接下一個家庭。」

漸漸地，吸菸團成員分別走出茶水間，回到他們心愛之人身旁，而我獨自留下來思考著喜劇演員這番動人的宣言。我聽見他邁著沉重步伐走在走廊上，一邊複誦這段話，一邊反覆修飾改進，打磨成他可以在舞台上使用的段子。他切中了一個重要的真相。我們知道生與死的過程在順利進行下的樣子——明確的階段，可預測的進程，需要陪伴與鼓勵，但不要干預：幾乎就像看著潮水一步步向岸上推進。我們亦明白何時需要採取額外行動——助產士何時應該要求產婦出力，或是喘息等待？整個過程應該於何時進行醫療干預？同樣地，我們熟練且經驗豐富的護理師知道何時該召喚家屬，何時提供止痛劑或治療焦慮，何時只需安撫並告知一切正常、死亡的進程正如預期進行。

等我跟澳洲人的談話結束，太陽已經西沉，日式花園被黑暗籠罩。花園牆頭一隻潛行的貓咪剪影映襯著紫色天際。我走過現在只有昏暗夜燈的走廊，經過女士們的病房，一盞閱讀燈刺破了陰影。沐浴在光圈下的是那個金缽與粗俗的孤挺花，但是今晚，它那不得體的待放花苞已經綻開成一朵燦爛的緋紅花朵，宛如日本絹印的圖樣。花兒悄然誕生，在無人看見的時候，自然的力量抵達了無可避免的結局，沒有幫助也沒有陪伴。

我離開醫院大樓時，這幅影像一直徘徊在我眼前。

這種對於人生兩端平行體驗的「家屬視角」是一項寶貴的饋贈，在我整個職業生涯裡不斷迴響，至今我依然珍惜。在出生與死亡之際，我們有幸陪伴人們度過有著重大意義與力量的時刻；這些時刻值得記住，並成為流傳下去的家族傳說，而如果我們提供合適的照護，這些時刻也能安慰與鼓舞未來的世代，幫助他們面對這些重大的事件。

請放我走

原本是為了拯救生命的治療，從何時起變成只是延後死亡的干預手段？原本是希望維持生命的治療，可能變成困住衰竭身體、勉強生存的陷阱嗎？果真如此的話，有什麼「規則」可以阻止那些不再協助人們好好活著的治療？

醫學領域的角色如此繁多，無論興趣在哪方面都能找到合適的位置。醫學院在英國通常是五年制大學課程，事實上，我們常常開玩笑地預測同學們的未來去處，並且帶著關注、好玩、甚至羨慕的心情追蹤彼此的專業發展。我自己的班級固定每五年左右舉辦一次週末同學會，我們班上出了幾個國際巨星、些許傑出的研究科學家、一大群盡職盡責的臨床醫師（包括全科和各種醫院專科），外加數名牧師、一名登山家、一名哲學家和一名林業專家。我們在第一年就能看出誰會是精神科醫師：古怪或張揚的衣著風格、自我省思的傾向，還擁有一套總能讓對話熱烈起來的詞彙庫。外科醫師則是在大學歲月過半時逐漸顯露身分：果斷且自信，時常辯護一些難以辯護的觀點，家裡往往堆滿解體的汽車或家電，他們重新組裝這些物品時樂在其中，能否成功則不一定。

然後還有麻醉醫師，他們在情勢緊張的高壓之下能夠保持鎮靜沉著。他們往往有著嚇人的嗜好：滑翔翼、摩托車賽車、深海潛水等。他們喜歡「全套工具」，喜歡冒險，通常偏好獨處，無論是待在沉思默想或高度專注的狀態中。在工作上，有些人比較喜歡患者處於睡著的狀態，例如在手術室或加護病房；有些人則喜愛高風險手術的刺激，當外科團隊深入病患的胸腔、腹部或腦部，此時一位冷靜的麻醉醫師是不可或缺的重要成員；有些人運用他們對神經通路的精密知識進行疼痛管理；還有些人發揮他們協助病患在開刀房或加護病房裡呼吸的知識，應用於那些住在家裡、但需要部分或完全依賴呼吸器的患者，也就是所謂的居家機械通氣（home ventilation）。

居家機械通氣團隊的麻醉醫師同事要求跟我談談。這件事非同小可。這名醫師是個沉默寡言但極富同情心的男人，他一直不太接受緩和療護的概念，所以我很好奇他想要討論些什麼。我到了他的辦公室後，他提出要幫我泡杯咖啡，我因此更加確定顯然事關重大。他看起來一副寧可置身事外的樣子，然而他深深吸了一口氣，向我述說他的患者麥克斯的故事。

故事的開頭要回到十年前，麥克斯當時是一名富裕的五十六歲退休人權律師，出現了吞嚥問題。而後這項症狀急速演變成危及生命的胸部感染，因為食物跑到他的肺部。他被送進醫院時快死了，迅速轉移到加護病房，用呼吸器輔助呼吸，同時接受高劑量抗生素來清潔胸部，這種療法十分有效。

但是，那不過是麥克斯一切問題的開端而已。當加護病房的醫護人員開始逐步關閉他的呼吸器，為他的康復做準備，他卻無法在沒有呼吸器之下好好呼吸。進一步的檢查顯示他吞嚥問題的病因，是先前未能診斷出來的運動神經元疾病（ＭＮＤ），這種疾病已造成他的喉嚨肌肉癱瘓，同時也弱化了他的橫膈膜——我們肺部下方一塊強大的圓頂狀肌肉，扮演有如風箱的角色，幫助我們呼吸。

由於是在他已經使用呼吸器之後才診斷出ＭＮＤ，麥克斯沒有機會跟醫師們討論他要不要選擇使用呼吸器——這通常是每位受影響的患者在經過慎重考慮後做出的決定。相反地，他的處境只有兩個選擇：繼續使用呼吸器，換成可在家中使用並隨身攜帶的小型機種；抑或停止使用，然後因為呼吸肌肉不夠有力、無法自主呼吸而死亡。

有著長期ＭＮＤ病史的人士之一，我思索著，想到了史蒂芬．霍金（Stephen Hawking）。我希望他有個願意大力支持他的家庭……

但事實是，麥克斯在四十多歲時便已喪偶，獨自住在一座優雅而偏僻的喬治亞風格農舍。

他在市民諮詢局（Citizens Advice Bureau）與當地難民中心擔任志工，他對正義的熱情絲毫未減，這也導引他度過了確診重病時的危機。他可沒時間去死——他手上還有好幾件難民案件在審理中，而且他正在撰寫回憶錄。所以，他接受了他需要仰賴呼吸器生活的現實，並迅速決定他要住在家裡，只需要讓居家機械通氣團隊來定期檢查，再雇用一些幫忙的人手。

之後的十年，麥克斯的MND病程進展非常緩慢，直到最近，他的四肢肌肉才變得無力，致使他必須臥床、心情沮喪。這段時間以來，他一直經由胃造廔管進食，一根細細的固定式塑膠管穿過他的腹壁，使用小型幫浦在夜間將流體食物直接灌入他的胃部。他的營養充足，精神奕奕，直到前幾週，他還在自己開車、操作呼吸器、撰寫難民庇護申請和操持家務。如今，他被困在床上或躺椅上，需要二十四小時的居家護理。

啊，這是安寧療護轉介……不，不是的。

我的同事解釋，麥克斯現在認為他有用的人生已經結束了。他沒有伴侶或子女要牽掛，他無法再打字，也就不能工作。他也不能再使用文字轉語音的 lightwriter 機器與人溝通，這個機器過去十年來非常有效地在需要講話的場合代替他發聲。所以，他希望停止使用呼吸器。憑著律師的理智，他認為他有權拒絕治療，因此也有權要求停止呼吸器。他自己辦不到，因為他的手臂已疲弱到無力轉動開關。況且，當機器被關閉時，他會在失去意識之前經歷呼吸困難的折磨。他向居家機械通氣護理師尋求意見。

所以我才會被找來這裡。

差不多。但這個故事還有另一部分。我同事這十年來一直在照顧麥克斯，起初是在診所，後來到他家裡看診。他們欣賞彼此的才智與幽默；他們討論政治與美酒。這不再是單純的醫病關係——這是一段友誼。我的同事很悲傷，因為他的病人朋友必須面對的苦痛，也因為他自己在其中扮演的角色。

身為醫院的安寧療護聯絡專家，這就是我的挑戰。麥克斯仍將是他的家庭醫生與我同事的患者。我只負責提供建議與專業知識，供麥克斯的醫療團隊考慮。除非我把麥克斯安排到安寧療護病床，他才會成為「我的」患者，即便如此，我也會與認識患者多年的團隊謹慎溝通。雖然這項諮詢是關於麥克斯，但同時也關於和他有著深厚情誼的居家機械通氣團隊。我受邀為照顧麥克斯提供建議，但我的建議同時必須考量到那些有血有肉、深度介入他的照護的其他醫師。他們以前必然多次處理過呼吸器的拔除，因此，他們尋求外部意見一事標誌著他們對照護麥克斯的個人情感。這是一項榮幸；同時也是第一次，我希望這能創下先例，讓安寧療護團隊能夠參與其他患者的照護，只要患者可能從中受益。所以，這除了是一項榮幸，也是一項考驗。

首先是倫理考量。取消治療而導致麥克斯死亡，是否等同於殺死他？嗯，如果他活在沒有呼吸器的時代或國家，他在最初胸部感染的時候就會死了；我們不會說他死於「沒有呼吸器」。如果他在MND使他在沒有協助下無法自理時，便行使了不接受呼吸器的權利，我們會說他死於MND造成的呼吸衰竭。他接受呼吸器長達十年，並未改變呼吸器是一項侵入式治療的事實，而且他有權利在任何時候、出於任何原因拒絕使用。

然而，他最近手腳無力症狀的急遽惡化，完全改變了他的獨立性與生活品質。這是一項驚人的改變。他最初逐漸接受無法飲食、無法言語又需要呼吸器（這三種情況可能使任何人對未來感到消沉），且在這些逆境之中仍然活得精彩，那他現在會不會也能適應這種新的生活方式？他憂鬱嗎？他焦慮嗎？他覺得他有選擇嗎？我和同事討論到，麥克斯能否在數週內先不要行使拒絕呼吸器的權利，給自己一個機會去發掘這種生活是否仍舊如他目前所認為的那般無法忍受。我們都同意，在倫理上與法律上都可以停止呼吸器，但是，我們在倫理上也有義務確認麥克斯的精神狀態可以做出這項無可挽回的決定。

我們也同意，假如麥克斯真的決定要停止呼吸器，屆時他的呼吸困難需要謹慎管理，他才能舒適地死去。通常來說，當人們死於肺部無法供給需要的空氣量，呼吸衰竭是逐漸發生的。隨著呼吸衰竭的進行，血液中的含氧量下降，導致意識與思考模糊，血液中的二氧化碳含量上升，造成嗜睡。這種血液中氣體含量的微妙變化會導致人逐漸失去意識。它也可能造成「空氣飢渴」（air hunger）的感覺，或者有時會引起頭痛，但這只需低劑量的嗎啡類藥物及鎮定劑便能處理，使人在呼吸與生命自然消褪時，不太會有呼吸困難的感受。

單純將呼吸器由「開啟」切換到「關閉」，則是截然不同的狀況。呼吸器停止運作的當下，意識清醒但身體癱瘓的患者將感受到急迫的呼吸需求，但卻無法呼吸。他們會有一種窒息的感覺，相當恐怖。為了防止這種呼吸困難與恐怖，我提議我們需要與麥克斯商量，使用一定劑量的鎮定劑，讓他睡過呼吸器關閉的短暫煎熬，並使用無痛指尖探測來監測他的含氧量，確保已下降到低於正常人會驚醒、掙扎著呼吸的含量。

我的同事將在本週向麥克斯解釋這項計畫，向他保證我們不會駁回他關閉呼吸器的要求，但我們會給他一些時間去體驗比以往更受限的新生活，在此同時我們會進行實驗，找出合適的鎮定劑劑量。如此我們便能確定，當關閉呼吸器的時刻到來，他將能在呼吸衰竭的過程中保持舒適的睡眠狀態。我們可以安排住院幾個晚上，在這段期間測試不同的鎮定劑劑量。一旦他完全入睡，我們會關閉他的呼吸器，檢測他的含氧量，同時密切觀察任何痛苦的跡象。萬一他醒來或感到痛苦，我們會立即開啟呼吸器，記錄藥物劑量不足。這將幫助我們下次選擇更適合的劑量，直到我們找出能避免呼吸困難的正確劑量。

屆時，如果麥克斯仍然確定他希望關閉呼吸器，他可以選擇一個日期，我的同事及居家機械通氣團隊將按照他的意願，在他家裡執行。

醫療倫理是一項有趣的挑戰。我們有義務隨時遵守法律，我們的患者也信任我們會這麼做。使用可抑制呼吸、進而殺死病患的藥物劑量（在英國不合法），以及使用可抑制呼吸、進而讓病患在呼吸衰竭時免於痛苦的藥物劑量（在任何司法管轄權下均為良善臨床實務），這兩件事有著清楚的差異。麥克斯是律師，他理解這種細微的區別，也明白事先界定正確藥物與合適劑量的重要性，這既是為了他自己的舒適，也是為了他的醫療團隊可以確保在法律上的審慎態度。

我同事面前的咖啡已經涼掉了。他的肩膀原先因為預期中的不快樂而佝僂著，現在已經放鬆下來。他微笑，然後說：「謝謝。」他在椅子上挪了挪，神情有些尷尬，搓著他的鬍鬚接著說：「這比我想像的更有幫助。我本來就了解法律與倫理，但現在我們有一套明確的選項。能夠討論清楚真的太有幫助了。」我也鬆了一口氣，向他保證能接受諮詢是我的榮幸，我很樂意下次再討論麥克斯的照護事宜，因為當患者成了朋友，事情真的不容易，我們需要彼此照應，才能保有餘力繼續協助其他患者。

「我真不知道你是怎麼做這份工作的，」當我起身要離開時，他說道，「一直不斷面對死亡。」

我透過辦公室的門，看到加護病房的入口，那裡的生命懸於醫療線上。我也做不到他的工作。

我搖了搖頭並露出微笑。我們握手。未來我們將繼續合作，在今日難以想像的艱困情境中互相扶持。但今天我們尚未預知這點，只知道我們已找到共同立場，以及一處安全地帶，可以談論我們工作中最難熬的部分：與那些正在與死亡建立友誼的患者交朋友。

請放我走的另一面

許多人害怕因疾病或事故而導致無法忍受的苦痛。在世界各地，有一些國家已將安樂死或輔助自殺的手段合法化，希望藉此減少許多人對無法承受之未來的恐懼，並且為極少數人提供提早死亡選項作為對抗痛苦的替代方案。這種做法是根據人道主義原則及功利主義倫理。

然而，即便是經過最審慎思考的變革，都可能帶來不合常理且意想不到的後果。

「他們不是故意要嚇我，我猜他們認為那是在安慰我。但是，每天、每次查房，他們都會跟我說，如果我想要，我可以選擇死亡……」烏賈爾解釋為什麼他最近要逃離他的第二祖國——荷蘭的醫院，帶著他學步期的孩子與荷蘭妻子回來英格蘭和母親同住。

烏賈爾在大學主修語言，而後在鹿特丹的石油公司找到工作。他是公司主管培訓計畫中的新星，三十歲的時候便管理著一個有不少員工的部門。當他和一名女同事結婚時，他們在他從小長大的英國城鎮舉辦了盛大的錫克教婚禮，享受著異國美食、音樂與美好派對之餘，兩位新人介紹各自的荷蘭與英國家庭彼此認識。

他們的女兒泰碧塔在十八個月後出生。作為兩個國家的孫女，他們打算讓她在成長時學習雙語，所以烏賈爾總是跟她說英語，而她的媽媽總是講荷蘭語。泰碧塔一歲時，烏賈爾出現腹脹與如廁習慣改變的情況。他預約了家庭醫師看診，這就是他噩夢的開端。

家庭醫師在烏賈爾的直腸發現一顆大腫瘤，並轉介他接受治療。烏賈爾的公司醫療保險讓他可以找荷蘭的頂尖醫生看診。醫生診斷出他患有直腸惡性肉瘤，一種非常罕見的癌症，若是尚未擴散，經由完全手術切除是可以治癒的。烏賈爾的直腸、下腸道和膀胱都切除了，醫生用他的一段腸道做了一個人造膀胱，他的腹部掛著一個尿袋和一個糞袋。他覺得自己能活下來真是幸運。

然而，幸運的感覺沒有維持太久。下腹部的傷口在手術後始終沒有完全癒合，傷口的一端潰爛，滲出惡臭的膿液，抗生素似乎無效。然後，他發現他的內褲沾染了相同惡臭的膿；不知為何，膿液竟然從陰囊後面皮膚的一道微小裂縫漏出來。進一步的掃描，更多的手術。骨盆裡拿掉一顆如紅酒瓶塞大小的腫瘤，接著進行放射治療以殺死看不見的殘留腫瘤細胞。但傷口仍持續化膿。

然後有一天，皮膚滲漏的味道有了變化，有糞便混雜在分泌物中。更多掃描，更多手術。烏賈爾的下腸道因為放療反應而萎縮破裂，他的骨盆內充滿了糞便，病菌湧入血流，造成難以忍受的腹痛。他在病房裡昏了過去，又一次手術後在加護病房醒來，現在他的肚子上掛了第三個袋子，用來收集壞死腸道的流出物。但滲漏仍持續著。

最近一次手術的一週後，那位輕聲細語、態度無比親切的外科教授來到加護病房，坐在烏賈爾的床邊。他問烏賈爾感覺如何，如果烏賈爾想要的話，他可以說英語。他們繼續用荷蘭語交談，不過教授會用英語替他解說對話中的醫學術語。他告訴烏賈爾，雖然手術已將他的骨盆清乾淨，也切除了壞死的腸道以阻止糞便與病菌滲漏，但他的骨盆裡仍然存在一些腫瘤，而且腫瘤會不斷生長。腫瘤目前是中空的，像顆網球，病菌在其中滋長、形成膿液。每隔一段時間，累積的壓力會導致膿液滲漏，可能是透過腹部傷口流出，也可能往下經由臀部皮膚漏出。這真的很不幸，然而再做手術也沒有用了。他明白嗎？

烏賈爾明白。他得了癌症，無法治癒。但是他還活著，他有個需要爸爸的女兒，和需要丈夫的妻子，而他需要回家跟她們在一起，無論還有多少時間。

教授點點頭。「最麻煩的地方是，」他說，「癌症會不斷生長。它會造成更大壓力，導致更多痛苦、更多膿液滲漏。氣味將愈來愈臭，皮膚會更加疼痛。那些傷口最後會破裂，開始潰爛。你明白嗎？」

烏賈爾明白。他會愈來愈疼痛、愈來愈難聞，這個過程隨時都可能開始。所以，他想愈快回家愈好。

教授面容哀悽，彷彿受苦的人是他。他非常小心地說：「很多人不希望活在那種狀況下。」

烏賈爾也認同他不希望活在那種狀況下：這不是他所選擇的。但是，如果只能以那種狀況活著，他想要待在家裡。

教授停頓一下才說：「當然，你其實有選擇。」

烏賈爾心想，他怎麼可能還有選擇？

「在荷蘭，你還有另外一種選擇。如果你不想要像那樣活著，那麼我們可以安樂死。你明白嗎？」

烏賈爾明白。他明白他可以選擇現在就死，或者晚點再死。

教授點點頭。「任何時候，只要你覺得無法再承受，你都有那個選擇。你想要考慮一下的話，我的同事會來跟你談談，看你有何決定。」

「不用，」烏賈爾回答，「我不用考慮。我想回家。」

「當然，你會需要大量的護理，為了處理傷口與保持衛生，」教授說，「這種護理是否能在家中進行，我沒有百分之百的把握。我現在會先離開，讓你思考一下我們剛才說的。」他從椅子起身，對烏賈爾和藹地笑了笑，便走出加護病房。

烏賈爾思索著，他覺得教授將這個艱難話題處理得很好。在他的專業崗位上，烏賈爾會訓練人們開啟困難的對話主題，而他給教授打滿分。他現在明白了，假如活著太痛苦，他可以選擇死亡。他了解這個念頭對別人而言或許是一項安慰，然而，他也很清楚，他心繫家庭，就算需要把媽媽從英格蘭請來照顧泰碧塔，他還是要待在家裡。明天他就要開始規劃出院事宜。

翌日，護理師來幫烏賈爾沒有記憶的那場緊急手術的傷口更換敷料，檢查腹部上新造的嘟嘴狀的肉圈，那是受損腸道與腹部皮膚相連處，將腸道穢物排入塑膠袋中。這名護理師帶來一位年輕醫師，她是手術團隊成員，想要檢查傷口癒合的情況。腸造口的粉紅色肉唇以及由烏賈爾恥骨延伸到腹部上方的傷口縫線，她看了似乎都很滿意。

護理師完成工作後離開了，外科醫師則在烏賈爾旁邊坐下。「那是一場大手術，你知道的，」她說，「因為我們必須把裡面亂七八糟的都清乾淨。我很抱歉你又要多掛一個袋子，可是有段腸道壞死得很嚴重，我們不敢接合腸道的兩端，以免腸道滲漏，讓你再度病重。」

烏賈爾累了，他今天不太想要談論他的身體內部，但年輕的外科醫生接著說下去，用一種仁慈與關切的語調。「如果繼續滲漏，未來你會很辛苦。我們會盡力處理你遇到的任何疼痛與不適，但要是你不願意再忍受疾病的進展，我們有同事可以幫助你進行安樂死，你的病情程度符合資格。我們可以簽署同意書。你只需要開口……」

烏賈爾的頭靠在枕頭上，闔上眼睛。他想要討論的是回家，晚一點他會問護理師。

等到接下來那一週的尾聲，烏賈爾的點滴拔掉了，他可以少量進食，傷口也在癒合當中。他的三個袋子運作正常，他從加護病房換到外科病房，繼續療養。

現在，每天都遵循相同的模式：早早吃早餐，自己處理造口的袋子，儘管護理師提議幫忙，但自己來是他的原則；沖個澡——喔，臥床擦澡那麼多天之後，沖澡是何等快樂——換掉汗溼的睡衣；小睡；午餐；朋友來訪，或者是媽媽帶泰碧塔來看他；再次小睡；接近傍晚時，外科醫生來巡房，檢查傷口，觸診腹部，規劃進一步治療或同意出院。每天每天，他聽著醫師們與同房病友討論進度：他可能需要物理治療，他需要照X光，他已經可以走樓梯了，他已經好到可以回家。來到烏賈爾的病床前，醫生們總是那麼親切。他們會問起泰碧塔，詢問他的疼痛，詢問化膿的情形。他們會問他有沒有任何擔憂。然後提醒他，如果太難承受，他可以跟他們討論安樂死。然後他們離開去別處巡房。

烏賈爾開始害怕巡房時間，害怕那些永遠愉悅仁慈的嗓音，對別人開立抗生素，對別人建議物理治療，卻對他建議死亡，彷彿是治療清單上的選項。他逐漸明瞭，那些仁慈的醫生其實是為他感到恐懼。他們可以預見他的情況進一步惡化，他們認為無藥可醫、沒有尊嚴、恐怖的惡化；比死還要糟的惡化。烏賈爾開始感覺這間陽光普照的六人病房是一座牢籠，唯有死亡才能逃離。他知道他必須離開。

教授被找來跟他講道理；烏賈爾的妻子也被叫來。教授對他們夫妻解釋，烏賈爾的傷口非常複雜；某些感染就是無法根除，因為腸道內仍在滲漏；腫瘤還在生長，吸光血液供給，致使腫瘤中心壞死，變成濃稠分泌物，由烏賈爾破裂的傷口滲出。教授滿懷溫暖與同情地向他保證，這不是因為你是個不潔之人，這就是腫瘤造成的。無論你洗澡多少遍，它都會發出臭味、流出膿液。許多人在這種情況下寧可不要活著……

烏賈爾要求取回他的行李袋與個人物品。他堅持要妻子開車送他回家，然後打電話給人在英國的母親，開口借錢搭船回去她家。不到一星期，他住進了他母親家裡的閒置臥室，妻子和泰碧塔則睡在隔壁房間的老雙層床，那是烏賈爾與他妹妹小時候睡的。他母親的家庭醫師到家中探視他，然後安排他轉診到我們的安寧療護醫院。

我們醫院的出診護理師到烏賈爾家裡探視，回來後和我們討論要如何給予協助。她用我們常規的「生理」、「情緒」、「社交」與「精神」分類來描述他的需求。生理上，烏賈爾削瘦蒼白，脫水但嚴重嘔吐、無法喝太多液體。他有間歇性腹痛，恥骨皮膚因為不斷清潔惡臭膿液而發炎。情緒上，終於不必再被提議安樂死讓他如釋重負，無論其用意多麼良善；但他也很擔憂未來可能發生的事將讓他的生活變得「比死掉更糟」，如同荷蘭醫生們所預見的。社交上，那棟房屋太小，容不下烏賈爾、他妻子、好動的幼兒、他母親與每日來訪的眾多友人。泰碧塔聽不懂當地英語的口音，成天黏著她媽媽，只講荷蘭語。烏賈爾的床擺放的位置使得護理工作很難進行。精神上，他在兩種極端之間擺盪。有時他因為活著看到泰碧塔開始上學的希望而振奮；有時他會跟他不確定是否信仰的神討價還價，希望神把他的痛苦視為能夠「贏得分數」的努力。也有些時候，他懷疑自己是不是逃避的懦夫；在他的生活品質還能忍受時拒絕了安樂死，是否為他所愛之人帶來悲傷及無法逃脫的重擔。

隔天，烏賈爾住進安寧療護醫院的單人房。房間裡準備了沙發床給他的妻子，我們也借了一頂旅行帳蓬給泰碧塔。實際上，當我們正商量如何協助烏賈爾想與他最愛的兩名女性共度他所剩不多的餘生，她們已經住了下來。我們逐漸取得更多背景資料，荷蘭醫生非常貼心地寄來他們手中病歷、掃描結果與手術紀錄的英文摘要。

烏賈爾熱中嘗試任何可能改善他生活狀況的實驗，於是我們設計使用衛生棉條來吸收他臀部傷口滲漏的膿液；我們使用藥物改變糞便的黏稠度以減少滲漏；我們使用特製的傷口敷料來吸收與減少難聞的滲出物。雖然他骨盆裡的腫瘤仍在生長，我們還是使用脊椎麻醉來緩解疼痛——腸道與膀胱失禁的副作用通常難以忍受，而這已經透過他在手術後裝設的收集袋系統解決了。烏賈爾適應了輪椅，常載著泰碧塔在安寧療護醫院與戶外園區移動。他們兩人都會在下午小睡片刻，我們對此相當感激——泰碧塔是個吵鬧活潑的小可愛，大家都需要這段休息時間。

今天，烏賈爾向我們四名實習醫生之一的艾瑪解說了荷蘭的醫療體系。他明白他生病以來獲得的是專業治療，多虧了知識淵博、能力出色、親切友善的荷蘭醫生們。他感謝手術小組與加護病房團隊的專業，他們克服萬難，確實延長了他的生命。他唯一的不滿是，自從他的癌症開始擴散，每一次的諮詢都帶有某種不經意的微妙暗示。到最後，這種暗示恐怖到令人無法忍受。

荷蘭允許安樂死，在遵循一套嚴格規則的前提下，醫師不會被起訴，這為生命盡頭無法承受的痛苦提供了一條合法的逃避路徑，烏賈爾很欣賞荷蘭式的實用主義使這種做法得以實現。然而，一旦安樂死的可能性出現在他面前，他發現他開始害怕坦承新的症狀，因為擔心又被建議安樂死，而不是症狀管理。他與醫師間的談話染上一種新的氛圍：他們面對他症狀的無助感，對他病情預後的絕望感，傳達到了他的心裡。他感覺他們偏好加速他的死亡，以控制他的疾病進展的不確定性。於是烏賈爾逃離了那種確定的、受控制的死亡，帶著不確定的希望活下來。這樣的妥協或許將摧毀他的身體，卻能拯救他的理智。他體驗到完全出於人道主義的法律變革，卻造成一種意想不到的、令人不寒而慄的後果。

烏賈爾與我們一起生活了兩個月。泰碧塔的英語染上了當地口音，並且在那段期間證明她將來有成為體操選手的巨大潛力：她離去後，那間病房裡所有家具都必須維修或更換。

烏賈爾的癌症終究阻塞了他的腎臟，他昏迷了幾天，而後悄然離世，彼時泰碧塔正在他病房外頭的花園奔跑歡笑。

她與她的母親回到荷蘭。

我們不知道泰碧塔現在是否仍然會說兩種語言。

　　這種意想不到的壓力，是現今世界各地醫療體系所面臨的兩難困境。一旦安樂死精靈從瓶中逃脫，你務必要小心你許下的願望。

旅行的終點站

在疾病的進程中，許多人似乎明顯感覺到自己即將啟程。有時候，離別的隱喻是討論死亡來臨的唯一方法。多年來，我遇過一些人，他們不知所措地找尋護照，要求毫無頭緒的心愛之人幫他們檢查車票，胡亂將東西塞進旅行袋，為旅程做準備。我學會不要質問這種「錯亂」，而是加入患者的情境中，透過對話來觸及、討論與安慰他們那種即將離開的感受。

桑吉夫與艾麗雅結縭「六十餘載」，他宣稱，又補充道：「她在的時候，我最好把六十幾說對！」桑吉夫有心臟衰竭。度過健康的晚年之後，他在去年八十八歲時心臟病發作，而現在他衰弱的心臟已無法負擔任何活動，例如一邊講話一邊走路。他被心臟科門診送來住院，因為血液檢驗顯示他的腎臟開始衰竭，需要臥床休息及藥物調整。

艾麗雅從家裡帶來食物，美味的香氣飄散在病房裡，桑吉夫病房裡的其他病患問能不能跟她訂購餐點。艾麗雅笑了笑，告訴他們明天她會給大家帶點心來。

天黑之後，醫院的這個小角落進入忙碌的夜晚。一名男子心臟病發作，他的心臟監測器發出警報，病房團隊連同心臟加護病房（CCU）的醫師迅速展開行動。房內一陣混亂，急促的醫學用語，飛奔的腳步，自動體外除顫器電擊「砰！」的聲音。心跳恢復了；病人躺在床上被推到心臟加護病房，六人房裡留下一處空位。其他患者完全醒了，飽受驚嚇。

「好像電視演的，」一個人說著。

「還好我明天就要回家了，」另一人說。

「真的，」桑吉夫附和說，「我也是明天要回家。」其他人很訝異；他們原本期待在桑吉夫臥床休息時，可以享用好幾天艾麗雅帶來的美味點心。

「那麼你家在哪兒呢，老朋友？」一名矮壯結實、身上有刺青的男子問道。他是來住院治療高血壓的。

桑吉夫思考了這個問題。「靠近德里，」他說，然後講出他來英國受教育之前度過童年的一個小鎮。「你知道那個地方嗎？」刺青男說他從未去過印度。桑吉夫一臉困惑。「明明在那邊轉個彎就到了，你傻了嗎？」

護理師端著放有牛乳飲料的托盤進來說：「好了，大家，你們的夥伴沒事。抱歉，我們大吵大鬧把你們吵醒了。有人想要喝杯熱飲嗎？」三名男士要喝麥芽奶，一人要喝茶，桑吉夫想要香料奶茶。當護理師說沒有香料奶茶，他很不高興。

「沒有奶茶！」他發著牢騷，「這是什麼爛飯店？」他將腫脹的雙腳拖移到床沿，站了起來。他跟護理師說：「女士，你能不能替我把我的行李箱拿來？」並開始收拾床頭櫃裡的衣物。然後他坐下來，開始在自己的皮夾裡翻找；沒找著，他又去翻置物櫃的抽屜、他的盥洗包，再回來翻他的皮夾。

「桑吉夫，你在找什麼嗎？」護理師問。

桑吉夫焦急地看著她。「女士，我的車票好像不知道放到哪兒去了，不過我可以向你保證票都還在。你需要現在檢查嗎？還是我晚點再給你看？」

護理師請他回到床上，他問她火車幾時會抵達德里。突然間她明白了。

「我們預計要早上才會抵達，先生，」她說，她知道自己在他腦海裡不知為何已化身為鐵路人員。「我們希望所有乘客保持舒適，我會保留充足的時間叫你起床。現在我可以扶你回到床上嗎？」

桑吉夫彬彬有禮地同意了，她協助他爬回床上（「這裡的臥鋪真高！」他嘟囔著），好好躺下。她詢問火車抵達時會不會有人來接他。

「我的父母，」桑吉夫笑著，「我已經好久沒有看到他們了。」

這名護理師是老練的夜班人員，她在桑吉夫床頭留下昏暗的小燈，稍微拉起簾子以隔開其他「旅客」，因為她知道黑暗會加劇認知失調，看見熟悉的物品則會令人心安。然後她回到護理站，打電話給醫師。她報告說她的患者出現譫妄和時空錯亂，以為自己在印度旅行，要去見他的父母。她問是否應該打電話給桑吉夫的妻子。

那名醫師很年輕。能夠在這家機構工作，她必然在學術上成績斐然。她人在心臟加護病房，剛確認完桑吉夫的前室友情況已經穩定。

「為什麼我們要打擾他的妻子？」她問，「我們需要做的是找出譫妄的原因，並給予治療。我會過來幫他聽診，抽血做檢驗。你可以在我過去的途中報告他的情況嗎？」

護理師回到桑吉夫身邊，他又在皮夾裡翻找車票了。「請不用擔心你的車票，先生，我將車票都好好地收在我的辦公室了，」她說。

桑吉夫順從地讓她量體溫、脈搏和血壓，似乎認為這是火車的加值服務，然後說：「謝謝你，媽咪。」

護理師坐在床邊的椅子，問道：「你希望你媽媽在這裡嗎？」他看起來很困惑，所以她指給他看她的制服、掛在衣服上的夾式懷錶、插在口袋裡的筆，以協助他辨認出她是一名護理師。「如果你媽媽在這裡，你會跟她說什麼？」她溫柔地問他。桑吉夫告訴她：「我很想念你，媽咪。我好高興可以回家了。」

護理師握緊他的手。「她一定也很想念你，桑吉夫。她也會很高興見到你。」桑吉夫閉上眼睡去。護理師回到護理站，打電話給艾麗雅，請她盡快過來醫院。

年輕的醫師到了，因為忙碌的值班時間而顯得心煩意亂。護理師拿出桑吉夫的病歷，概述他今天從入院到發生譫妄的情況，並報告他的體溫、脈搏與血壓都正常。醫師要去檢查桑吉夫，護理師勸她：「假如他以為你是鐵路人員，只要跟他說你是鐵路醫生，這是新服務的項目。」醫師茫然地盯著她，護理師接著說：「如果你質疑他的現實認知，他會變得暴躁又焦慮。我們還是讓他保持平靜吧。等他太太到了，我們再看能不能讓他回到現實。」

「但你為什麼要打電話給他太太？」醫師問。

「因為他認為他正在回家的路上，要去找他母親。」護理師以智慧之聲回答，「根據我的臨床經驗，那通常是他臨終的徵兆。我寧可打電話給他妻子，最後虛驚一場，也不想無視他的訊息。」

醫師前去評估桑吉夫的情況，護理師回去巡房，觀察患者、回應呼叫及給藥。她們在護理站碰面，醫生正在剛才幫桑吉夫抽出的血液樣本試管貼上標籤，致電檢驗室要求緊急檢驗。「他的胸部正常，」她說，「但是他有種奇怪的顫抖，還有他的心電圖變化讓我懷疑他的腎臟可能在惡化。他的心肺復甦狀況如何？」

護理師報告說，桑吉夫與他的妻子都明白桑吉夫的心臟已無法修復，萬一心臟衰竭或停止跳動，心肺復甦也不會有效。「主治醫師討論過這個情況，他們也同意他的看法。他的病歷裡有一張不施行心肺復甦術同意書，」護理師表示。病歷記錄了主治醫師與這對夫妻的重要談話，當時他向他們解釋心肺復甦不會有效，而不施行心肺復甦術同意書可以在他的心臟太過衰弱時，保護桑吉夫不受到「無益的干預」。這場對話的時間大約是在六個月前，主治醫師用又粗又尖的筆跡記了下來，他很細心地寫出他用來解釋這種情況及夫妻倆回應的具體措辭：「患者及其妻子了解。他們不希望心肺復甦術成為他臨終的情況。他們積極希望避免『醫療干預』。已簽署不施行心肺復甦術同意書。已告知家庭醫生。」

病房門鈴響起，艾麗雅來了。護理師迎接她，解釋說桑吉夫神智不清，以為自己在搭乘前往德里的火車。她希望看到艾麗雅之後可以幫助他感到平靜及安心。「他以為他要去見父母，」她說，「他把我誤認為他的母親。你想過來看看他嗎？醫生已經幫他檢查過了，也有抽血送驗，等我們拿到結果，她會馬上讓你知道。」

艾麗雅跟著護理師走進那燈光昏暗的角落，靠近她的丈夫。

「艾麗雅！」他立刻認出她。「你在這裡做什麼？我們的寶寶是誰在照顧？」

艾麗雅嚇了一跳，但護理師已做好準備。「寶寶有專業保姆陪著，桑吉夫，而且艾麗雅已經跟他清楚說明過要怎麼照顧寶寶。現在，我可以幫你們兩人倒杯茶嗎？很抱歉我們沒有香料奶茶。」

此時天光已經破曉，桑吉夫指著窗戶說：「我們快要到了，艾麗雅。趕快，我們要給寶寶們穿好衣服，準備抱他們給媽咪看。」他開始想從床上爬起。醫生此時出現，跟桑吉夫與艾麗雅說她拿到檢驗結果了，希望跟他們討論一下。她試圖說服桑吉夫躺回床上，但他堅持要梳洗、更衣，準備好抵達德里時要用的文件。醫生回去護理站搬救兵。

結果，救兵是新一班的護理師，正在跟大夜班人員交接。我也在場，因為我提早進來，想在開會前先確認一名病人的疼痛情況。大夜班的護理師簡短說明了桑吉夫的錯亂之旅：被心臟驟停事件驚醒之後，短暫地錯將病房當成飯店，接著堅信他正在搭火車回去德里的家探望父母，然而他的父母已過世四十年了。醫生又補充，桑吉夫的血液檢驗顯示他的腎臟已完全衰竭，以致血液裡的鉀離子濃度過高，有心律異常、甚至心臟驟停的危險。她建議他應該接受治療以降低鉀離子濃度，或許需要腎臟透析。他的譫妄跟他腎臟衰竭的速度有關。

我詢問桑吉夫是否想要洗腎。年輕醫生滿臉困惑。「他需要洗腎，」她說。

假如桑吉夫想要長期存活，他多半需要洗腎，這我同意。「但這是他想要的嗎？」我問，「他早已告訴他的主治醫師他不想被亂搞，他了解自己最終會死於心臟衰竭。說不定這就是他的死亡原因——死於腎衰竭。」年輕醫生疲憊地對我眨了眼睛，我說：「你需要咖啡；桑吉夫需要做決定。我們要不要跟桑吉夫和他太太喝一杯，看看現在怎麼做最好？」

疲倦的醫生還有一個小時才結束值班，護理師們可以看出她已瀕臨極限。這是一項重大決策，一項醫療決策，必須慎重考量患者的意見。但是，當桑吉夫還以為自己正在另一個大陸上搭乘火車，他真的可以表達深思熟慮的意見嗎？我參與過太多次這樣的對話，我解釋我們必須盡可能探索患者的意思，然後我們會打電話給桑吉夫的主治醫師，請他做出醫療決策。

醫師和我端著咖啡到桑吉夫床邊。年輕醫生擔心這樣看起來不專業，我向她保證正好相反，這個舉動表達出我們打算坐下來跟這對夫妻好好談談的訊息，在腦筋不清楚之中，桑吉夫需要這種「肢體語言」才能感到安心。我先自我介紹，然後問桑吉夫感覺如何。

「我需要把東西準備好，我們快到站了，」他說。我回答說，據我所知，他的文件都已準備齊全，假如需要趕時間，我可以幫忙艾麗雅收拾行李。我請他跟我談談他的心臟狀況如何。「喔，我這顆老心臟。它沒給我添麻煩。」艾麗雅一臉驚訝，但他接著說，「它只是老了，跟我一樣。我走不快，兩條腿腫起來，可是不會痛。只是很累而已。我真的好累……」現在輪到年輕醫生露出訝異的表情；儘管人在印度搭火車，桑吉夫還是可以討論他的心臟狀況。

「你的心臟以後會怎麼樣？」我問他。

桑吉夫看著艾麗雅說：「嗯，它會是讓我死掉的原因，這是肯定的。我們兩個都很清楚，我們都知道心肺復甦救不了我。這件事我必須告訴我爸媽才行，我要帶艾麗雅一起去跟他們說。」

「如果有一種治療可以幫助你活得更久，桑吉夫，你會想要做嗎？」我問。

桑吉夫思考著，他再次看著艾麗雅。他說：「我過了很長的一生。我做了很多事。我是個幸運的人。我有非常幸福的婚姻和兩個兒子。」他對艾麗雅微笑。「但是，如果你被衰弱打倒了，人生就不是那麼有意義了。我就是被衰弱打倒了；我永遠不會再變得強壯。把沒有用的生命延長又有什麼用？有什麼治療可以把我變強壯嗎？沒有。有什麼治療可以把我變年輕嗎？沒有。你可以把我變得又健康又強壯嗎？不行，你沒有辦法，我們必須接受這件事。所以說，如果我要活得像個廢人，活得更久並不是件好事。」

年輕醫生啜飲著咖啡，臉色憂戚而蒼白。桑吉夫喝了一口茶，醫師看起來很擔心，低聲說：「體液平衡」。我向她點點頭，表示我聽到了，我問艾麗雅：「這是你們之前就討論過的嗎？你們是一起討論這些事情的嗎？」

「在心臟主治醫師，就是艾貝爾醫生，他告訴我們心肺復甦的問題之後，我們就談了很多，」艾麗雅回答，說話時一直凝視著桑吉夫，「我們倆都同意了。活著但卻活得不好，那不是好事。我們很感謝艾貝爾醫生對我們非常坦白。桑吉夫跟我們兒子解釋過了，我們已經安排好一切。等桑吉夫死了……」她嚥了一下口水，接著說，「等到那時候，我會去跟我們的小兒子住，他就住附近而已。我可以感覺桑吉夫就在不遠處，直到換我的時間到來。」

現場陷入一陣沉默，大家只是啜飲著飲料。這張床邊油然升起一股親密感。病房裡響起早晨活動的聲音：腳步聲，藥物推車聲，點名及發藥的說話聲，血壓計的嗡嗡聲。

「桑吉夫，艾麗雅，今天我們遇到的問題是——」我開口說。

「我們坐過站了嗎?!」桑吉夫突然問，「我的車票在哪裡？」

「沒有錯過，還有好長一段路，」我說，「是醫療問題，不是搭車的問題。我可以問你這個醫療問題嗎？」

「當然，」桑吉夫說。

「現在看起來，你的心臟狀況造成你的腎臟不能正常運作，那可能會很嚴重。」我停頓一下。艾麗雅點頭。

桑吉夫問：「多嚴重？」

「嚴重到可能縮短你的生命，」我說，刻意用鎮定又清晰的聲音。

「多短？」他問，「我的車票在哪裡？」

「沒有治療的話，或許縮短到只剩幾天，」我說。

他看看我，看看艾麗雅，又再看看我。「這樣的話，」他大聲說，「我們必須盡快從印度回家才行。」

「你是說要回家治療嗎？」我問。

他舉起手，搖搖頭，說道：「不，不，不，不。艾麗雅和我已經討論過這件事很多遍了。我希望死在我們自己的家。不要再有醫院器材。不要機器。不要吵死人的『嗶嗶聲』。只要在家裡。跟我的父母在一起。像我們之前計劃好的。」

「父母？」我說。他想了想才說：「你是在故意唬我嗎？我都已經八十幾歲了。我父母好多年前就已經在印度火化了。我是要去祭拜他們。」

「抱歉，桑吉夫。可能是我聽錯了。我以為你說等你死的時候，你想要跟你的父母在一起。」

「真傻啊，」他拍拍我的手，「我一直都與我的父母同在，我將他們放在心裡。我想要在家裡和我的家人在一起。看看我可愛的老婆，醫生。她知道怎麼照顧我。送我回家跟她在一起吧。」

我向他說我會盡力，然後年輕醫生和我離開，致電給桑吉夫的主治醫師。他跟這對夫妻很熟稔，他問我是否認為桑吉夫有能力做出要不要進一步治療的決定。我告訴他，雖然他對時間與空間認知錯亂，但他能夠明確表達自己對避免「醫療複雜化」的死亡的想法，這與他先前跟主治醫師所有的談話一致。

艾貝爾醫生說血液透析（經由機器過濾及淨化血液）是一項侵入性治療，桑吉夫的體力或許撐不過去。我們討論是否有什麼好方法，可以確保他盡量不受到腎衰竭造成的嘔吐與打嗝等症狀所困擾；我向艾貝爾醫生保證，如果我們安排今天早上讓他出院，我可以請社區緩和療護團隊今日稍後去桑吉夫家裡探視。我們達成協議。桑吉夫的兒子被叫來載他們一程；疲勞的初級醫師則被吩咐回家睡覺。

桑吉夫監督著他行李打包的狀況，艾麗雅去醫院藥劑部領藥。艾貝爾醫生來到病房詢問他的情況。桑吉夫又開始找車票，主治醫師說不需要車票，因為他是貴賓。當病房服務員推著他的輪椅穿越病房去往停車場，桑吉夫對護理師們露出燦爛的笑容。

社區緩和療護小組隔天早上打電話給我。桑吉夫在家裡繼續找車票，直到同意上床休息。他的兒子們和艾麗雅陪在他身邊，他安然入睡，疲憊的艾麗雅依偎在他身旁。等她醒來，桑吉夫已經沒有了呼吸。

「他已經抵達目的地了，」艾麗雅跟他們兒子說，「他會在那裡等我們。」

不施行心肺復甦術同意書的簽署是患者、醫生與家屬之間的一項重要互動。家屬一定要清楚了解這項意願書的簽署及其理由，萬一患者昏厥，才能避免糾紛與困擾。確保有適當的治療計畫，也確保有避免不當或違反意願之加強治療的計畫，是規劃臨終照護的一個核心部分。

以你希望的方式死去

預期死亡可以讓瀕死之人有時間考慮自己的選項，並在死亡逼近時清楚規劃自己想要得到何種照護。對某些人而言，這或許意味著「盡一切可能讓我活著」。但對大多數人（尤其是見過安詳死亡的人）來說，這意味著「將重點放在我的安詳與舒適，而不是存活時間的長短」。人們可以討論他們想在何處接受臨終照護：或許在家裡，或許是摯愛之人的家中。一些人或許需要額外資源，如安養院或安寧療護機構。大多數人並不認為死在醫院裡是理想的，但如果沒有先為「緊急時該怎麼做」制定計畫，許多人最終會違背他們的意願被送進醫院。

對於那些即使經過醫院的全力治療，仍被判斷為即將死亡的人，唯有當醫院團隊明確說明他們病情的前景，患者才能表達自己的選擇。想要預先擬定計畫，患者、患者親近的人和他們的醫療顧問必須有勇氣（與身為專業人員的技能），針對可能做到與不可能做到的事，進行坦誠、清楚的對話。唯有如此，臨終之人與他們最親愛的人才能做出充分知情的選擇。

將近中午時分，有位家庭醫生從一名患者家裡打電話給我。她已經在那裡待一小時了，整段時間內，那名年長患者的狀況逐漸走下坡。他長期患有肝病，已知接近生命尾聲，他先前已立下緊急健康照護計畫（Emergency Health Care Plan），明確表達他的優先考量是舒適，而不是進行英勇的嘗試來拯救他的生命。今天，強烈的噁心感讓他無法躺下。我對他的噁心症狀有任何建議嗎？我們討論了一些醫療細節，我提供了些許建議，並跟家庭醫生說我可以在二十分鐘後抵達。

我好不容易才在患者家找到停車位：那是一處寧靜的郊區，沒有設置車道或車庫，車子都擠在馬路邊。此時正值夏天，孩童們在狹窄、安靜的街道上玩耍——跳繩、騎腳踏車和跳房子，充滿歡聲笑語。門廊的門是打開的，裡頭的前門也開著。我敲門喊說：「哈囉！我是曼寧克斯醫師。我可以進來嗎？」

一位眼淚汪汪、穿著不搭調卡通睡衣的女子拉開門。「謝謝你這麼快就趕來，」她說，「不好意思，穿著睡衣……」

沿著短短的走道，我的視線可以看到廚房，蒂爾德麗就在那裡，她是一名因為仁慈、不講廢話的作風而受到緩和療護團隊愛戴的地區護理長，一看到我便大叫：「太好了！過來這裡吧！」我乖乖照做。對她的吩咐，所有人總是乖乖照做。

蒂爾德麗以低沉聲音簡報患者華特的情況，她的護理師團隊熟知這名患者。她告訴我，他人在起居室的床上，在那裡我也會見到他的兩個女兒（她轉了轉眼珠，暗示著「請預期情緒激動」）及他的女性友人，茉莉。在我們通過電話之後，家庭醫生為華特注射了止吐劑，便離開去看其他病人。華特現在噁心感沒那麼強烈，可以躺下了。蒂爾德麗帶我來到起居室。

起居室的深度貫穿整棟房屋，大片前窗上的銀色布製百葉窗將明亮日光過濾成淡淡的白光，照著一名身穿浴袍、頭罩髮網的老婦人，她坐在窗邊的扶手椅上。這位就是茉莉。她的目光緊盯起居室後方的單人床，床上安靜躺著一名蒼白、單薄、膚色泛黃、白髮稀疏的男人。他靠在一堆枕頭上，喘著氣，眼睛閉著，嘴巴緊抿，看起來比六十幾歲的實際年齡蒼老許多。那個穿睡衣的年輕女人坐在床邊的一張餐椅上啜泣，另一名身穿俐落套裝的年輕女子（在穿睡衣的家人間看起來格格不入）站在她身旁，輕撫她的手臂。蒂爾德麗把我介紹給大家，然後退回廚房繼續完成關於今天上午的紀錄。

跟女士們打過招呼以後，我走向床邊跪了下來，兩個女兒趕忙要我坐在椅子上，但我喜歡這樣，比較接近患者，而且此時我才注意到，有隻大型黑白牧羊犬安靜地躺在華特的床邊。跟家庭寵物犬交朋友永遠是明智之舉。牠嗅聞我的手，用帶著敵意的目光瞪著我，隨後調整姿勢，讓出空間給我的膝蓋。她們告訴我，這是史威普，華特的十年好夥伴，牠通常不准進入屋裡除了廚房以外的地方。但今天早上牠號哭不止，所以被破例准許進屋。牠就這樣緊緊守著華特，動也不動。

「嗨，華特，」我向疲憊的患者打招呼，「我是緩和療護團隊的凱瑟琳醫生，我來這裡看看如何處理你的不舒服。你覺得現在可以稍微講講話嗎？」

華特睜開眼睛，我發現他的眼白呈現深深的毛莨黃色，與淡藍鳶尾花色的虹膜形成強烈對比。他嘆口氣，清清喉嚨：「我會努力⋯⋯」

「我看得出你很累，華特，所以我可以先跟你的家人談，如果我們有什麼地方說得不對，你再糾正我們，好嗎？」我提議，華特也同意了。

茉莉插話說：「我不能算是家人。」穿套裝的女兒溫柔地回答：「茉莉，爸爸愛你，我們也是。你是我們家重要的一分子——」之後便泣不成聲。她的妹妹情緒激動到無法開口，只是跟著點頭。

茉莉眨了眨眼，忍住淚水，說道：「所以你們的爸爸才會那麼愛你們，因為你們很善良。」我正在見證一個家庭探索彼此的真心。

過去幾個月來，華特變得沒什麼精神。他的肝臟檢驗顯示持續緩慢的惡化，他的世界也開始縮小。他以往很喜歡帶狗狗史威普散步到附近的公園，但過去數週，他們開始找鄰居幫忙遛狗。上樓梯也愈來愈吃力。女兒們建議把他的床搬到樓下，但是華特的浴室在樓上，加上他也不考慮使用尿壺或便盆。

這兩天以來，華特都被困在起居室的椅子上，噁心感劇烈到無法動彈。他前兩週便沒有了食欲，整天都感覺飽脹，昨天，他突然被噁心感所襲擊，非吐出來不可。他被嘔吐量之大嚇了一跳——「幸好是吐在了洗滌盆裡，」他表示。他是個實事求是的人，清洗了盆子，找了個乾淨的桶子，重新坐回扶手椅，當茉莉來到家裡準備他們的午餐時，發現他因嘔吐而疲乏不堪。

接到茉莉的求救，一個女兒立刻開車橫越整個國家（帶著她自己女兒的睡衣），另一個女兒則訂了隔天的機票。睡衣女兒與茉莉勸華特到床上會睡得比較好，鄰居們幫忙將床抬下樓。華特發現自己「虛弱得像隻小貓」，還需要別人幫助才能上床，感到有些難為情。茉莉坐在扶手椅上直到他睡著，然後回家收拾必需用品，再回來過夜。

清晨五點，全家人被華特的大聲乾嘔及呻吟聲給驚醒。她們坐著陪他，拿涼毛巾給他擦臉，清洗他想吐卻吐不出來的桶子。他們在早晨八點打電話給醫生，穿套裝的女兒大約九點由機場趕到，醫生大約十點帶著地區護理師抵達。這就是為什麼茉莉與其中一個女兒仍穿著睡衣，她們自從清晨便寸步不離地陪著華特。我猜誰都沒有吃東西。

「你有打嗝嗎，華特？」我問他。

「有！非常厲害的嗝！」他回答，一臉好奇。

啊，我懂了……這些症狀——吃很少就感覺飽脹、打嗝、突然的噁心感、大量嘔吐後隨之緩解——在在表明胃部無法有效清空的問題。人類的胃容量驚人（想想我們在聖誕節或其他慶祝場合可以要求它容納多少食物），如果胃無法正常排空，起初會擴展，刺激周圍神經，造成打嗝。最後，等到胃滿到無法再容納任何東西，便會突然出現「我要吐了！」的感覺，接著便大吐特吐，清空胃部，緩解所有症狀，整個循環再重新開始。

現在他的噁心感已經在家庭醫生打了一針後壓了下來，精疲力竭的華特睡著了。我向茱莉與睡衣女兒建議，她們可以趁我幫華特檢查的機會去更衣，她們感激地上樓去了。套裝女兒看起來坐立不安又焦慮，她已經很多個小時沒睡，飛越整個國家，也沒吃早餐。趁著蒂爾德麗和我為華特進一步詳細檢查時，她藉機跑進廚房泡茶、烤吐司，稍微喘口氣。蒂爾德麗說她不用加糖，套裝女兒笑了，按照大家的吩咐泡茶。

華特的皮膚在過濾後的日光下泛著螢光黃。他很瘦弱，顴骨突起，牙齒與嘴巴相比不成比例地大。他的皮膚滑溼溼的，肌肉鬆弛地掛在骨頭上。肋骨突出，腹部腫大。在毛毯下的兩腿也腫脹著，皮膚緊繃光亮。這是末期肝衰竭。

蒂爾德麗檢查華特的臀部與腳跟，這是臥床病人容易出現皮膚受損的部位。當然，華特昨天都還能下床活動，所以他的皮膚好好的。蒂爾德麗的團隊會確保他的皮膚之後也好好的。她走到外頭去車上取些物品來保護華特的皮膚。門打開與關上之際，孩童們的笑聲短暫傳了進來。屋裡剩下我和華特——嗯，還有史威普。

「華特，你現在感覺怎麼樣？」我問他，他擺擺手表示「不就那樣」。

「你看起來很累，」我說，他點頭。「你想睡嗎？」我問，但他搖搖頭說：「我要跟它抗爭。女孩們還沒準備好。我必須撐下去。」

「華特，你不敢放心睡覺是嗎？」我問。

是的，他說。曾有個肝臟專家告訴他，到最後，他會在睡夢中死去。

「所以，你抗拒睡覺已經有一陣子了？」我問。他告訴我，過去數週他白天都需要小睡，他覺得這很嚇人。

「華特，」小心地，溫和地……「你曾見過任何人死去嗎？」這個問題稍微嚇到他，但他告訴我，當時他的父親心臟病發作，三天後去世，整段時間裡大多沒有意識。「他看起來舒服嗎？」我問。沉吟片刻之後，華特說他父親「走得很好」。

「怎麼個好法，華特？你認為要怎麼樣才算是好死？」

華特說他父親不害怕，全家人都陪伴著他。他有時醒過來，對大家微笑。到最後，他只是停止了呼吸。「我們不確定他是不是走了。我心想：這樣去世真不錯！可是我的心臟沒問題，所以我的死不會是那樣。」

門打開，華特給我一個警告的眼神，立刻閉嘴不談了。套裝女兒現在已換上牛仔褲和T恤，端著一盤冒著熱氣的茶杯進來。換上較正常衣服的睡衣女兒和茉莉也加入我們。華特說想喝水，蒂爾德麗指導家人如何幫助他使用吸管，她熟練地扶起他的背，好讓他前傾，安全地吸水，然後大家各拿了一杯茶。一家人共享喝茶時光的平靜力量，讓這齣戲得以順利進入下一幕。

華特的女兒們坐在床頭的餐椅，茉莉坐在床邊，我跟剛才一樣跪在史威普旁邊。史威普耐心地收起腳掌。蒂爾德麗倚在廚房門上。我們小口啜飲著茶，然後我開啟了對話。

「華特剛才告訴我，他父親死亡的時候，他父親自己和家人是多麼平靜。他希望自己也能像那樣去世。」

鴉雀無聲。我們聽見史威普在抓癢的聲音從床底下傳來。

「華特，你說你覺得自己不會是那樣，因為你的病與你父親不同。所以你聽到這點可能會很高興，其實你看見的是大多數人死去時的情形……」

華特抬起眉毛表示詫異，我詢問在場各位是否同意我分享一些資訊，或許可以幫忙大家不那麼擔憂將發生在他身上的事。他焦慮地看著女兒們，我向他們保證，如果有人覺得難以承受，我就不會再說了。華特豎起大拇指，然後牽起茉莉的手。

我向他們解釋，當一個人的預期壽命逐漸縮短時，會進入「逐漸失去活力」的階段，我們討論到過去數週華特就是這種情況。正是這項變化促使華特的家庭醫師決定要跟他討論他的優先事項，華特當時表示他希望能舒適平靜地度過，而不是急急忙忙被送進醫院救治。這些都記錄在他的緊急健康照護計畫中，所以即便茉莉在夜裡叫來救護車或陌生的緊急家庭醫生，他們也會避免將華特送進醫院，而是在家裡管理他的病情，如同他的家庭醫生與蒂爾德麗現在所做的。

我提醒大家別讓茶涼掉了，然後接著說明，一旦人們病得快死了、沒力氣下床，再來會是什麼狀況：白天睡覺的時間逐漸增加，醒著的時間逐漸減少。

「從現在開始，華特，我預期你會覺得愈來愈累，需要更多睡眠。我希望我們可以用格林醫生離開前給你的藥物來控制嘔吐。我們會把藥物注入一個小小的注射器幫浦，透過皮下的小針頭慢慢打進你的體內。蒂爾德麗會負責保持幫浦運作順暢」——蒂爾德麗舉起她的咖啡杯向華特致意，他對她笑了笑——「如果還是有噁心感，那麼我也會回來，看看我們還需要加些什麼。」

「我們會努力讓那不要發生，麻煩了，華特，」蒂爾德麗開玩笑說，大家都笑了。儘管華特心懷憂慮，屋子裡的氛圍是輕鬆友好的。

「所以，在人們生命的最後盡頭，華特，他們通常是失去意識，而不只是睡著而已。那正是你在你爸爸身上看到的，對嗎？」華特若有所思地點頭，我接著說：「就像你爸爸安詳的死亡給了你安慰一樣，你也可以為親愛的女兒們做同樣的事。她們將看到你當時看見的：安詳的爸爸，大多數時間睡著，偶而醒來，最後失去意識，然後是非常溫和的呼吸改變。就像你爸爸一樣。」

茱莉的話讓我們有些驚訝，她說：「我看過那種事發生，就跟你說的一樣。是我丈夫死的時候。他在礦場工作了好多年，肺很糟糕。我們都明白時候到了。所以我不害怕，華特，我會在這裡陪你和女孩們。」她轉向她們說：「如果你們不介意的話？」

睡衣女兒含淚倚向她，注意到華特正握著她的手。「寶琳剛剛說的沒錯，茱莉，你是我們的家人，我們真的希望你和我們在一起。對嗎，爸爸？」華特舉起仍牽著茱莉的手，又豎起一個大拇指。

我問大家是否有任何問題，然後到廚房去加入蒂爾德麗，她早已猜到我的計畫，並從她車上拿來了一台注射器幫浦。我們一起計算劑量。我開立處方，蒂爾德麗調配藥物，我們一起檢查，然後她把注射器接到幫浦上，換上新電池，檢查指示燈，我們便回到起居室。

華特睡著了，嘴巴張著，看起來更像蠟像了。寶琳默默哭泣，她的妹妹則抱著茉莉。

「爸爸剛才告訴我們，他愛我們所有人，」寶琳表示，「他很抱歉從來沒有開口請茉莉嫁給他。」

「真是傻瓜，」茉莉吸著鼻子說，「我不需要什麼戒指。他就是我的生命。他知道的。」

女孩抱著茉莉，輕拍她的手臂說：「我們知道，茉莉，我們知道你讓他非常幸福。我們很高興你就像我們的第二個媽。」

這種真情流露的場景，可能是這個家庭第一次真正理解彼此，讓我不禁更加仔細地觀察著華特。我不能叫醒他。他已經跟家人說過他很愛她們；他已經為他的遺憾乞求原諒；他已表達了遺願。現在他深度放鬆，陷入昏迷。他的呼吸緩慢且有雜音。他的皮膚冷涼，指尖呈藍色。他的血液循環正在停擺，當我測量他的脈搏，微弱到岌岌可危。

「華特？」我大聲說。他絲毫沒有反應。我撐開他的一邊眼皮，呆滯的眼睛眨都不眨。失去意識，而且變化得比蒂爾德麗和我預期的快太多了。我對上蒂爾德麗的目光，她皺起眉頭，向我表示她也注意到華特正在我們面前死去。

我們請女孩們把椅子挪近一點，也給茉莉找來一張椅子，讓三人聚在床頭，我又跪下，將華特的手交給茉莉。

「你們可以看出他的變化嗎？」我輕輕地問。

寶琳說，看到他如此安詳地睡著真是太好了，但她的妹妹看看我，看看華特，又看看蒂爾德麗，驚呼道：「就是現在了嗎？」

「我想很有可能，」我溫柔地回答，「因為他的呼吸已經改變。你們可以看到他有多麼放鬆嗎？不再皺眉了，不像之前那樣。茉莉，你覺得呢？」

茉莉舉起華特的手說：「你們看他的指尖變得好藍。我想時候到了，而且我想他也知道，所以他才說了那些話。」她是個明智的女性，她以前也看過死亡。

我們不希望華特再次嘔吐，所以蒂爾德麗設定好注射器幫浦，將小幫浦塞在華特的枕頭下，然後她必須離開去探望其他家庭了。我送她出門時，她說：「嗯，我沒有料到這麼快。」我也同意情況來得很突然，但過去數週便開始出現徵兆，茉莉也沒有感到太意外。

回到史威普旁邊的地板位置，我感覺到我的腳逐漸僵硬。偶而華特會深吸一口氣，帶點鼾聲，然後一陣子呼吸變得深快，之後逐漸變慢變淺。我向家屬說明這個呼吸型態稱為「陳施氏呼吸」（Cheyne-Stokes），意味著深度昏迷。在每次由快到慢的呼吸循環結束時，華特的呼吸會暫時停止。我解釋說，到了最後，在這個呼吸循環非常溫和的階段，他會吐出一口氣，然後便不再吸氣。沒有恐慌，沒有急遽的痛苦，沒什麼奇特的事。只是呼吸循環溫和地結束而已。

史威普不停從床下探出頭來，抬眼望著華特與周遭的臉。我感覺小腿快抽筋了，便起身前往廚房為大家泡茶，拿點水給史威普喝，我原本沒有打算待那麼久，但我明白我還不能離開。我打電話給我的團隊，說明為何我會晚歸，而當我正在幫茶壺注水時，寶琳進入廚房說：「我想他走了。」

華特確實停止了呼吸。靜止、蠟黃，他躺在枕頭堆上，頭傾向家人，仍握著茉莉的手。茉莉沒有流淚，華特的女兒們抱著彼此哭泣，史威普則是在床下號哭。

「你們讓他感到平靜又安詳，」我告訴她們，「他以他希望的方式死去。你們是很棒的團隊。」我請女兒們靠近一些，如果想要的話，可以撫摸或親吻華特，茉莉由華特鬆開的手抽出她的手，轉而握住我的手。她帶我到前窗，坐下來說道：「現在開始我可以處理，我們會沒事的。」我知道她會指導與協助這兩名年輕女性向她們的父親告別。見證溫和死亡的饋贈已傳承給了下一代。

走進明亮的陽光下，孩童玩鬧的聲音與那個安靜的家形成對比。當這個重大事件在窗內發生，我們四周的生活仍然持續著。我打電話給家庭醫生，通知她狀況，留個訊息給蒂爾德麗與社區緩和療護團隊，然後開車回到醫院。

能夠目睹家人們凝聚成一座愛與歸屬的熔爐，往往在生命逝去之際發出最強烈的熱度，是何等榮幸。

思考時間

眼見不為憑

後退一步尋求新的視角是一種挑戰。這需要洞察力，承認可能有另一種看待情況的方式；也需要謙遜的態度，才能準備好審視自己的觀點，並在必要時改變觀點。如果我們用好奇而不是確信的態度來看待人生，並對於我們可能的新發現抱持好奇心，後退一步或許會變得更容易。桑吉夫的年輕醫生對於他需要的東西確信不疑；他的護理師則有足夠智慧，後退一步以看見事情的全貌。

後退一步並不容易，但總是能帶來啟發。偉大的醫學作家奧立佛・薩克斯醫師（Dr Oliver Sacks）在心知自己將死之時寫下了〈我的一生〉（My Own Life），他描述他終於能夠「從高空俯瞰」自己的人生，「像一幅風景畫，感受到其中各部分之間愈發深刻的聯繫。」他又說，他感覺到「突然清晰的焦點與視角」。這正是後退一步去重新審視所能獲得的偉大饋贈——用新的眼光看待那些感覺熟悉、早已徹底了解的人事物。

第四部的故事呈現了許多挑戰，重新詮釋似乎早已被徹底認識的世界。與或許心智混亂的人相處時，我們可以後退一步，傾聽他們在一團混沌當中所表達的擔憂、希望與願望。與我們認為其苦難無法承受的人相處時，我們可以後退一步，發現他們的焦點依然清晰、對他們依然重要。在臨終病床邊，我們可以看到一群人正在感受、發掘與肯定他們之間的連結；或者可以看到，醫院或安寧病房裡的陌生人因為共同經歷生命盡頭的深刻情感時刻，而在彼此間建立起一種親情般的羈絆。

因為我們終將死亡，對於我們是否有權選擇何時結束自身生命，許多人形成了自己的看法。這些看法是依據多元的觀點，包括個人自主權的保障、保護弱勢群體的責任、法律之前人人平等的原則、人類生命的尊嚴、人類處境的脆弱性，以及個人對於人道主義、宗教信仰、功利主義或美德的理念。這場辯論的雙方支持者，無疑均受到憐憫、信念與原則所驅動。然而，這場討論時常趨於兩極化、吵雜又令人不安，而且似乎與人們在生命最後階段的實際經歷沒什麼關聯。

不管你自己有什麼看法，如果你可以傾聽及謹慎考慮觀點相異者的意見，便能開拓你的視野。在天天面對死亡的現實工作中，我們這些從事緩和療護的人，經常對辯論雙方倡導者那種刻薄尖銳、非黑即白的極端意見感到厭煩，因為我們知道現實並非黑白分明，而是對每個人來說完全不同的、不斷變化的灰色。這場辯論中雙方所缺乏的觀點，是對人類死亡的現實理解：大多數人在經歷疾病末期的種種挑戰後，所體驗到的死亡是一種出乎意料的溫和、漸進的過程。

跳脫眼前的情況，能讓我們取得更廣闊的視野，也讓臨終者得以聚焦於對他們最重要的事物上，不管我們其他人有什麼想法。

第五部

最後的禮物

多麼沉重的字眼啊。傳承是我們身後遺留在世上的事物，無論好或壞。可能是刻意且仔細策劃的收藏品；可能是我們一生中與人互動時給予的協助或傷害。將死之人往往十分在意他們傳承了什麼，渴望透過對所愛之人傷害最小的方式結束生命。有些人努力為他人留下紀念品；有些人藉由募款的無私行為，期望減輕陌生人的疾病負擔；有些人希望創造機會，留下特別的「最後回憶」。無論他們採取何種行動來刻意塑造他們的傳承，都有可能並未察覺自己早已對他人的生命帶來了多重且微妙的影響。

為死亡做準備

改變這個世界似乎是許多人的一項重要人生追求，然而，要認清自己對所接觸之人的生命造成何種影響，卻可能十分困難。我們很容易看輕自己的貢獻、視為無足輕重，跟同儕做比較而覺得自己有所欠缺。有時，心理治療師的角色就是幫助人們重新評估自己的價值和意義、發掘他們真正的光芒，這種光芒穿透了平凡日常，早已為所有人所欣賞，除了他們自己以外。這本身就是一種治療上的勝利，可以徹底轉變一個人的生命。

然後，有時，命運會開啟一扇門，讓想像不到的事情發生。

「安靜！丹在上電視！」全家人擠在螢幕前，看著一名年輕人在新聞節目上接受新聞記者訪談。態度輕鬆、面帶笑容，他談著自己的興趣：搖滾樂、電腦遊戲和他的狗。豐富的臉部表情、鎮靜的舉止與流暢的言談，顯示他或許是年輕的培訓主管或白手起家的生意人。鏡頭拉遠；映入眼簾的是運動員似的寬廣肩膀，鏡頭再進一步拉遠，他僵直的身體坐在電動輪椅上的畫面讓故事完全翻轉了。丹在談論死亡，他自己的死亡，可能在他二十多歲的時候會發生。他提到他為死亡所做的準備，尤其是他的緊急健康照護計畫，其中明確記載著他謹慎考量的願望，萬一他在醫療緊急事故中無法自行表達這些願望的話。丹在做的是爭取預立醫療照護諮商（ACP）的全面更新。

訪談者要求他說明，丹羅列出他的病史。他天生帶有裘馨氏肌肉失養症（DMD）的基因，這項疾病導致他自童年開始便肌肉萎縮。起初他無法跟朋友踢足球，然後他只能站著看，再然後他只能坐輪椅去看，如今他只能用手部僅餘的少量動作操控他的電動輪椅。他預測到了二十幾歲，他的胸部肌肉便會萎縮，呼吸變得困難，他的意識將逐漸模糊，生命慢慢消逝。

但在命運又一次作弄下，丹的DMD還伴隨額外的併發症：他的心臟受到影響，可能導致無法預測的心律不整，隨時引發猝死，這是毫無警訊的。大約在十八個月前，當丹發現心臟問題時，醫生建議安裝植入式心臟去顫器，這種小型電子裝置可以電擊他的心臟以恢復心跳。丹不知所措。自從十二歲的他開口問母親，而她鼓起勇氣據實回答之後，他已經接受他將比同輩更早死的事實。隨著他的體能衰退，他逐漸適應了這個逐步失去能力的身體，將他逐步帶向死亡的身體。他已經做好心理準備。但是，猝死？隨時隨地？毫無警訊？可想而知，這個念頭讓他無法接受。

我的認知行為治療所針對的正是因為自身重病而心思混亂的患者，所以我才會在這次電視採訪的一年前認識了丹。當時他經由一個心理衛生團隊轉介過來，由於不知如何幫助罹患兩種致命疾病、有自殺念頭的年輕人重拾生存的意志，他們感到困惑又棘手。

回想起我們第一次見面的場景。丹和他的父母來到我所在的安寧療護醫院，我在這裡開設認知行為治療門診。我看著他進來，從容不迫地駕駛著輪椅，輕鬆繞過轉角與陌生的狹窄走廊。當我把門拉開，丹巧妙地駕駛輪椅進入診療間，停在辦公桌旁邊。我提議換一張舒適的椅子，但他寧可不要讓人抬起、移動和折騰一番。我們面對面坐著，我問他希望我如何幫助他。

他聳聳肩，發出一種多音節的雜音，聽起來像是「我不知道……」這整個句子的母音組合，搭配臉部表情——將絕望和挑釁結合成「唷」的一聲。他直挺挺地坐在威風的電動輪椅上，頭低垂著。他是個身材高大寬厚的年輕人；只要基因稍有改變，他或許會成為橄欖球員或機車騎士。他的金紅色頭髮在T恤領口鬈曲著。他的皮膚光滑，因為長期待在室內而蒼白，包裹著不再聽從大腦命令的肌肉。這項疾病只會影響肌肉，所以他的感官與思考都完好無損。

雖然他的心靈被困在逐漸抗拒他意志的軀殼裡，我感受到丹仍然可以發揮才智來推行他的意志。我想理解他，也想幫助他。不過，這唯有在他同意與我溝通的情況下，才有可能實現。但他口齒不清的言辭中帶著一種挑戰的意味，身為醫生與母親，我很熟悉年輕人會藉由拒絕合作來表達自己的意志。我能否被接納加入他的團隊，這點唯有丹可以決定。

一陣寂靜。丹保持低著頭的姿勢，抬眼望著我的臉。我看了回去，他又往下看。

「丹，你是自己同意來這裡的，還是被帶來的？」我問他。

他抬起眼，聳聳肩，跟我說是他自己同意過來的。

「那麼，你可以說說你對這裡的期待嗎？」

他聳聳肩，再次發出那串「阿伊烏欸喔」的聲音。我感覺如履薄冰。他會同意接納我嗎？

「你知道普維士先生吧？就是到家裡幫你做評估的人，是他為你預約了這次門診？」我問，他點頭，眼神迴避。

「我想他不確定如何才能幫……」我試著引導他。

丹的臉上慢慢泛起一抹調皮的笑容。「你是說我把他嚇得半死？」他說，「他根本不知道要跟我說什麼。」

「你是故意想要嚇他嗎？」

「不。但是，聽他想方設法來問事情真的很好玩。」

我可以想像那位可憐的精神科護理師為了這名擁有兩種致命疾病與自殺傾向的憂鬱年輕人而飽受煎熬。自殺的念頭何時不過是接受現實而已？我亦能看出丹有一種細緻的黑色幽默感，我想這會是我們的交流基礎。

「所以，丹，你跟他說你想死。他有什麼反應？」我想要了解，接受一種致命的病情和真正有自殺傾向，二者的界線究竟在哪裡。

丹把頭偏到一邊，玩弄著輪椅的搖桿，然後挺起身子，直視著我。「嗯，他希望我不要想著去死，但他又知道我患有絕症，所以我猜他不知道該說些什麼，」他表示。

我點頭。「當你說你想死，你指的是想要讓疾病終結你，或是你想要提早終結你自己？」

他的眼睛睜得大大的。他沒有預料到這麼直接的問法。

「我不知道怎麼才能做到，」他說，「但我希望我可以想到辦法。」

「你有想到任何主意嗎？」

「我想過可以把輪椅開進湖裡。可是，我要怎麼到湖邊？而且如果電池溼了，輪椅可能就不動了……」

一陣安靜。我們兩人暫時都不想說話。我們都在思索著丹的困境。

「電池不會先把你電死吧，我猜？」

「低電壓，」他回答，「安全又健康……」一絲幽默的火花在我們之間閃過；一種和睦關係正悄然形成。

我仔細觀察他的臉，提出我的下一個問題。他接住我的目光。

「丹，你喜歡什麼？」

丹考慮著這個問題，他用搖桿調整他坐著的角度。他皺著眉頭思考，然後告訴我，他以前很喜歡兩款電腦遊戲。他可以和朋友在線上碰面，互相競爭或合作解決任務。其中一款遊戲裡，他駕駛著一輛車；另一款遊戲中，他有一個可以跑、跳及戰鬥的化身——一具由丹的意志所驅動的健全身體。他喜歡解任務、動腦、合作、跟朋友在線上聊天。那時候，時間總是過得很快。

我問他其中最棒的部分是什麼，他毫不猶豫便回答，在遊戲裡，他與朋友平起平坐。他可以競爭，他可以獲勝。

藉由我對《俠盜獵車手》的（有限）了解，以及我們共同的幽默感，丹接受我成為他的試用隊友。他口齒伶俐（在「哞」模式以外的時候）且聰明；他很快就理解，管理憂鬱是一種「心智遊戲」，而他非常擅長這件事，他學得飛快。在情緒低落的日子，他更常聳肩及「哞」。不過，當我模仿他的「哞」時，他會嘆口氣，咧嘴而笑，我們就這樣繼續玩下去。

我們用認知行為療法的公式畫出他的憂鬱，圖形如下：

經過數週規律的認知行為治療後，丹和我發現了許多自我譴責的想法，讓他討厭自己。他認為自己是個壞人，是自私的兒子，愛批評的哥哥，差勁的朋友。這些都是憂

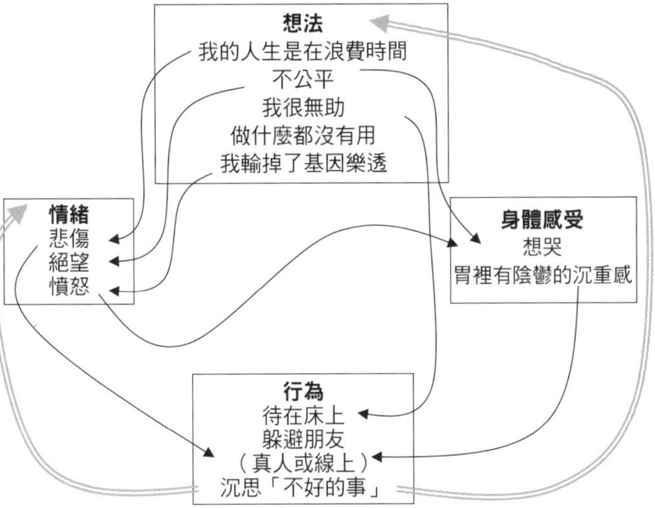

丹的憂鬱地圖

鬱的人心裡常見的主題。憂鬱的心靈會漠視正向性，卻熱切擁抱微小的負面例子，將這些例子誇飾成巨大的、具破壞性的陷阱。這就像是丹的遊戲裡頭的法師所下的惡毒詛咒；他需要一個「平衡心態」的護身符，重新察覺被隱藏起來的正向性，才能對抗絕望之惡龍。

他亦怨恨自己遺傳到致命基因，而他的心情轉折點是發現自己又多了心臟毛病。他拒絕安裝植入式心臟去顫器，這讓心臟科團隊感到錯愕，但他的邏輯是，心律不整所造成的猝死可以讓他不必慢慢等死。為什麼一個有自殺意圖的憂鬱患者會想要阻止自己的死亡？他的論點無懈可擊。

認知行為治療的其中一個部分，是要丹實驗他在家裡不同的活動量，結果發現他做的事情愈多，不快樂的情緒便愈少。幾乎所有的憂鬱患者都是如此。丹的挑戰是找出保持忙碌的方法，畢竟他的自主運動被侷限到最少的手臂運動（他無法抬起手臂幫鼻子抓癢）、頸部與臉部的移動，以及剛好足夠操控電動輪椅或 Xbox 控制器的手部動作。他迎面接受挑戰。他開始寫心情日記來記錄他努力的成效。他重拾網路遊戲，恢復對搖滾樂的興趣，甚至去看了幾場演出，他寫下最愛音樂的歌單，然後聽這些歌，他和朋友去看電影，和家人外出用餐，他注意到當他的情緒開始低落，他便忙起來，照顧他的寵物狗，還有不管丹在哪個房間、都在那裡睡一整天的貓咪；他甚至唱歌。

丹的情緒好起來之後，我們回到控制的問題。他知道自己的預期壽命很短——他不太可能活到二十幾歲，他活得愈久，便會變得愈虛弱、愈需要人照顧。他擁有父母的大力支持，住在改裝過的房間裡，他能活得像個自主的成年人，他可以用 Xbox 控制器調整燈光、溫度和百葉窗簾。他媽媽和一個小幫手會協助他的日常生活，後者是與他年紀相仿的年輕男子，是他從小到大的好朋友。他的父母設法讓他去做其他家庭可能不會容許的冒險，比如參加深夜搖滾音樂會，或者跟朋友一起用輪椅搭公共交通工具去看電影。

對丹來說，被帶到醫院就等於喪失了控制感。突然間，在家裡移動、抬起身子、躺上床、洗澡的習慣方式都不見了。好心的醫護人員若不是沒聽懂他的需求，就是假設他缺乏運動能力與腦部損傷有關，以為他無法表達自己的喜好。他憎恨醫院。他害怕住院。他恐懼的是發生醫療危機時被戴上呼吸器，然後發現自己被詛咒要依賴呼吸器生活——如果沒有了它，他的自然死亡或許能平和地發生。只要他可以待在家裡，活得還算舒適，在危機中得到幫助，他就滿足了。他無法忍受的，是想像救護車人員或醫院團隊抵達危機現場、進行干預來阻止他的自然死亡。因此，在成功恢復丹的生存意志之後，我們現在必須規劃如何妥善管理他的死亡。

因為心臟病發作而迅速死去，便不必住院，所以丹仍然拒絕安裝心臟去顫器，他宣稱這「不是自殺，而是自保」，他的家人接受了這種瘋狂的邏輯。他亦要求簽署不施行心肺復甦術同意書，以免有人在不知情之下為他做心肺復甦。這些是需要勇氣的敏感對話，丹也謹慎徹底地思考了所有選項。他的父母很了不起，雖然他們希望他活得愈久愈好，如果可以，他們完全願意把心臟去顫器、呼吸器、一整套加護病房都裝進家裡，但他們支持他的決定。如此富有力量的父母勇氣，如此支持孩子的自主性，這真正是愛的實踐。

我們接下來的工作是準備緊急健康照護計畫，在其中，我們說明丹的醫療狀況、他對自身狀況的理解，以及如果在醫療緊急事態中必須做出決策時，他願意接受何種程度的干預。我們明確指出，如果他病重到可能死亡，他不希望住院，而是希望所有照護以舒適為目標，並在家中進行。我們說明他希望盡可能保持清醒，讓他可以與人溝通，但若他太害怕或症狀嚴重，他的優先順序是處理症狀，而後才是保持清醒。我們表達出他仔細考慮過的願望，萬一他的心跳停止（我們知道那有可能發生），他不希望進行心肺復甦。他亦希望，如果他發生的是透過醫院治療可以挽回的醫療緊急事件，則他應被送往醫院，前提是他要盡快出院回家；如果醫院團隊救不了他，則他要回家等待死亡。

丹的許多專科醫師與護理人員都支持及協助我們撰寫這項計畫。他的心臟科醫生審查了關於在家中緩解心臟衰竭的建議；居家機械通氣團隊的主治醫師贏得丹的信任，檢測了他的呼吸能力，顯示呼吸衰竭還不會發生，並就未來胸部感染的最佳處理提供了建議；肌肉失養症團隊就計畫草案提出建議。在共同起草這份文件的過程中，我們將大量的專業知識凝聚成這份精心製作的計畫，以完成丹的願望。

這花了好幾週的時間，待到完成時，丹有了一份完整協議，涵蓋家人、家庭醫生、護理師、救護車人員、下班時間緊急服務與醫院緊急部門在特定環境下應採取的行動，其中包括居家臨終照護計畫，以及一盒供社區醫護人員使用的「以防萬一」藥物。這些都是在不施行心肺復甦術同意書的背景下進行。丹現在享受活著，還有了一份完整計畫來管理他的死亡。他終於真正感受到控制權在自己手中。

丹在憂鬱時最黯淡的想法之一是「我活著是在浪費時間。我完成不了任何事。我沒有留下任何傳承。」不用說，他的一部分傳承已牢不可破：他的家庭中那份無與倫比的愛及奉獻。他將永遠與他們同在。但他的同儕正在這個世界上努力闖蕩，他的生活與他們的生活形成愈來愈強烈的對比。當我在思考這件事的時候，命運給了我們一個美妙的機會。

丹的緊急健康照護計畫與不施行心肺復甦術同意書，是在區域性合作中所使用的兩種表格，目的是預先規劃複雜的醫療照護，無論患者在何處接受照護，都要尊重其在知情下所訂定的願望。透過隨身攜帶他的計畫，無論丹是在家不舒服，或者在英格蘭廣大區域中任一家電影院裡被緊急服務人員載走，都有權得到相同的照護。這是全國首例（聰明的蘇格蘭早已有了全國性的不施行心肺復甦術同意書），而地區性國民健康服務團隊已經為這項文件安排了媒體發布會，其用意是喚起公眾注意，並試圖讓重症患者開始與他們的家庭醫生、醫院專科醫生，當然，還有他們的家人一起進行討論。作為區域負責人，我預定要撰寫報紙投書、接受電台與電視的採訪。可是，假如不是我，而是一位口齒伶俐的患者接受訪問，豈不是更有趣、更動人嗎？……丹一口便答應了。

很快便到了採訪的日期。丹的媽媽大方地開放他們家供媒體拍攝一天，丹接受攝影、拍照和錄音。記者們被丹的風采給迷倒了，他務實地討論自身疾病，平靜地接受自己將早死。他解釋了他的治療計畫，以及拒絕心肺復甦的決定；他描述了他的自主性與力量，藉由公開討論他的狀況並詳細規劃他未來的選項。他的採訪在電台廣播，在兩個電視頻道播放，並刊登在報紙上。他在 Facebook 及 Twitter（現改稱X）上引發熱潮。兩週內，地區性國民健康服務網站的查詢量躍增為十倍。丹清晰、冷靜且慷慨地分享自己制定臨終計畫的過程，改變了許多人的想法，觸動了許多人的心，勝過我的千言萬語。

不過，最棒的是，DMD團隊的主治醫師打電話通知我，其他和丹患有相同病症的年輕男性聯絡醫院，詢問他們能否也擁有「像丹那樣的文件」。

意料之外，但絕對正確。丹度過了他人生中最充實的時光，並幫助整個社群思考如何更仔細討論與規劃自己的臨終照護。

丹的死亡時間與模式仍是無法預測之事。他接受預立醫療照護諮商所帶動的對談，讓DMD團隊、心臟科團隊、他的家庭、甚至他本人更加了解他自己——這是人們時常迴避的事情，但終究是正確之事。我們都應該與我們親愛的人進行那些對話，宜早不宜遲。謝謝你，丹。

放下牽掛之後

每個人死亡的時間點都是神祕的。雖然我們可以預測無多的時日，而且在生命盡頭接近時，預估剩餘壽命確實會變得更容易，但有時候，死亡時刻似乎與疾病以外的事情有關。我們預計數日前便會死亡的人，卻等到獲悉重要的消息，例如誰的出生或其他重大事件後才死去；一直有家屬陪伴在側的人，不知為何在無人陪伴的那幾分鐘就停止呼吸；預料還會再活久一點的人，知道一個私人問題獲得解決之後，便提早安心地死去了。

那是一場社區檢討會議，社區緩和療護團隊的專科護理師正在討論本週接到的新患者——通常是應家庭醫生或地區護理師的要求。這些專科護理師通常稱為「麥克米蘭護理師」，他們擁有額外的緩和療護訓練與專業知識，會協助初級照護團隊在大多數患者家中管理他們的生理、情緒與精神上的痛苦。對於特別難以處理的症狀，可能會建議住進安寧療護醫院。當時收治住院患者的安寧療護醫院還在草創期，麥克米蘭護理師在這裡有屬於他們的辦公室，所以，身為年輕的培訓醫生，我可以參加檢討會議，有時我也會被交代為我們領導人的代理人。今天就是這種場合。

下一名患者由瑪麗安介紹。瑪麗安總是精力旺盛，擁有鮮明的幽默感和優雅宜人的倫敦周邊口音。她講述了鮑伯的故事，他是個老人，隱居在城裡一處破落郊區的市營公寓。鮑伯有口腔與頸部的末期癌症，他是自尊心很強的人，拒絕接受協助，瑪麗安和他的第一次討論還必須透過門上的信箱孔來進行。她拿出一疊從筆記本撕下來的紙張。鮑伯的癌症由舌頭開始，使他的言語幾乎無法辨識，瑪麗安在門的一側用她的上流口音大聲提問，鮑伯則在紙上寫下回答，由信箱孔遞出。訪談快要結束時，鮑伯開門放貓出來，腐敗食物、貓咪與人體的惡臭幾乎把瑪麗安轟倒。她趁機稱讚貓咪，鮑伯於是邀請她進屋。

她發現鮑伯整齊地穿著骯髒的衣服：格紋襯衫、寬鬆到必須繫上皮帶的長褲、西服背心與領巾。他因口腔刺激而不停流口水，嘴唇和臉頰被擦拭得紅腫。他帶頭走進起居室，紙箱與塑膠袋堆得高高的，裡頭裝滿了——都是些什麼？瑪麗安瞧見一個袋子裝滿煮蛋計時器，另一袋裝滿舊報紙。有些箱子裝的是垃圾，其他箱裝的顯然是精心收藏的物品。有幾袋是擦過口水的衛生紙。廢墟中只看到一張椅子，是老舊的軟墊扶手椅，經年使用讓積累的汙垢都磨得發亮。鮑伯示意瑪麗安坐下，她勇敢地輕坐在椅子的邊緣，鮑伯則跋涉過成堆雜物去往廚房，端來兩杯用英國鐵路馬克杯裝著的茶。他找出寫字本，寫下：

很抱歉我沒法提供牛奶。

鮑伯拿了一張廚房矮凳，坐在瑪麗安腳邊，用寫字本交談時不停用衛生紙擦口水。每當口水滴到紙上，他會氣餒地撕掉那頁，重寫一遍，只為了讓她看到的是乾淨的紙，這項過程使他的寫字時間拉長一倍。從這次交談中，瑪麗安了解到鮑伯的嘴巴與單側臉頰持續疼痛，他愈來愈難吞嚥止痛劑，而他的貓是他的世界中心。

鮑伯的貓是一年前被附近的狗追趕而跑到他的公寓，當時牠看起來才六個月大。鮑伯剛做完口腔的放射治療，很虛弱，時常累到無法採購、煮飯或吃飯。貓咪的到來改變了他的優先事務：他每天早上起來放牠出去；他步行到超市買貓糧（用最昂貴的貓糧滿足這隻新寵物挑剔的口味）；他從成堆袋子裡找出一條毛毯，摺成寵物床。財務拮据使得挑剔的貓只能吃到少量食物，所以牠成天在鮑伯腳邊蹭來蹭去、呼嚕叫，換來一小口貓餅乾的獎賞。鮑伯從未被如此喜愛過，也從未感受過如此陪伴。

瑪麗安在社區檢討會議上提出的問題，正是鮑伯的疼痛和他的貓。鮑伯需要住院治療一段期間來管理他的劇痛，可是他不願接受，因為他沒有家人、朋友或鄰居可以受託照顧他長鬍鬚的家人。瑪麗安是愛貓人士，或許這是鮑伯放心讓她進入公寓的部分原因。她自己的貓無法接納鮑伯的小貓來做客，但是她可以借給我照顧一隻小可愛貓咪兩週時間會用到的任何東西，我們就可以……等等！我嗎？我不喜歡貓！早年認識的一位像貓似的刻薄友人已經讓我身心受創。絕對不行！

淚水在瑪麗安眼中打轉。「他是一隻小虎斑貓，腳掌是白色。以他的年齡來說很小隻，因為鮑伯買不起什麼貓食。他的臉超級無敵可愛……」她舉起手指在臉頰兩邊比劃，像貓鬚似的。「你一定會愛上他！」

瑪麗安的字典裡沒有「不」這個字。

當晚，我試著選擇最佳時刻向丈夫宣布，我們要暫時收養一隻生長落後的虎斑貓兩星期。一如預期，這個消息的反應不佳。丈夫和我不一樣，他很喜歡貓，成長過程中養過好幾隻貓。他抗議說我們整天都在工作，把貓關在我們屋子裡太殘忍了。你到底在想什麼？答案是絕對不行。

翌日早晨，我們準備出門上班前，瑪麗安親自將貓咪送了過來。她親手把貓籠交給我丈夫，雖然他是個「不可動之物」（Immovable Object），還是能認出「不可抗之力」（Irresistible Force）。事情已成定局。

鮑伯住進四人房，瑪麗安說他好好洗了個澡（他拒絕任何護理師的協助）之後，看起來「帥極了」。拿到一套睡衣時，他收下了，因為他自己的睡衣沾染了口水（與汙垢）。他同意讓院裡的清潔人員為他洗衣。只有瑪麗安一個人被信任可以託付鮑伯公寓的鑰匙。他請她幫他拿衣物來，還有把全部的貓點心帶給我，讓貓咪在寄宿期間吃。瑪麗安於兩天後帶來鮑伯的衣物，裝在她自己的行李箱裡；鮑伯注意到衣服比他記憶中更乾淨、熨得更平整，他很高興……有著一副好心腸的瑪麗安，正想著接下來如何幫忙整理他的公寓。

在家裡，我們早晨的節奏一下子被打亂了。那隻小野獸在廚房裡吃掉大份早餐，然後狂奔三十分鐘，我才終於捉住牠，設法關進瑪麗安借我的運輸籠。牠每天都在家裡挑一個不同地方撒尿做記號，我們每天晚上還得根據臭味的線索玩「找貓屎」的遊戲。難怪鮑伯的公寓氣味難聞。

我每個早上把貓帶去給鮑伯。牠豎起尾巴巡視四人房，嗅聞房間角落，然後跳上鮑伯的床，蜷曲睡在他的枕頭後面，輕聲打呼嚕。

鮑伯是個完美的患者，他溫文有禮，充滿感恩。由於他對紙張狀態的一絲不苟以及細心寫下每個銅版體書法般字母的緩慢與專注，與他交談很花時間。他願意嘗試注射止痛劑，這樣就不必吞嚥藥錠。隨著疼痛改善，他開始在醫院裡散步（貓抱在手上，注射器幫浦放在口袋裡），但他很快就走累了。他想念自己的公寓和自己的私人空間，於是在住院兩週後，他準備好要回家了。我需要跟鮑伯談一談，規劃他的出院事宜。

我坐在他旁邊的時候，貓跳上我的膝蓋，躺好後開始打呼嚕。*他已經喜歡上你了*，鮑伯在本子上寫著。我不禁感到一陣沒有道理的喜悅；呼嚕的節奏把一股顫動的溫暖傳送到我的全身。*你給了他一個充滿愛的住所*，鮑伯寫著。

我笑了。「那是我們的榮幸，」我說，當下我明白我是真心的。貓咪學會了使用貓砂盆（丈夫有經驗的干預手段），他喝牛奶的聲音響亮無比。他一隻貓便讓我們家的牛奶訂購量翻了一倍。

現在他該定居在你家了，鮑伯在他的本子上不祥地寫下。

呃哦！

「鮑伯，不管任何時候你需要休息，貓咪都可以回來我們這裡。但他是你的貓，我們不能帶他走。他是你的家人。」我說，「況且，我的先生會以為是我叫你這麼做的。」

鮑伯擦了他的嘴，我注意到他的口水裡有血絲。請拿這個給你先生看，他寫著，證明我的意志和你的無辜。他細心地由本子上撕下乾淨的一頁。他以一絲不苟的精確，在紙張頂部寫下日期，然後用他考究的藝術字體寫道：

我很高興貓
將成為你的貓
直到永遠。
阿門。

然後他非常仔細地簽名：

羅伯・奧斯華德森

當晚回到家裡，貓的事情又再次付諸討論。我們是頂客族——雙薪、無孩子。我們整天都在外面跑，許多夜晚與週末兩人都要隨時待命。我們要參加考試、撰寫論文，真的、真的不需要一隻貓。

我們採取了不同尋常的行動，一起到安寧療護醫院探視鮑伯。他有些睏倦，但接受了我們兩個訪客，他指派我去給我們三人泡茶、還有倒牛奶給貓咪。我們再次重申，若隨時有需要，我們都可以提供寄養服務，鮑伯點頭，撫摸打呼的貓。不過，鮑伯成功取得「不可動之物」給他的承諾，等不可避免之事發生以後，他的貓將成為我們的。這項君子協定讓鮑伯很滿意。

那個星期日夜晚我在家待命，接到安寧療護醫院打來的電話。鮑伯躁動不安，在房裡踱步、吼叫，但他的言語毫無章法，沒人聽懂他想要什麼。他太過激動，無法使用紙筆。他還想對著護理師扔椅子。稍早時，他的脈搏快速，體溫升高，然而現在他不讓護理師再次測量。「請來看看他。」

我花了不到五分鐘便開車抵達醫院。鮑伯站在房間中央，只穿著一條睡褲。他的身形削瘦、弱小，但在不安狀態下的他很強壯。護理師已將其他病患轉移到平靜安全的電視大廳。我走進去，和一名護理師坐在鮑伯床位的旁邊，貓正在枕頭後面蜷伏著，事不關己地舔著腳掌。

「鮑伯，來和我們一起坐，」我說，然後閃躲一只扔過房間的茶杯。我把貓抱出來放在床罩上。「來摸摸他，」我提議，「因為我差不多該帶他回家了。」鮑伯在房裡跺腳，拿起貓籠，一度像揮動武器般搖晃，然後放在床上，就在那當下（我大吃一驚）貓立即跳進去躺了下來。鮑伯緊緊關上籠門，在他彎腰時，我看見帶血的口水由他臉頰上的一個洞滴了出來。他的臉頰皮膚呈赤紅色，腫脹到毛孔像是一個個隕石坑，遍布在閃亮光滑的紅色月球表面。

「鮑伯，你的臉看起來很痛……」我開口。他抬頭看，直接對上我的目光，然後揮舞他的拳頭。他是在對我們生氣嗎？還是氣他自己的疼痛？他的處境？他重重坐到床上，開始哭泣。他啜泣著，一邊搖晃一邊哀號，可能有試著要講話，但完全聽不懂。我摸摸他的手背，但他把我甩開，粗魯地將貓籠塞給我，指著門口。要我把貓帶走的訊息很明確。

護理師和我帶著貓去到走廊，我們在這裡可以隨時注意鮑伯的安全，同時不再進一步激怒他。他臉頰新出現的紅腫，加上發燒、心跳快速與激動，在在顯示鮑伯臉部腫脹化膿的組織發生了細菌感染。這是頭部與頸部癌症的已知併發症，通常伴隨劇烈疼痛。發燒可能造成意識混亂，這是導致他情緒激動的原因。

從走廊上，我可以看到紅腫已經蔓延至耳朵，往下到脖子。這種疼痛必然很可怕。他需要高劑量的抗生素，用注射的，然而當他跟我們對抗的時候，我顯然無法醫治他。假如我可以給他一點溫和的鎮定劑，讓他稍微平靜下來、不那麼激動，那我就能將針頭插入靜脈，治療他的感染、發燒和劇痛。可是他無法吞嚥。我要如何幫助他呢？

當我還在思索的時候，鮑伯忽然且意料之外地躺回床上，沒幾分鐘就睡熟了。護理師和我走近他。他臉頰的紅腫明顯可見，第二個新破洞滴出了口水。我們碰觸他的手臂時，他動了動，但沒有抽出手或睜開眼睛。我試著徵求為他注射的許可；他將手臂抽走了。

「我覺得他想要我們住手，」護理師說，「他受夠了。」看來她說的沒錯。我打電話給領導人，他過來評估狀況。此時，鮑伯開始四肢抽動，呼吸不規律。領導人考量了數種鮑伯抽動的可能理由，擔心他可能發生痙攣。然而，我們再次面臨相同的問題：如何給他任何藥物以停止抽動及避免痙攣發作。透過直腸給藥似乎是唯一可行的方法。

直腸有十分充足的血液供應，經由這個途徑給予的藥物會迅速生效。在法國，即使在家裡這也是常見的給藥方式。然而在英格蘭，我們卻不常使用這個非常有效的途徑。我不確定鮑伯是否會了解我們是試著幫助他，但在他如此混亂及害怕的時候，根本不可能徵求他的同意。帶著沉重的心情，我和一名護理師準備了最小的注射器，用來注入藥劑，可以預防發作並發揮一定程度的鎮靜作用。

兩名護理師和領導人幫忙壓制鮑伯，讓我可以盡量輕輕地將針筒插進直腸，打入藥物。當他扭動及大叫時，我感覺到這個行為的冒犯與唐突。我流著淚說：「我真的很抱歉，鮑伯。這真的有幫助，我們只是想幫你。」然後終於結束了。不到五分鐘，抽搐停止了；又過五分鐘，鮑伯平靜地熟睡了，我們在他手臂靜脈插入一個小型注射座。建立了靜脈注射途徑，便不再需要用直腸給藥。我帶著貓回家了。

那個注射座是接下來數日照護鮑伯的重要環節。整段時間他大多在睡覺，偶而醒來餵貓吃點心，拍拍牠打呼嚕的身體。抗生素減輕了紅腫，鮑伯的疼痛與體溫穩定下來，但他沒有好轉。我們早已察覺的缺乏活力是可靠指標，顯示鮑伯的電池快耗盡了。他已經處理好世上唯一重要的事情——他的貓的未來照顧。解決了那件事，他可以安歇了。

鮑伯在那個混亂週末之後的三天死亡，未能回家，貓就在床上，陪在他身邊。

鮑伯故事的最後章節為我們提供了一絲啟示。由於沒有（人類）近親，沒有人可以幫鮑伯登記死亡或安排葬禮，安寧療護醫院接手了這些工作。我生平第一次到本地登記處去遞交醫療死亡證明，這通常是家屬的工作。在這個擠滿了笑容燦爛的新生兒父親與沉默不語的新近喪親者的奇怪房間裡，我交出證明書，向辦事人員說明這個不尋常的背景，然後我坐著等待。

最後，只見登記處的主管由她的辦公室跑出來，像招呼老朋友似地歡迎我。「啊，曼尼克斯醫師，好榮幸終於見到你！我們一直都在關注你的職業生涯！」成為醫師最早期那十天內有十四人死亡的事，彷彿是在指責什麼似地躍入我的腦海。然後我轉往癌症中心，之後是安寧療護醫院。老天，他們這些年來必定輸入過我的姓名許許多多遍。我從沒想過這會是關注個人醫療生涯的一種方法——這是在惡名昭彰的家庭醫生殺人狂哈羅德・希普曼（Harold Shipman）引起人們注意死亡登記的許多年前。

「抱歉讓你久等了，」她接著說，「我們必須先確認規定，因為我們從來沒遇過由簽署死亡證明的同一個人來辦理死亡登記的情況。不過，看來我們可以受理。」她拿出鮑伯死亡證明的官方副本，還有我需要的表格，要讓殯葬業者進行遺體火化或埋葬用的。

我們聚集在墓地，這個葬禮規模很小：瑪麗安、安寧療護醫院經理，還有我——作為鮑伯的貓的代表人。我們遇到了鮑伯的一個遠房表親，以及他在英國鐵路任職時的一名老同事，他在地方報紙上看到了訃聞。我們站在墓地禮拜堂內，一名既不認識鮑伯也不認識吊唁者的牧師試圖安慰我們，然後我們看著鮑伯的棺木緩緩降入土裡。

離開墓園時，鮑伯的老同事說：「我不知道他有個女兒。」我解釋說我不是鮑伯的女兒，我是他的——朋友。「我很高興他有朋友，」那人說，「他是孤僻型的傢伙，永遠獨來獨往。鐵路信號員是責任重大的工作。他時常在擔心，他想很多事情。紀錄做得非常仔細，而且字總是寫得很優美，他是很棒的書法家。」像是隨口一提的補充，他接著說：「而且措辭也很奇特，他講話像一本古老的書。老派作風，喜歡用很長的單字……」

他舉帽致意後便轉身離去，留下我思考鮑伯的一生，如今那一生被簡化為一疊用詩意語言表達的平凡交流，全都以銅版字體書寫。

然後我回家去餵我們的貓。

逝者給生者的饋贈

屍檢可以獲知人的死因，這在意外死亡時可提供幫助，但在安寧療護中，這類問題很少見。然而，有時候，即便人們已了解衰弱與瀕臨死亡的進程，死後仍有一些問題未解，而屍檢有助於解答問題。

當然，屍檢所取得的答案對病患本人毫無益處，這個事實引出了以下問題：這樣做的意義何在？我認為意義在於我們彼此之間的相互聯繫與歸屬感，使這些來不及幫上忙的答案能對他人帶來益處：深入了解一種疾病在死亡臨近時會如何影響人；回答關於過往治療（手術或放射治療）的作用的各種問題；針對難以處理的症狀成因提供新看法。這不是無聊的好奇心：屍檢提供的答案可以幫助未來的患者、推動研究，以及安慰喪慟者。但若我們害怕討論死亡，又該如何開口請求對人們的遺體進行最後的、決定性的探索，以了解他們的疾病所造成的影響？

另外，你知道癌症是什麼顏色嗎？

莫伊拉氣到不行，她臉色漲紅，兩手握成拳頭。她瞪著我，我們坐在安寧療護醫院職員室裡，她站起來對我吼叫，差點潑翻她的咖啡。

「你怎麼可以？說真的——你怎麼可以？她受的苦還不夠嗎？我無法相信你要做那種……那種……可怕的事！」然後，在沮喪之下，她的憤怒化為淚水，她突然坐了下來，在她護理師制服口袋裡翻找衛生紙。其他團隊成員都看著地板，除了護理長以外，後者看著我，看看莫伊拉，又回來看著我，想知道這齣戲會怎麼演下去。

「莫伊拉，跟我說說這件事對你來說是哪部分這麼可怕。」我說。

莫伊拉臉色又漲紅。「我們在這裡看護她。我們始終都無法消除她的疼痛，這已經夠糟糕了。如今她死了，還要把她切開——那對她有什麼好處？還要去問她的家屬。他們會比現在更難過。我沒有料到你會做這種事。我真的沒想到！我很震驚……」她說不下去，嘴唇顫抖，眼眶噙著淚水。

我們的患者露比昨晚去世了，這是預期中的死亡：她的癌症早已大範圍蔓延開來，過去三天都處於半意識狀態。她住進安寧療護醫院三星期，我們在那段時間內緩解了她的痛苦，讓她舒適到可以坐在輪椅上，由家屬推著去逛花園，與她兒子討論葬禮安排。然而，我們始終無法改善她最嚴重的一處疼痛，就在她肚臍正下方、略為偏向一側，一個奇怪的不舒服圓圈，造成她無預警地哭泣、揉搓、皺眉和尖叫。我們試過各式各樣的方法：熱敷（更痛），冰敷（更痛），藥物（就算是讓她愛睏的劑量都無效），神經刺激器（非常痛），催眠療法（短暫緩和），分散注意力（被尖叫打斷），按摩（碰觸到痛處會無法忍受）。

我是新任的主治醫生。這個由護理師、社工師、物理治療師和職能治療師組成的團隊已合作多年，彼此信任。在這家卓然有成的安寧療護醫院新增主治醫生是一項新創舉，可以說我仍在試用期。原本似乎一切順利，我們合作了九個月，現在，突然之間——發生了這件事。

我們都覺得照護露比是一項挑戰，她的疼痛不符合任何教科書上的模式——每當她覺得房間內其他患者受到更多關注，疼痛似乎就會發作，而且每當她的家屬來探望，疼痛總是更加劇烈、更常使她尖叫，讓他們要求我們「做些什麼」，彷彿我們什麼都沒做。

「已經失去親人的家庭，就已經失去了。」我說，「但我們全都為了消除不了那個奇怪的疼痛而感到沮喪，我想要知道我們是不是遺漏了什麼。我知道這對她沒有幫助，但對我們有助益，或許也能讓家屬得到一個解釋。我們可以把得到的知識用在其他患者身上，所以我才想提出這個要求。」

「他們怎麼會拒絕？」莫伊拉質問。「我是說，如果那讓他們不高興，但是主治醫生都這樣要求了，那他們怎麼會拒絕？」

我先前沒有想過這些對話當中的權力平衡問題，但莫伊拉的論點很有道理。我尚未適應「主治醫生」的頭銜讓我在地位上的改變。

「你願意跟我一起去嗎？成為家屬的支持者？」我問。此時一個新的可能性打中我。「事實上，在我們所有人當中，你最了解他們。你願不願意向他們提出，說有個機會可以調查那個疼痛？如果他們同意，那我會解釋程序，並請他們簽署同意書。」

莫伊拉一臉震驚，但護理長說：「這個點子太好了。他們很信任你，莫伊拉，而且他們不會不敢拒絕你，對吧？」

當天早晨稍後，家屬們來取露比的遺物和死亡證明、接受我們的致哀，緊張的莫伊拉在大廳會晤他們。大約過了十分鐘，她回到病房說：「嗯，我很驚訝，但是他們想要了解更多屍檢的事。你可以過來嗎？」我真欣賞莫伊拉的正直。她大可遵循自己的情感，躲避那個艱難的問題。

明亮通風的大廳裡，家屬們聚在一處凹室中，圍坐在矮咖啡桌旁，我們向來在這裡奉上憐憫茶，向家屬致哀。我曲膝跪坐在沙發旁，在露比的兒子與女婿腳邊，問他們有什麼想知道的。莫伊拉則坐在沙發扶手上。

「屍檢……」她兒子說，「就是類似將她切開，是嗎？」

「是，沒錯。可以徹底檢查為什麼她會有那種我們沒辦法緩解的可怕疼痛。我們可以看到用掃描看不到的部分。我最想深入了解的部位是她的腹部內層，在那個疼痛的區域下方，還有那個區域的神經供應。完整的屍檢會檢查全身——包括肚子、胸腔和頭的內部。但我們可以要求只做局部檢查，如果你們比較希望這樣。」

家屬們都希望不要動到露比的頭部，我向他們保證這沒有問題。他們想要知道手術會在何時何處進行。

「屍檢程序將在我們本地醫院由專家進行。所以，你們今天可以在這裡看她，之後你們還是可以看她，但要去那裡。他們會在今天或明天進行，不會耽誤你們的葬禮安排。我也會去，可能和莫伊拉或者團隊的其他成員一起去確認他們發現了什麼。」莫伊拉的眉毛驚訝地挑起——之前討論時，我沒有提到這點。

我坦白告知這種程序對露比沒有益處。對於無法消除她的疼痛，我們整個團隊一直都感到抱歉，我向家屬解釋，如果屍體解剖能夠幫助我們了解原因，便能讓我們幫到其他人。每一次癌症驗屍都能幫助醫師對癌症更多一點了解。

「可是——我現在說的很重要，」我強調，「——我今天就可以給你們死因證明書。不需要屍檢就可以開立證明書了。所以，如果你們認為屍檢會讓你們難過，不做真的沒問題。」莫伊拉點頭對我表示認同。

「不，我們認為這是個好主意，」露比的兒子說，「要是沒做的話，我們永遠都會猜想是什麼原因。媽總是教育我們要幫助人們，所以她也會喜歡現在繼續助人的主意。沒問題，我們願意做。」

我拿出同意書，說明替露比進行屍檢的程序。他們會劃開長長的一刀，取出她的內臟，仔細檢驗，或許採取小份樣本，以便透過顯微鏡進行更細微的觀察。那道額外的程序可能要花上許多天，不過，除了小份樣本之外，所有器官都會放回露比體內，她會被仔細縫合。如果家屬稍後去醫院的禮拜堂看她，不會看到切痕或縫線，葬禮可以如計畫進行。

露比的兒子簽署了同意書。我向家屬說明我很樂意再跟他們見面，討論檢驗的結果。最好等到所有資料都完成了，包括顯微鏡檢驗結果，所以我們不妨約在數週後碰面。我請他們準備好後打電話給我們。然後我開立了死因證明書，返回病房部，莫伊拉繼續向家屬說明要去哪裡進行死亡登記。

稍後，我們全員再次聚集在辦公室。莫伊拉有話要說。

「先前我對你大小聲，不是故意對你不敬，」她開口說，她的蘇格蘭口音凸顯出她的不自在，「護理師不應該那樣跟醫師講話……」

我深受感動，但又有些焦慮，因為聽到如此老練又明智的同事說出這些話。如果我們是一個團隊，那我們必須能夠放心對彼此表達不同意。沒有一個醫師應該忽視護理同僚的勸告。護理師比醫師花了更多時間陪伴家屬與患者，每位團隊成員都應該具備提出看法的自信心，也應該被尊重和聆聽。我真的已經成為這個團隊的一員了嗎？

「莫伊拉，請不要覺得護理師不能要求醫師承擔責任──那才是完全不對的！」我說。她臉紅了，然後對我笑了笑。「所以我們要一起去看嗎？」她問道，聲音裡已沒有了憤怒，也不再擔心自己是否越界。

「嗯，我們想要知道答案，不是嗎？所以我們要去看。你想一起來嗎？」

「我不確定……」她回答，於是我說我會打電話給病理部，約個時間讓我們過去，如果她想來，非常歡迎。

那天稍晚，我準備出發去參與屍檢，我到病房部詢問有沒有任何願意參加或可以參加的團隊成員。我發現莫伊拉和護理長都已經穿好外套，看起來有些忐忑，但已下定決心。她們彷彿肩負使命，要親自確認她們的患者在醫院太平間仍然得到有尊嚴的照顧。我們約好五分鐘後在停車場會合，這讓我有足夠時間衝去祕書處辦公室，打電話給太平間經理，警告他我會帶兩個第一次參與屍檢的護理師過去。我認識凱斯很多年了，他向我保證「一百個沒問題，就跟平常一樣。」然後我載上同事，開車前往醫院。

由於我丈夫是病理學家，整個太平間團隊都跟我很熟，彼此直呼名字，他們每個人都心懷仁善，真心想要以尊嚴與敬重的態度來對待這些客戶在世間最後的可見形體。他們要照顧的軀體有老朽，也有新生的；曾經生病的、受致命傷的、被謀殺的；被愛與不被愛的——我們這座城市的死者。他們溫柔對待每具遺體：事實上，凱斯自行研究出一種方法，用隱形膠水黏合嬰兒屍檢後的傷口，讓家屬擁抱他們時不會感覺到小睡衣底下的縫線。蒂娜將每具遺體送進他們安歇的巨大冰櫃時，都會跟他們聊天。艾美會確保每具孩童的遺體都不會被單獨留下，這是她對流著淚、從觀看室離去的哀悼母親們許下的承諾。這裡是死亡國度，也是仁慈無私之地。我知道我的同事在這裡挑不出毛病。

凱斯在太平間後門迎接我們，這是只有殯葬業者與死亡國度工作人員才知道的入口。他歡迎莫伊拉和護理長並告訴她們，露比與塞克斯醫生正等著我們。他要求我們穿上塑膠鞋套和手術袍，我突然才明白，我們不是要被帶去隔著玻璃（且沒有氣味）的觀看室，而是要被帶往解剖室裡。這不是我所預想的。我做好準備，等候護理師們看見解剖台上四具被移除器官做檢查的赤裸屍體時的反應。

我真傻。凱斯打開門，每張台子上的遺體都蓋著床單，只露出頭與腳趾。露比最靠近我們，凱斯請護理師們過來，和他一起站在塞克斯醫生旁邊。我站在覆蓋著露比的床單對面看著她們，護理長臉色蒼白，莫伊拉的臉則微微漲紅。塞克斯醫生全身的穿著就像個外科醫生，只除了腳上不是平底鞋，而是大雙的白色塑膠雨靴。我看到他身旁水槽的排水台上有一個被布蓋著的托盤，我知道盤子裡裝著他從露比遺體摘下的器官。我們不必看到摘除器官的過程；真是鬆了一口氣。

塞克斯醫師向我們解釋，他已經完成屍檢的第一部分。露比的遺體已被打開，他看到她的肺、她的肝和她的膽有許多腫瘤沉積物。他招手讓護理師們過去，站在水槽排水台旁，上面放著一個被覆蓋住的托盤。我鼓起勇氣等待她們的震驚反應。他揭開那塊布，露出許多紫色、灰色的肉：肝、肺、心、腸、腎。我看到護理長踉蹌後退，伸手找手帕，但莫伊拉湊過去看。塞克斯醫師指著露比原位結腸癌切除及接合的腸道位置——小小的閃亮腫瘤珍珠鑲嵌在發光的表面，塞滿淋巴結；圓球狀的腫瘤從她的肝臟向外突出，他用一把長刀熟練地將肝臟切開，平行分割成許多切片，並將它們鋪開、排列成扇形，展示出裡頭閃閃發光、白色的腫瘤沉積物，有的大如高爾夫球，有的細小如針尖。雪花一般的細小癌症幼苗遍布她的肺。

莫伊拉全神貫注其中。「是白色的！」她驚呼，「我從來沒有想過它可能會是白色的。我還以為是紅色或黑色——比較邪惡的顏色。我的整個職業生涯都在照顧身體裡面長著癌症的人，但我從來不知道癌症到底長什麼樣子……」她熱烈地注視著，一邊驚奇地搖著頭。

塞克斯醫生說，他也有在露比的脊椎中發現腫瘤沉積物，我說那個奇怪的腹部疼痛會不會就是它造成的，於是塞克斯醫生表示可以讓我們也看一看脊椎。

「在哪裡？」莫伊拉問，仍在仔細觀察著托盤的內容物。

「還在她身體裡，」塞克斯醫生回答，接著掀開了床單。凱斯上前幫忙，熟練地將床單折到露比的腰部。護理長別開視線，莫伊拉卻伸長了脖子，想看得更清楚。我們現在正看著露比的胸廓。

「哈囉，露比，」我說，「我帶了護理長和莫伊拉一起來看看到底是什麼東西造成我們大家的麻煩。」

塞克斯醫生指向脊椎，它看起來好似孩子的積木，在露比的身體中軸排列成一直線、向下延伸。其中一塊積木變形了，上面閃著一個奇怪的突起物，就像是石頭裡面的水晶——是腫瘤沉積物。這不足以造成露比的腹部疼痛，但可以解釋她的背痛。

塞克斯醫生問了更多關於腹痛的細節，然後開始用戴著手套的手指緩慢地滑過露比肋骨下部的內側。他停下動作，接著說：「找到了！」接著讓我們也戴上手套，觸摸同樣的位置。右邊第十一根肋骨下藏著一個微小的塊狀物，從外側無法觸及。每一根肋骨底部都有一個微小的溝槽，保護著一條纖細脆弱的神經，負責傳送這個區域的感覺訊號。就在這條特定的神經上，在肋骨下方的微小溝槽中，存在著只有一粒大麥那麼大的腫瘤沉積物。它的位置是如此剛好，會「擾亂」來自她軀幹部分的神經訊號，這個部分是從她的肚臍下方往斜上方通過她的腹部，經過肋骨下方繞到背部、抵達脊椎。這顆微小的、不為人知的腫瘤沉積物就是造成露比腹部疼痛的元凶。神經性的疼痛總是難以言喻、難以忍受，通常也難以治療。輕柔的觸摸（例如按摩）或使用神經刺激器都會增加這個區域的神經訊號，讓帶來疼痛的訊號擾亂更加嚴重——就像我們所看到的，露比在生命的最後幾週所承受的。我們找到答案了，感謝塞克斯醫生，感謝露比的家人，感謝莫伊拉。

返回安寧療護醫院的車程中，莫伊拉無比興奮。「我不敢相信癌症是白色的！」她說，「誰會想到她的神經上有那麼微小的腫瘤？難怪我們無法消除她的疼痛！」再也沒有比改變過立場的歸信者更好的擁護者了，成功辨識出這個意想不到的疼痛原因，讓莫伊拉徹底信服了屍檢的價值。「我很高興我們可以跟她的家人報告了，」她說，「從今以後，我們會懷疑怪異的疼痛是不是因為神經損傷——我知道這可以幫助我們協助更多患者。這真的是……嗯……真是不可思議。我很高興我來看了。」太平間團隊如此體貼地處理我們的來訪，以及莫伊拉對於護理有著這般開闊心胸與熱情，兩件事都令我感激不已。

那不過是我們的第一趟屍檢冒險。有了莫伊拉的大力倡導，我們所有的護理師都明白了這份價值：透過患者死後的檢驗，找出我們在患者活著時未能控制之症狀的成因。她鼓勵每位護理師，如果可以的話都去參與一次屍檢。並非每個人都像她一樣經歷了大馬士革歸信*，但他們都同意這有助於了解他們每日面對的病患。

如今，莫伊拉已是一所大學護理學院的資深護理師講師，她鼓勵所有學生至少參與一次屍檢。

---

* 譯注：大馬士革歸信（Damascene conversion）意指顛覆性的轉變，典故出自《聖經》，內容是保羅在前往大馬士革的路上，決定改信基督。

孩子的告別禮物

傳承是個複雜的概念。我們的傳承是有形的物件嗎？是其他人回想起我們的記憶嗎？是我們對他人生活帶來的改變嗎？一個青少年要如何創造傳承？嗯，這裡就有一個做到了。請看以下這則故事。

席爾薇十九歲，是樂團鼓手。她正在計劃要步入音樂管理的生涯，也就是混音與錄音技術操作之類的事。她喜歡帶有強烈節奏的吵鬧音樂，但她也會創作旋律輕柔動聽、令人難忘的抒情歌，讓她回想起小時候被搖著哄睡的感覺。她是獨生女，父母老年得女，視她為珍寶，熱烈慶祝她人生的每一個里程碑，如今卻在為她即將來臨的死亡做準備。

席爾薇罹患一種罕見白血病，十六歲那一年，她接受痛苦的化療（「所以，錯過了中等教育普通證書考試和酒精，不過仍然接觸到藥物和滾搖樂，」她微笑著說）。經過一年努力恢復體力，希望能重回學校，但她的血白病復發了，而這次治療沒有奏效。儘管如此，她可能是我所見過最笑容滿面的人，一口亮晶晶的潔白牙齒讓笑容更加燦爛（「我是失散的奧斯蒙妹妹！」——微笑），還有她驚人鮮豔的口紅，與她蒼白的臉色以及略為偏斜的埃及豔后式黑色假髮形成對比（「哎喲！調整假髮！」——微笑）。

席爾薇的白血病產生的白血球細胞排擠了骨髓裡的一切。對白血病細胞產生抑制效應的藥物，同時也會打壓其他有用的細胞。白血球細胞猖獗與抑制藥物的有毒組合減少了紅血球的生成，讓她無精打采（蒼白、缺乏活力、容易喘不過氣），同時抑制了名為血小板的微小血球片段，也就是確保小傷口與瘀血能迅速止血的功臣。席爾薇能夠活下來，是因為別人捐的血；她每週都要輸血，每隔一天就要輸血小板。她的存活仰賴於陌生人的善意。

依賴輸血通常意味著必須住在醫院裡，因為輸血可能引發過敏反應或體液容積過量（fluid overload），所以患者在輸血時需要持續監測。席爾薇覺得自己很「幸運」（微笑），因為雖然她現在於法律上是成年人，但她得的是兒童型白血病，仍然在地區兒童癌症服務的照護之下。這表示在絕對必要時，會有護理師到家裡幫忙輸血，而當你的人生只剩下最後幾個月（微笑），那麼，這段時間你會想要待在家裡，不是嗎？（微笑）

我當時在兒童癌症服務中心實習，這是我在緩和醫療領域「自行訂製」培訓的一部分，其中包括與兒癌專科護理師團隊一起工作。這些了不起的護理師與新確診的兒童及其家屬攜手合作，支持他們度過治療癌症所需的手術、化療或放療。護理師會前往拜訪家庭醫生與社區兒童護理師，向他們簡報兒童在家需要的支持與照護，因為大多數家庭醫生在整個醫學生涯中，可能只接觸過一兩個癌症兒童。他們還去拜訪學校，為教師及輔導人員提供建議，告訴他們如何支持班上其他同學、如何與缺課的學童保持聯絡，因為大部分教師在一生中從未教導過罹癌兒童。

兒童罹患癌症的治癒率遠高於成年人，只要還有可能，癌症治療團隊就會全力爭取治癒。可是，當然，也有些孩子的疾病會復發，還有些根本無法緩解。此時這些護理師會提供緩和療護服務，目標是盡可能長時間保持生活的正常運作。他們家訪病童，為父母提供營養、運動、就學、症狀管理的建議，也指導他們如何跟患者與兄弟姊妹等其他家人討論病情及病情帶來的影響。他們為家庭醫生和社區兒童護理師提供緩和與臨終照護的建議，因為大多數家庭醫生不曾有過這種經歷。他們給予教師支持，讓教師能夠支持整個班級的學生預期和哀悼班上同學的去世。多麼了不起的工作。

這個角色所需要的經驗，我大部分都沒有。我不是護理師，也沒有照護兒童的經驗（此時我唯一與兒童保健相關的資歷是養育我三歲的兒子），而且我的成人癌症經驗只能部分適用於這些年幼患者的治療。不過，因為我具備臨床資格，而席爾薇實際上算是成年人，所以她被分配為我的患者，我隨同跟她最熟的護理師來她家與她見面。

當時已是深秋。她家在一處偏僻村莊，要沿著蜿蜒的小路才能到達。我仔細觀察路線，因為下一回我要自己過來。我將負責帶來血小板輸血袋和注射器等，為席爾薇進行輸血，並在輸血時監控她的情況。低低升起的朝陽映照在樹籬結霜的葉子上，為它們鑲上了金色光環。秋天的壯麗景色與我們此行的目的形成不安的對比。天啊，我該對這名垂死的少女與她的父母說些什麼呢？

這棟房屋是由黃石所砌成，矗立在村莊外圍的高大樹木間。農場風格的木製大門敞開著，一條碎石車道蜿蜒繞過成熟的灌木叢。大門處的地面設有防畜隔柵，車輛駛過隔柵進入車道時，發出響亮的噹啷聲。我們停好車，從後車廂取出袋子和箱子，一位女士微笑著打開前門，她手裡拿著茶巾；透過敞開的門，鼓聲迴響在早晨空氣裡。我們走過碎石路時，呼吸形成白霧。鼓聲停止，屋頂樓層的一扇窗戶打開。一顆戴著耳機的光頭伸了出來，大聲說：「你們看起來像龍在吐氣！」然後窗戶砰地關上，門口的女士歡迎我們進屋。

護理師將我介紹給席爾薇的媽媽。席爾薇媽媽指了指這個寬敞的農舍廚房，一座低矮、古老的亞加（Aga）式爐灶為這裡帶來溫暖，她對「一團亂」感到抱歉。所謂的一團亂，似乎是指餐桌上攤開的報紙和一只茶杯。或者，她以為我們可以看見她的內心。

一扇門小心翼翼地打開，有個輕柔的聲音問：「星期五在哪裡？」媽媽回：「在他的籠子裡。」我注意到一隻黃金獵犬非常安靜地坐在角落。

席爾薇從門後溜進來，已經不是光頭，星期五開心地吠了一聲。她走路輕手輕腳而謹慎，彷彿走在冰上。「嗨喲，隊友！」她招呼著我們，對我燦爛笑著，給護理師一個擁抱，然後小心地窩進沙發角落，收起長腿，將斜垂的頭髮塞到耳後，她點頭示意狗狗，說道：「他昨天把我撞翻了。我現在跟保齡球瓶一樣搖搖晃晃的！」（微笑）

我對這種情況很熟悉，有些化療藥物會損壞人的神經，讓手指和腳趾的感覺變遲鈍，更殘酷的是，正常的知覺會被縫針或大頭針刺般的麻痛所取代——有些人會感覺自己像是踩在碎玻璃上。這使得他們很難穩步行走，正如席爾薇所說，像保齡球瓶似地搖搖晃晃。

護理師問起瘀傷嚴不嚴重：席爾薇的血小板量偏低，只要瘀傷就會擴散得比一般人更大。席爾薇笑著——那笑容的光輝像是漆黑夜裡的燈塔——然後懊悔地說：「對啊，我一屁股坐到地上，看起來像長了尾巴。」她轉過身體，拉低寬鬆的長褲，給我們看左邊屁股延伸到左腿內側的一大片深紫色瘀青。「真痛！」護理師說，星期五輕聲嗚咽。「我知道你不是故意的啦，小笨狗！」席爾薇安慰他說。

接下來一小時，我發現席爾薇真是個令人驚嘆的女孩。她的媽媽前十五分鐘陪在旁邊，然後便退出了房間——「謝啦，媽，待會見！」（微笑）——讓席爾薇有個不必擔心媽媽的談話空間。媽媽一離開，席爾薇就從沙發底下撈出一個袋子，取出裡頭的東西——一些彩色布料、嬰兒服、T恤，一塊厚泡棉與一些縫紉材料。「完成後一定會很棒！」她告訴護理師，接著他們向我說明這個「計畫」。

席爾薇是兩個月前在醫院裡得到了靈感。一名遊戲治療師幫忙兩個小孩用材料包做黏土模型。一個人挑選模型（她選了刺蝟溫迪琪太太），將黏土壓進模具裡，另一個人在替先前做好的模型上色（湯瑪士小火車裡的培西）。小孩們很興奮——這些是要送給他們父母的「驚喜禮物」。「可是，你不必是愛因斯坦，也看得出那些小孩病得有多重，」席爾薇說，「然後我看著他們在黏土蓋上手印，我才明白他們是在做一些讓父母記得他們的禮物，一種告別禮物……」

席爾薇思考了一陣子，想出這個「計畫」。她將布料拿給我們看。「我挑選的都是媽媽的最愛。這塊布是我的舊洋裝，那塊布是我的嬰兒背心，然後這是我十二歲時在童軍營手繪的T恤。那顆鈕扣是從學校制服拆下來的，因為我一天到晚掉鈕扣，她一直幫我縫新的上去。」（微笑）那塊泡棉會做成圓形枕心，席爾薇要用她自己的衣服——用她母親的回憶——縫製一個拼布靠枕套。

席爾薇的母親每天晚上只有在做完家務之後，才會在溫暖的廚房火爐前稍作休息。她坐著的那一張老舊搖椅以前屬於她的母親，原本應該傳承給席爾薇。回憶靠枕就是為了那張家族搖椅而製作的：為傳承新添一筆，留給席爾薇看不到的未來。

門外響起窸窸窣窣的聲音；袋子咻地被藏起來。媽媽端進來一托盤冒熱氣的咖啡杯，便轉身準備離開。「你可以留下來，媽咪，」席爾薇說，「今天沒有什麼大事。」

喝完咖啡、採完血液樣本之後，護理師和我向她們道別。我們解釋說明天的血小板輸血將由我來做，護理師要去照顧一個才剛開始化療的孩子，在郡的另一頭。「可憐的孩子，」席爾薇說，「我希望他能戰勝。」

翌日早晨，我一上班就先去血液檢驗室。我先前在成人血液科工作，認識這裡的所有技師，所以順道來打聲招呼。他們還記得我是菜鳥的時候——我擔任醫生的第一個職位。我從檢驗室拿到席爾薇的血液檢驗結果（血小板數值是十八，正常值介於二百至四百之間），然後被帶到隔壁的輸血實驗室，去拿她的血小板袋。

「大家小心！她回來了！」他們開玩笑說。他們問我最近如何，接著問：「席爾薇還好嗎？」這句發問真心誠意。雖然他們的職場生活都在實驗室裡度過，但透過血液數值和血袋的進進出出，這些善良的人關注著席爾薇的故事，還有其他像她一樣的人的故事。他們可以看出這是治療失敗的模式。他們知道她快死了，不久後，血液檢驗便會停止，她將活不過二十歲。

「很開朗、很有創意，」我說，「而且很期待你們精心準備的血小板，我會配著咖啡和餅乾一起端給她。」他們遞給我裝著血液袋的、有隔熱襯墊的小包，看起來像個小午餐盒，然後我便出發了。

「幫我們向她問好！」首席技師喊道。他或許從來沒見過席爾薇，但今天一大早就進來實驗室解凍要給她的血小板袋，只為了讓她今天能早點輸血。多麼貼心的服務。

今天的天空是灰色；沒有金色日光，沒有精緻的結霜。整個郡被霧氣所包圍，沒有一條路看起來比較眼熟。等到我開車通過防畜隔柵、駛上吵嘈的碎石路，才鬆了一口氣。我收拾著我的器材：血袋（有）；病歷與紀錄表格（有）；裡面有本小說的背包，以免患者想在輸血時小睡一會兒（有）；醫療包，裡面裝著輸液裝置、聽診器、體溫計和血壓計（有）。前門打開，星期五熱情十足地跑出來嗅了嗅我，席爾薇站在門口，沒戴假髮，微笑著（當然）迎接我，說道：「你一定要看看我的瘀青！」

席爾薇的母親趁著這兩小時的醫療探視時間外出，到本地鎮上採買。她事先告訴我杯子、咖啡、牛奶和電話分別放在哪裡。席爾薇的爸爸去工作了；狗狗很開心地在逛花園。這裡只有我們兩人。我們開始進行血小板儀式：量體溫、測脈搏、量血壓；用生理食鹽水沖洗點滴注射器；拆掉席爾薇靜脈注射管上的消毒敷料；接上生理食鹽水點滴，檢查運行是否順暢；將生理食鹽水袋換成血小板；記錄時間；每十五分鐘觀察一次。

「跟你說，有個大問題，」席爾薇宣布。她看起來心情低落，我問她什麼意思。

「就是那個『計畫』。手指痲木有夠煩，我沒辦法縫東西。我摸不太到縫針，也沒辦法把布拉直。討厭，討厭，討厭。」她咬著嘴唇。

「該屎，」我附和說。她有點訝異。「這是醫學術語，」我向她保證。

「最好是。」

「那你有什麼計畫？」我問。

真是個笨問題：我就是那個計畫。她火速拿出工作包、剪刀、大頭針、布尺。我們坐在巨大的餐桌旁，她指揮我用大頭針固定並縫合小塊布料。她檢查，調整，歪著頭思考，吸著臉頰，搖搖頭，移動布料塊。我們的注意力不時會轉移去看體溫、脈搏和血壓現在如何，然後重新回來工作。

我們工作時，她聊起她的家人、音樂、朋友、光頭、身體意象和傳承。「傳承」是青少年不太會用到的字眼，然而她是很認真的。她的學校舉辦過幾次血白病研究募款活動，主要是音樂會，席爾薇親自上場擔任鼓手，或者編輯錄音帶在活動上販售。這些錄音帶在她死後仍將流傳，這個想法讓她覺得既迷人又深受感動，雖然悲傷卻又帶來安慰。變成光頭「在冬天很麻煩，冷死了！」，但另一方面，「對女生來說是滿酷炫的舞台造型。」她的身體意象問題是類固醇造成的「倉鼠臉頰」，她變化的容貌現在仍會嚇到她——「我在浴室鏡子裡看到一個不認識的女孩。」

她回到傳承的話題。「總共分為兩部分。首先是我的音樂流傳下來，這很容易理解，已經有很多人都這麼做過了，約翰・藍儂、約翰・博納姆*、凱思・穆恩†……他們在那個時刻發出了聲音，而當我播放那些唱片，就像他們現在人在這裡。但另一部分的傳承比較困難。媽媽和爸爸太悲傷了。爸爸有他的工作，他一直保持忙碌，努力把這件事放在腦袋之外。我跟他其實滿像的——我用打鼓來保持理智。可是，媽媽不一樣。她很堅強，但對她來說會很難過，爸爸忙碌時，她只能自己一個人。晚上我們會坐在這個火爐旁邊，媽和我。就只是窩在這裡，一人一張椅子，喝杯茶。就只是聊聊天或想事情。我想，那種時候她會最想念我。」

「所以我才想到替她的搖椅做個靠枕。等我不在這裡了，它就會像是我在說：『來坐在我腿上，媽。』我可以搖著她，她可以感覺我的手臂抱著她，就像我們在火爐前一起搖著。

這真是太天才了。我希望她會喜歡。」我無法看著她，眼前縫的東西也開始模糊。我專心不讓淚水滴到布料上。我要藏住這些眼淚……縫針與大頭針……

等到輸血結束時，拼布已在她的指導下完成了，我也刺到自己的手指頭好幾次。收拾我的袋子時，手指傳來刺痛的觸覺，像是被縫針與大頭針輕輕刺著；袋子裡裝的東西比我來的時候還少，但不知怎的，卻變得更重了。那裡面裝滿我對這個幾乎成人的女孩的仰慕與敬畏，她的心靈如此偉大，她在被截短的人生中如此充實地活過與愛過，她的杯子不是半滿的——不，事實上，是已經滿到溢了出來。

＊ 譯注：約翰·博納姆（John Bonham）是齊柏林飛船樂隊的鼓手，公認是搖滾歷史上最偉大的鼓手之一。

† 譯注：凱思·穆恩（Keith Moon）是英國搖滾樂團 The Who 樂隊的鼓手，由《滾石》雜誌的讀者票選為歷史上第二偉大鼓手。

永不停歇的搖籃曲

為陌生人提供緩和照護服務是一項刺激智力的挑戰，充滿工作的滿足感。但是，與我們摯愛的朋友及家人一起走上緩和照護的路途又是另一回事，尤其是當疾病剝奪了一個寶貝嬰兒的童年喜悅。這則故事講述了家庭在最令人心碎的處境下所展現出的美好韌性，以及一項傳承，讓一個摯愛孩童的名字成為安慰與關心的代名詞。

我無法相信我剛剛聽到朋友所說的話。暮光輕輕地掠過大廳窗戶外頭的樹籬，光線刺進我的眼裡，而我站在電話旁。我差點被那道光線閃瞎了，但我所有的專注力都放在她說的話上面，她用平靜的聲音說出口的話——深思熟慮、仔細排練過的措辭，字裡行間小心翼翼的語氣，她在衡量自己如何傳達這樣的可怕消息。

「你了解我在說什麼嗎？」小莉不斷重複這句話，而我發現自己無法表達貫穿全身的驚懼。

她是小兒科醫師。她了解嬰兒與兒童發育，能注意到我們其他人或許未能注意的細節。生了可愛雙胞胎女兒以後，現在她正在休產假，享受看著她們一步接一步的變化與成長；解讀她們的每個咕嚕聲和笑聲，陶醉在她們探索自己手指、腳趾與聲音的歡欣；在我們小小的三人朋友圈裡分享為人母的喜悅，以及和她先生一起學習當爸媽的心得。

但是，她注意到我一定不會看見的一個小細節。雙胞胎之一的海倫娜，她舌頭上出現非常細微的肌肉抽搐。在一個可愛、快樂、被愛所包圍的寶寶身上，這對她知識淵博的母親而言是個震驚的徵兆：這是一種進行性的、令人衰弱且致命的肌肉疾病。等到我朋友準備好告訴我們這個可怕消息時，一名專家已確認了海倫娜的診斷。是脊髓性肌肉萎縮症（SMA）的第一型——進展最快、最嚴重的那一型。海倫娜不太可能活到她的兩歲生日。

「你了解這是什麼意思嗎？」小莉再問了一遍，我點點頭——在電話裡根本看不見——因為我完全不知道該說什麼。這太殘酷、太可怕了，而且她們是雙胞胎：那個恐怖念頭剛閃進我的腦海，她就說了：「我們非常感恩，她們是異卵雙胞胎。薩絲奇雅沒有那個基因。」我無法想像他們還能為任何事情覺得感恩，考量到未來將面臨的種種。

小莉、珍妮和我在醫學院時代就成為朋友了。小莉的專長是兒童保護，在我聽來是難以置信地悲傷及痛苦。如今身為人母，這份工作對她來說會更為艱難。珍妮是兒童麻醉醫師：

她在大型手術中為小小的患者麻醉，也時常與同事在兒童加護病房合力工作，又是一份不可言喻的、困難且壓力龐大的工作。然而，她們認為我所選擇的緩和療護工作同樣具挑戰性。翌日我們通話時，珍妮跟我說，所以我們三人加起來，等於擁有為海倫娜短暫生命提供最佳支持性照護所需要的全部知識。多麼諷刺啊。

珍妮看得比較遠。根據她在加護病房的工作經驗，她知道SMA的進程。隨著孩子的喉部肌肉衰退，他們無法安全地吞嚥或清理呼吸道中的痰，因此他們的肺部容易感染。加上胸部肌肉逐漸衰弱，更是雪上加霜，他們將無法咳嗽或深呼吸。單純的感冒可能演變成嚴重的胸部感染。在病況的初期，住進加護病房並暫時使用呼吸器以輔助呼吸，他們就可以返回家中生活，然而隨著肌肉慢慢變得衰弱，他們原本自豪地達成的翻身、坐直、爬行及站立等里程碑都會逐漸退步。當病況持續進展，孩子可能只能做出最微小的動作。為了安全，必須透過管子餵食，還需要不斷注意清除他們口中無法吞嚥的唾液，但他們的思維依然清晰，並與家人保持著情感聯繫。可能會有那麼一天，孩子住進加護病房時不再是為了恢復健康，只是延後死亡。他們可能再也沒有足夠的肌力，沒有呼吸器便無法呼吸。許多家庭無法管理居家呼吸器，而孩子的生命得靠呼吸器維持，因此無法離開醫院。珍妮看過許多家庭，他們無法分辨從什麼時候開始，延續生命已變成一種煉獄般的延長死亡的過程，毫無好轉的希望。她積極預測未來會發生的問題——這正是她能做好這份工作的原因。

我微小的貢獻是定期跟小莉通電話，運用我的認知行為療法的知識，幫助小莉將她對未來的、現實的悲傷想法與災難性想像區分開來，以免後者在每一天都變成地雷區。推著雙人嬰兒車出門時，她之前已習慣了那些讚美的眼光，以及無聊或冒犯的問題，比如：「她們是雙胞胎嗎？」、「所以她們是相同年紀？」、「你是做試管嬰兒嗎？」而現在，相同的這些村民在她眼中似乎都躲著她，當她走近時，他們便過馬路，或是匆匆趕往巴士站或停車場。她的世界突然充滿了雙人嬰兒車——帶著健康雙胞胎的母親與祖母，正常的預期壽命，「就這麼理所當然地過日子」，對她的愁苦、憤怒與絕望火上加油。這些大多純屬她自己對事情的過度詮釋。海倫娜看起來並沒有怎麼樣，因此當小莉推著嬰兒車去逛商店，或帶著女孩們參加幼兒園的歌唱活動時，路人根本沒有理由懷疑她們三人有什麼不正常。不快樂像野草般滋長，在我們心靈中難以察覺的裂縫扎根。小莉和我一起檢視她的體驗，辨識出那些野草，當她感到心情下滑時，便機警地連根拔除。

雙胞胎之中有一人是健康的，意味著某種平衡的家庭生活必須維持下去。當雙胞胎還很小的時候，父母帶她們到本寧山（Pennines）或他們熱愛的蘇格蘭荒野健行，兩個孩子分別坐在兩個後背包。至少在剛開始，雙胞胎都能達成運動發展的里程碑，海倫娜有時比妹妹慢一點，但還在正常發展的範圍內。兩姊妹都喜愛音樂和洗澡時間，也深愛彼此。如同許多雙胞胎，她們可以長時間彼此作伴而不無聊，為共同的笑話咯咯笑，或者欣賞彼此的手部運動，陶醉於靈魂伴侶般的陪伴之中。她們會「聊天」好幾個小時：小莉打電話給我們，讓我們聽聽這些意義深遠卻完全無法理解的對話，我們都為之驚嘆。

海倫娜第一次嚴重胸部感染發生得很突然，她很快便住進醫院的隔離病房，有氧氣可以輔助她的呼吸。她的父母輪流陪病，另一人則努力保持她妹妹的生活正常。但對薩絲奇雅來說，沒有了海倫娜，生活怎麼可能正常？珍妮在這段期間保持密切聯繫，她麻醉醫師的頭腦注意著任何可能需要呼吸器的徵兆，小莉覺得她的聯絡很令人安心。我設法搭機前往探望，透過維持高氧量供海倫娜呼吸的透明帳篷跟她講話，和小莉一起唱童謠。海倫娜喘著氣，肋骨因費力而顫動，可是她仍然對我們笑了。無價之寶的笑容。她一星期後回家了，不需要呼吸器。至少這次不用。

兩歲時，雙胞胎長得美麗，而且她們自己也知道，還用笑容迷惑了我。她們對母親大部分的指示都回以清脆的「不要！」，我不禁笑出來，傳說中可怕的兩歲到來了。雖然抗拒指示的行為在預期之中，意料之外的是雙胞胎兩人都還在。彷彿是為了展現她們之間日益增長的差距，薩絲奇雅跑到房間對面的沙發，而海倫娜則躺在沙發上；薩絲奇雅爬上沙發（完美的上攀動作——你可以看出她的父母是登山者），然後奮力跳過沙發椅背，海倫娜則躺著，動也不動，視線跟著敏捷又有趣的妹妹的一舉一動。

海倫娜現在之所以能維持呼吸，完全是因為有人持續注意她，隨時準備吸出積聚在喉頭後方的黏液與口水，以免阻礙空氣進出她的肺部。這表示一小時要使用小型吸引器大約三十次；使用迷你真空清潔器進行深度抽吸的頻率則低一些。她忍受這種她無力抗拒的侵擾，表現出驚人的沉著冷靜，偶而會皺眉頭、撐鼻翼以示抗議，但管子由她嘴巴或鼻子抽出之後，她又笑了。

雙胞胎之一蓬勃地發展各種新技能和新把戲，映照出她姊姊無法阻擋的衰退。薩絲奇雅的運動靈活性和新興的語言能力，展現出海倫娜的失去有多深刻。然而，海倫娜仍然微笑，凝視，探詢，撒嬌，使盡每一絲力氣加入雙胞胎與父母之間四邊形的愛。她的父母默默思索這個堅強不屈的女兒終將到來的死亡，並驚嘆於她的勇氣與堅韌，竟能超越所有預期地活下來，每一天都是珍貴而脆弱的重擔。無法安睡、精疲力竭，他們僅靠意志力和害怕她痛苦的心情勉力支撐，他們還敢奢望擁有她多久？他們還能懷抱希望多久？我敬畏地看著我疲憊而勇敢的朋友，海倫娜則在她短暫的時間裡，讓她的家人沐浴在她這個幸福存在的恩典之中，再更久一點點。

午飯時間，我在家寫教學資料時，電話響起。是小莉。她在哭嗎？我的心揪了起來。沒有，她在笑。她笑到幾乎說不出話。「我是幫海倫娜打電話，她有重要的事要告訴你。換她講了……」

我聽見吵雜的呼吸聲。海倫娜的臉部肌肉疲弱，使得她的言語難以破解，但我聽見了「凱？凱？」。

那是我的名字。「哈囉，海倫娜，是我。」

「凱！窩再法座！」咯咯笑。急速呼吸。咯咯笑。小莉擔任口譯——我在罰坐。

「老天！你在罰坐！你做了什麼？」我問，對她居然可以調皮搗蛋而感到好奇，她這麼喜歡自己的淘氣也讓我感到高興。「要水！」她雀躍地高聲說。

我聽到小莉在笑，她說：「不行，別看我，我只是過來扶你。你在罰坐，兩分鐘不准跟媽咪講話！」海倫娜又咯咯笑。

「凱瑟琳，剛剛薩絲奇雅睡著時，這位小姑娘也應該要睡午覺，媽咪要做些工作。但她想要玩水和泡泡，她一直在沙發上對我大叫。我叫她等一下，她被警告要安靜十分鐘，再叫一次就要去罰坐。所以她就被罰了！」我聽見吸口水器運作的聲音，伴隨幼兒的咯咯笑。

海倫娜回到線上。「法座！」她嘟囔著說，「和艾席雅一樣！」罰坐！和薩絲奇雅一樣！

「沒錯，薩絲奇雅是罰坐的常客，」小莉笑著說，「不過這是海倫娜的第一次，她好驕傲。」

歡鬧的兩分鐘結束了，小莉把海倫娜抱回沙發，讓她繼續沐浴在自己的凱旋當中。我猜小莉把電話夾在下巴；難怪她會背痛。她一邊從海倫娜的嘴巴吸出更多口水，一邊笑著告訴我海倫娜的眼睛在笑──現在她的眼睛比她的嘴巴更能表露情感。我們說了再會。在小莉掛斷電話時，我聽見海倫娜要求「水」。

這就是我親愛的朋友，保持生活「正常」。她教訓和處罰她的女兒，因為那是正常的模樣。在她們共享這個寶貴時刻之際，她們之間的愛幾乎觸手可及，我好高興他們願意與我分享。

這個家庭積極尋求各方建議，只為協助海倫娜盡量維持安好。他們失望地發現，雖然癌症病童的緩和照護服務發展良好，但是，罹患其他致命疾病的兒童幾乎沒有資源可用。小莉毫不留情地將任何咳嗽、感冒或打噴嚏症狀的小孩驅逐出家裡，以保護海倫娜避免胸部感染。藉由人脈、線上搜尋和努力不懈的精神，她和丈夫找到專家來協助緩和海倫娜的症狀。他們拜訪了蘇格蘭的診所，在她的唾液腺注射肉毒桿菌素以減少口水、黏液和抽吸的頻率；他們找到物理治療專家，後者幫忙建議如何優化她的肌肉功能及保持胸腔乾淨；他們召集了一支可靠的團隊，每當他們不能親自陪伴在側的時候，其他隊友就會過來照顧她，讓他們晚上可以爭取幾小時睡眠，放心地知道有人會幫她抽痰與規律更換姿勢，讓她保持舒適。她的生存現在需要持續的監護，才能確保唾液不會堵塞她的氣管。

雙胞胎一起慶祝了三歲生日，這對第一型ＳＭＡ的孩童而言是驚人的存活時間。他們全家曾一起去蘇格蘭度假，到丘陵上健行，而為了讓海倫娜盡可能融入家庭生活，她的椅子與床都經過改造，讓她可以坐著活動。海倫娜把她的聰明才智全都投注在筆記型電腦上（當時還是種新奇產品），她在電腦上繪製彩色動畫，搭配她最愛的音樂。

儘管海倫娜的世界持續縮小，愛她的家人仍盡力維持著她身為三歲小孩的生活品質。他們不僅協助她活過當初只剩兩年壽命的預後，還不斷尋找創新方法來改善她的生活。薩絲奇雅開始上幼兒園，回家講著海倫娜不認識的新朋友的故事，而小莉也擁有跟海倫娜單獨相處的時間，讓她在薩絲奇雅回來團聚後也有新聞可以報告。兩個女孩在表親的婚禮上擔任花童，身穿「公主裝」，對自己的裝扮非常滿意，海倫娜坐在輪椅上，薩絲奇雅則堅守在她身邊。她們對腳上的絲質芭蕾鞋尤其自豪：薩絲奇雅的鞋很快就磨得破破爛爛的，她姊姊的鞋則有些心酸地依然潔白無瑕。

珍妮非常害怕海倫娜下一次的胸部感染只能依靠呼吸器才能活下來，她的胸部功能現在已經太差了，難以避免日後必須使用呼吸器的命運。她擔憂小莉與她丈夫很難拒絕一切延長海倫娜生命的機會。但由於不知道如何啟齒，我們只能一邊揣測一邊靜靜等待，一邊對海倫娜這個由靜止身體與活躍頭腦所構成的生命感到無比驚奇。

後來，海倫娜發燒，呼吸困難。她的媽媽立刻確定這是胸部感染的症狀，必須做出決定。海倫娜喜歡待在家裡，被她的家人與熟悉的團隊、她自己的臥房和喜愛的玩具所圍繞，她討厭醫院的噪音與陌生。所以他們決定她要留在家裡，用電風扇、溼毛巾及藥物來緩和呼吸困難，需要時則提供額外氧氣，但不要呼吸器。這樣她還可以被家人擁抱，感覺到他們的陪伴。她不太可能活下來，但正如同她短暫生命的所有其他層面一樣，她父母秉持著愛與深思遠慮，已準備好做出這個決定。

我們不需要擔心。隨著海倫娜愈來愈常睡覺、愈來愈少清醒，小莉打給珍妮。珍妮打給我。我們一起垂淚等待。

在一個晴朗的六月天，全家人待在一起，〈漫步在雲端〉反覆播送著，海倫娜睡意朦朧，淺淺的呼吸變成長長停頓，之後就停止了。她被最親愛的人所圍繞，她的葬禮也是如此，穿著她的「公主裝」和芭蕾鞋，躺在她的特製涼席上，被蠟燭及鮮花包圍。

多麼美好的葬禮，葬儀社送來一小口白松木箱作為她的棺材，她的父母直到啟程的前一刻才將她從床上抱起，放入棺木裡頭。海倫娜被抬下樓安置在餐桌邊，四處擺滿蠟燭及鮮花而光彩奪目，本地牧師在這裡主持了感恩與告別的儀式。然後，送葬的親屬把棺木裝上他們的露營車，出發去蘇格蘭，海倫娜將安葬在事先購置的一塊墓地。

他們中途在珍妮家過夜，稍作休息，接著繼續前往蘇格蘭荒野的粗獷美景，將他們可敬的女兒託付給這片壯麗又熟悉的土地。

我從這段經歷中了解到，家庭如何隨著時間推移而逐漸理解疾病的意義。診斷結果剛出來的時候，這個全心奉獻的家庭會不惜代價讓他們女兒盡量活久一些。然而，隨著時間的流逝，他們的立場悄然而深情地發生了變化。他們買了一塊墓地，他們專注於能使女兒們受益良多的微小細節，他們了解到改善生活品質的機會已降低，於是，他們以優雅、溫柔、有尊嚴的姿態接受不可避免之事，確保海倫娜的死亡如同她的一生那樣被愛包圍。

他們亦下定決心，要確保其他面臨ＳＭＡ的家庭得到更好的、針對此疾病所打造的緩和療護。他們進行募款，經常在海倫娜心愛的荒野進行長距離健行（並要求朋友們加入）來籌集資金。他們設立了由專科護理師組成的海倫娜護理團隊

（Helena Nursing Team），以支持SMA患者及其家人。

事過境遷多年，當我徵求小莉的同意，想在本書講述他們的故事，她要求我應該將這件事記載下來：有一天上班日，在醫院餐廳排隊時，排在她前面的是一名專科護理師，別著「海倫娜團隊」的徽章。她不認識小莉，甚至可能也不知道海倫娜是誰——但是，海倫娜傳承的證據填滿了小莉的內心。

思考時間

最後的禮物

你從已故或不再聯繫的人身上獲得了哪些傳承？也許是書籍、裝飾品、金錢等物質東西。也許是信件、明信片，或是此兩者的現代電子版本等紀念品。也許是家族代代相傳的故事。也許是你小時候得到的某個人的鼓勵，或者將具有你所仰慕特質的人視為模範。這些全都是傳承的形式之一。

你目前已經創造了什麼傳承？也許你生育了子女，或者孕育了創意；也許你曾教導孫兒如何使用螺絲起子或看出雲彩的圖案；也許你創辦了一家大公司，或者栽種了一座花園。也許你化悲傷為勇氣而鼓勵了他人，或者暗中支持有困難的人。

你想要留下什麼傳承？或許你想成為器官捐贈者；或許你在遺囑裡留下一筆遺產給你想要支持的一項工作；或許你已經在為你愛的人準備回憶盒或相簿。

透過以身作則來面對這個社會試圖藏匿的真相，你可以開創一項傳承：直呼死亡的名字，接受死亡是生命的一部分，並鼓勵他人也這麼做。

你想要支持誰，讓他們不那麼害怕死亡？你可以如何與他們談論晚年或臨終時的願望與喜好？你們可以如何在這項任務上幫助彼此？

第六部

超越生與死

人類心靈處理許許多多的任務，不只是簡單的生存而已。我們意識到自己的存在，我們追求從雜亂無章的生活經歷中創造個人意義。大多數人會採取某種框架，讓他們能夠認知與回應那些給予他們目的感的價值觀。對一些人而言，他們的框架是宗教或政治；對其他人來說，是自然的循環，或宇宙的浩瀚開展。對一些人來說，是更為即時的人際關係系統，或是對音樂、藝術或詩詞的深刻欣賞。無論是哪種框架，這種追尋「超越但又包含自我的意義」的過程，是一種形而上的概念，建構了人類的精神層面。

在日趨世俗化的英國，我們掙扎著探尋如何用文字與概念來討論靈性，而不依賴傳統宗教語言。宗教團體的信眾或許可以由他們宗教的傳統與儀式中得到極大的裨益與慰藉，但有時這些傳統可能引發一些問題，對沒有相同信仰的照護者來說，既難以識別，也難以處理。隨著我們逐漸走向更為多元化及世俗化的未來，這可能是一項日益嚴峻的挑戰。

然而，在人生盡頭，許多人對他們的價值與正在消逝的生命意義有了「靈性覺醒」（spiritual reckoning）；他們追求的是超越打擊他們的困難，考量更大的遠景。這種動力促成非凡的勇氣與奉獻、謙遜與憐憫之舉，得到了他們個人心靈架構的支持與驗證。或許正是那種人性的精神層面，讓我們展現出最好的一面，即使（或者說正因為）是在生命的盡頭。

相遇在生命邊緣

我們大多數人都會經歷走向死亡的時期。有時我們心裡明白自己正在經歷這個時期，有時喪慟者於事後回想才明白。然而，這段人生的重要標誌是「活著」，而不是「死去」。即使在這段終末的時光，仍然可能發現新事物、結交新朋友、學習及成長，仍然是充實的，仍然是值得的。

在相鄰的病房裡，尚不相識的兩人，他們回望過去時心滿意足，看向未來時卻充滿不確定。不同的疾病將他們帶到這裡，來到生命的邊緣，相異的意識型態塑造了他們對這個處境的看法。然而他們卻又如此相似；如此相似，像是交響樂中反覆出現的主題。

他們對音樂的熱愛是一樣的。他喜歡古典樂：他是馬勒的鑑賞家，如今卻發現喜愛的音樂太過刻骨銘心，他再也聽不下去。她喜歡爵士：她以前的歌聲宛如比莉・哈樂黛（Billie Holiday）。他們都有著醫療背景。他是退休的知名精神科醫師（我經常碰見來探望他的退休皇家醫學會會長），而她是退休的醫院清潔人員。他們倆都有許多精彩有趣的故事，講述那些大人物生活中不幸的小插曲，我們醫院員工心裡帶著一絲懷疑和幸災樂禍，開心聽著故事。

他住進我們安寧療護醫院，是因為一顆無法開刀的巨大腹部腫瘤。他一生致力於醫學，治療青少年的心理疾病及訓練醫學生。事實上，在我就學生涯的一個關鍵階段，他曾說服我不要放棄學業。如今，他為了腫瘤疼痛而困擾，又擔憂可能需要強效藥物來控制。他在整個職業生涯中都與年輕人相處，對於死亡沒有什麼經驗。

他入院時，我們的初級醫師為他進行檢查。她報告說，他對自己的疼痛輕描淡寫，想要「維持尊嚴」。他認為一旦使用嗎啡來控制疼痛，腦筋混亂、嗜睡及沒有尊嚴的狀態將馬上隨之而來。她努力說服他不會如此，但他固執己見。他的第一優先事項是維持頭腦清晰，以便在情感上繼續支持他的家人，為達成這個目標，他已準備好承受任何疼痛。「他在我出生之前就退休了，」我的訓練生懊惱地說，「難道他不明白，在那之後醫學已經進步了嗎？」

我被這番話嚇了一跳（我距離當學生的時候還沒那麼久吧？），而我的「歲月不饒人」計算機唐突地告知我，我已經老到足以當這個訓練生的媽了。所以當她告訴我，她覺得我們必須請出大炮去挑戰他對嗎啡的誤解時，我心情沉重地明白她指的就是我——「主管」我本人，僅僅三十秒前，都還覺得我們是醫療界的同袍、並肩作戰的姐妹。

在這種情況下，我等到他在病房裡安頓好，才前往自我介紹。儘管身為大炮，我不認為我需要（或想要）一整群主治醫師巡房陣仗在場，參與我們對人生、宇宙和嗎啡的討論。

炯炯有神的目光，淺棕色頭髮，我認得出他是我學生時代記憶中和藹又有威嚴的那個人，但現在已大為消瘦。他倚著枕頭坐在床上，膝蓋彎曲在接近胸前的地方，姿態像是一張折起的沙灘椅，但下腹突出的巨大腫瘤讓他無法像沙灘椅那樣完全把腳縮起來。聽到我曾是他的學生，而我覺得現在輪到我來照顧他是我的榮幸，他很高興。他當然不可能記住每個學生，但他禮貌且誠摯地笑了笑，告訴我說他不認得我，但我必定是個好學生。

我請他講述迄今為止的罹癌歷程，讓我明白他最困擾的是什麼，以及他住在安寧療護醫院期間的優先事項。他的家庭醫生要求他入院，因為他的腹部疼痛太嚴重，又不願嘗試任何提供給他的居家藥物。他帶著無奈的笑容說：「我最好把你介紹給布魯斯。」

原來，布魯斯是他的腫瘤——這個澳洲風格名字的由來，是因為「他來自下方」。布魯斯起初由外科醫生切除，但在之後數月便復發，快速變大，包裹住數項重要器官與血管，從而確立他將和宿主同生共死的地位。「我們全家都叫他布魯斯，這樣比較容易面對。」他的主人解釋。我再次記起以前他和患者會診時所講的冷笑話，不但化解許多尷尬時刻，也用「我們都懂這個笑話」的默契來鞏固醫病關係。

既然被介紹給布魯斯，我也得給他一些注意力才符合禮節。他像顆橄欖球，由他主人腹部左下方長出來，硬得像石頭，包覆著拉伸的、閃亮的白色皮膚，上面有擴張的血管，像是老鼠尾巴的刺青。布魯斯一碰就痛，那種疼痛讓我的患者面無血色。我不會說我很高興認識布魯斯，然而，這一刻的幽默開啟了新的相互理解的氛圍，讓我得以開口討論緩解疼痛的事。

就像宮廷舞的舞伴，小心踩著優雅的步伐，我們一起探討他對嗎啡的體驗。在過往的精神科醫療實務中，他只知道那是一種濫用藥物，僅此而已。還是個初級醫師時，他很熟悉「布朗普頓雞尾酒」（Brompton cocktail），在我們尚未深入了解疼痛，也未能了解如何調整止痛劑以配合每個病患的疼痛，並讓他們保持頭腦清晰之前，布朗普頓雞尾酒是一種用來處理棘手癌症不適的混合藥劑。他說，在那些日子，把病人弄到昏迷不醒被視為一種善心之舉，這種超強效藥劑下肚之後，半昏半醒的患者無法進行任何有意義的對話。

當然，我接受他的前提，看到他喪失心智能力，對他的家人來說將非常痛苦，亦將打擊他的個人尊嚴。出於禮尚往來，他也接受我有些許謹慎使用這些藥物的經驗，而且我曾經由數年訓練，成為緩和醫學的主治醫生，這是直到一九八〇年代才出現的專科。或許他也會認同，自從布朗普頓雞尾酒以來，醫學已經有了進步。經過這次相互尊重的交流，他同意進行一次謹慎的實驗，使用極小劑量的嗎啡。接下來三天中，他允許我們逐步增加劑量，我們看到他那沙灘椅的姿勢漸漸舒展，最後我遇到他在醫院走廊上走路，因為從疼痛中解脫而喜形於色。

他很滿意這間安寧療護醫院。他稱讚每件事，我記得他的風格向來如此。他感謝護理師，讚美清潔人員，請廚師過來以親自道謝。他始終有愛他的家人陪伴著，妻子與三名女兒，偶而幾個小孫子也會來，他會講故事吸引他們的注意。隨著疼痛改善，他的房間常常傳出他說故事時帶來的開心笑聲與驚嘆的呼聲。隨著疼痛獲得更好的控制，他可以恢復作為攀爬架的輕鬆職責，這對祖父來說是非常重要的角色。「大家要小心不要碰到布魯斯。」

我時常在工作結束後去看他，有一次他對我述說內心的孤寂。自從他意識到自己將要死去，就再也無法沉浸於一生熱愛的馬勒音樂。樂音中的感傷與美麗，現在與他即將告別人生的心情起了太過深沉的共鳴。他發現，家人離開後的時間變得沉重，因為少了他所喜愛的音樂。他如此坦誠揭露靈魂深處，需要無比的自尊，我們一起靜靜坐著，思量那些言語不足以表達的宏大想法。

在走廊那端，有位不為人知的音樂家也在走向她的人生盡頭。她是個精力充沛、性格堅毅的寡婦，獨力養大兩個兒子；她在醫院擔任清潔人員，晚上到酒吧兼差以補貼收入。她的兒子形容她堅強、自信又風趣。她講述在酒吧當女侍那些日子的奇聞軼事，有些氣喘吁吁地用生動措辭和當地方言娓娓道來，總讓我們聽得津津有味。她患有胸部疾病，這逐漸限縮了她生活的地平線——起先是侷限於短距離步行，然後是只能待在家裡，然後是一張椅子，如今躺在床上。由於無法預測呼吸困難的發作，她在家睡覺時會將電話放在床邊，但當她打電話給兒子，他們卻聽不懂她無法呼吸的恐慌。於是她的胸部醫療團隊將她轉介到安寧療護醫院，希望我們可以協助減輕呼吸困難所造成的夜間恐慌症狀。

她用哼唱來處理急促的呼吸。她告訴我們，她發現哼唱可以控制吐氣的速度（試試看！），並帶給她一種掌控感。她偏愛爵士樂，腦袋裡的爵士曲目似乎數也數不清。她對我們說，她家裡有一大套爵士樂錄音帶收藏，她總會跟著唱。她的呼吸困難會在夜裡加劇，是因為她的老式錄音帶播放機沒有耳機，所以她無法在夜間播歌，以免打擾到鄰居。她強烈要求兒子把一些錄音帶和寶貝錄音機從家裡帶來醫院。他們花了好些時間才從混亂的家中挖出這些東西，因為她長期的胸部毛病讓她沒力氣做家務，以致疏於整理。

拿來的錄音帶混合了艾拉・費茲潔拉（Ella Fitzgerald）和比莉・哈樂黛，以及在嘈雜酒吧錄製的現場演唱，那名歌手擁有令人屏息的嗓音。她解釋說，這是她「未開發」的歌手生涯：她曾是郵輪上的爵士歌手，直到遇見她的丈夫，為了持家和撫養孩子才放棄歌唱。兒子們從來不知道她是歌手；成了年輕寡婦後，哀傷已熄滅她聲音裡的光彩。直到最近，她才因為呼吸困難而重拾音樂，從中尋求慰藉。

「比莉艾拉」是護理師為她取的綽號，她一天到晚在播錄音帶，有時聽她喜愛的女歌手，有時重播她自己的歌聲，回想往昔戀愛與新婚時那些快樂、令人陶醉的日子。在氧氣管的輔助下，她盡力跟著旋律哼唱，在樂句之間深呼吸。她的兒子很訝異他們的母親原來擁有如此才華，以及百科全書般豐富的爵士樂知識。護理師則很驚訝在音樂播放時，她對呼吸困難的耐受度變得如此之好。

安寧療護醫院的聲學效果在夜間把音樂傳到了她隔壁的病房，有一次我下班前去探視，他提到自從開始使用嗎啡，他的失眠就會得到某種「夢幻歌聲」的療癒。他以前從未聽過這樣的音樂，花了好幾個晚上猜想他的藥物是否造成某種幻聽。當夜班護理師向他保證音樂是真的，他滿懷欣喜，於是請他們讓他坐在走廊上更專心地聆聽。

如此這般，醫師與酒吧女侍被介紹認識了。他對爵士樂所知甚少，但很快就意識到眼前是個非凡的人物。比莉艾拉很高興能為這位聽眾播放她的錄音帶，他懂得欣賞她年輕時天鵝絨般溫暖的歌聲，也能聽懂關於愛與失去的動人爵士旋律；她的新同伴則找到新的音樂慰藉，陪伴他度過失去馬勒的日子；他們兩人建立了一段短暫而深刻、相互扶持的友誼，彷彿在心中隨著爵士樂共舞，一同度過生命最後的幾週。儘管形式與風格如此不同，我不禁被他們同樣愛著音樂的平行人生所觸動，還有他們對家庭的奉獻，以及他們以兩種不可或缺的角色於國民健康服務體系的經歷。他們在人生的邊緣相遇，幾乎讓人覺得這是命中注定的安排。

我不太參加患者的葬禮——那樣會變成我工作的例行公事。可是，我確實對曾經的老師感到一種特殊的情感連結。當我抵達他的葬禮儀式時，在火葬場遇到許多本地的醫療同仁。當家屬抵達，棺木伴隨著馬勒第五號交響曲進場，我們紛紛起立。關於這位過著充實與大致快樂人生的男子，人們分享了許多快樂的軼事。而且就如同葬禮上時常發生的，我們發現我們所認識的這位出色男子，只是他整個人所展現出來的冰山一角：他曾在自己家收留無家可歸的年輕人，為大學划船代表隊效力，創立英國最早的青少年精神健康診療服務之一，在半職業交響樂團裡演奏中提琴（啊！馬勒第五號交響曲的那段小慢板！）。當棺木被抬走，我們起身準備離開這場生命的禮讚，一段爵士小號獨奏帶出比莉．哈樂黛的旋律，他最新、最後的音樂熱情。聽起來像比莉．哈樂黛。或者，也許是我們的酒吧女侍兼爵士歌手。

心靈的傷，夢都知道

事情發生後不久，我就寫下了這個故事，如今已事隔多年。當時我是個年輕醫生，已婚，初為人母，對於人生尚有許多東西需要學習。迄今我仍然認為這個家庭教導了我許許多多，在一章又一章發人深省的故事中。

事情是這樣的。我最初開始照顧彼特是在五年多以前，他剛確診罕見癌症及接受手術的時候。他是帥氣的年輕丈夫，也是兩個小男孩的父親，孩子們相信他是所向無敵的。他的預後很糟糕，而如今已過了六年，他確實變得很糟糕。他的經驗成為了我職業生涯轉向、讓我投身癌症管理與緩和療護的原因之一。自從我成為合格醫生，在外科病房照顧他幾個月後，我就會時常想到他、他嬌小堅強的妻子與那兩個可愛天真的兒子。

我先講述一下背景故事。彼特是深海潛水員，每次出去工作都要離家數週。在家的時候，他是全心奉獻的好爸爸，也是一支五人制足球隊的活躍隊員，他最愛的酒吧裡有他的專屬座位，他常和以前的學校朋友聚在這裡，分享他們的人生故事：煤礦、造船、石油、天然氣，這些重工業吸納了我們地區的年輕人，將他們從滿臉青春痘的青少年變成老男人。彼特從來不是滿臉青春痘的青少年。他是本地的海報偶像，當他娶了青梅竹馬露西，許多人都心碎了。彼特迷人又有魅力，有著自知迷人的男性身上帶有的那種信心。護理師送藥或送餐給他時都會多逗留一下子。他總會瞇起那雙綠松石色眼睛，笑著迎接我們所有人。

但是，他的排尿出現問題，檢查發現是因為膀胱附近有個腫瘤。在多年前的那間手術室裡，外科醫師打開彼特的骨盆，發現一顆巨大腫瘤，在盡量切除腫瘤之時，醫師擔心可能會損傷到一些讓男人控制膀胱及享受性生活的神經。這會是個很難傳達的消息。翌日，外科醫師把參與巡房的所有女性成員（也就是除了他以外的所有人）請出彼特的房間，然後在他自己要離開房間，手搭在門把上的時候，回頭對彼特與露西宣布：「順便說一下，你可能會性無能。」說完便關上身後的門。門關上的時候，我最後看到的是他們臉上的驚嚇，於是在我的腦海裡，一扇不同的門打開了，通往某個「醫療不需要像這樣」的國度。這個瞬間點燃了我投身醫療溝通的職涯之火。

結果發現，彼特的腫瘤是很罕見的類型，在原生處可以長得很大，也會將細小種子散播到身體其他部位，尤其是肺部。如果早期發現並完全清除，有時可以治癒。彼特的胸部X光很正常，全身電腦斷層掃描也沒問題（這在當時是令人興奮的新技術），外科醫生希望激進的手術有機會治癒他，雖然可能致使彼特終身使用導尿管及無法勃起。手術的兩週後，身上仍插著導管的彼特獲准回家度過週末。他返回醫院時有些頑皮地笑著，報告「那件事」沒問題：「功能完全正常。」他笑著對我和一個臉紅的護理師說。護理師跑走了。他眨了眨眼，露西伸手握住他的手。我離開病房時，感覺到淚水在眼眶裡打轉。

三個月後，彼特重返工作崗位。他不需要導尿管，性生活「一流」。手術後六個月，他被允許恢復潛水。他晒得黝黑、閃閃發光、充滿信心，然而門診時坐在他旁邊、握著他的手的露西，看起來緊繃又焦慮，對可能的壞消息嚴陣以待。胸部X光仍然正常，她鬆了口氣並笑了，這一刻我可以看出為什麼他會愛上她。

時間快轉六年。部分出於那段早期經驗的啟發，這時的我正在接受緩和醫學的訓練。我的主治訓練師問我能否加班、去登門拜訪一名患者，這是應本地麥克米蘭護理師的要求，她無法順利處理一名罕見癌症年輕男性的疼痛，他的腫瘤壓迫到骨盆神經。他對我說患者的姓名。我的心猛然一跳，胃往下墜。在那扇緩緩關閉的門後，我看到彼特與露西的臉，那是好久以前了，而此刻我再度為他們感到心疼。這次家訪安排好了。

露西打開前門時，眼裡噙滿淚水。「護理師告訴我的時候，我真不敢相信是你。彼特很興奮。男孩們還記得在醫院時跟你一起畫畫。」她比我記憶中更加嬌小，緊繃得像彈簧，嘴巴乾癟憔悴，衣服像布袋一樣掛在她瘦小的身軀上。她領我上樓，那裡坐著穿條紋睡衣的男人，面容消瘦、膚色黯淡，凹陷的臉頰上方是彼特那雙明亮眼睛。我心想著，簡直像是貝爾森集中營的倖存者，但當他微笑時，這個念頭立即消散，歲月也消失無蹤。

彼特講起那個老笑話。「還是一流，」他告訴我，「不過我力氣不太夠，很容易就喘不過氣。」他得到肺部續發性腫瘤已經兩年。化療讓他的頭髮變得稀疏，卻只能局部縮小他的癌症。最後一輪化療沒有效果，已沒有其他方法可以縮小他的癌症了。麥克米蘭護理師介入是因為骨盆腫瘤的再生（該死！有一小丁點逃過外科醫生的手術刀後長回來了），現在壓迫到骨盆的纖細神經，造成彼特臀部與腿部疼痛。腫瘤愈來愈大，已壓迫到一些血管。這導致彼特的雙腿水腫而笨重，他很難上下樓梯，已經在樓上住了兩週。

我們討論著策略，彼特、露西、護理師和我。神經受損造成的疼痛很棘手，而處理腿部水腫需要每天將雙腳用繃帶綁紮一星期左右，直到消腫到一定程度，讓他可以穿壓力襪。「還真性感，」他露齒而笑。我們三個女人已經過了會臉紅的人生階段。他同意短期住進安寧療護醫院，以消除腿部水腫並嘗試管理他的疼痛。我們或許可以改善他的行動能力，如果可以，他想帶兒子們去釣魚。

於是，現在的情況就是這樣。彼特再次成為我的患者，露西在家裡跟醫院兩頭奔波，她在家裡送孩子出門上學，放學後等他們回家，白天則坐在彼特的病房裡，在他臉上搜尋線索，試圖解讀最深沉的思緒，然而他將話題限制在釣魚、足球和他刺激的職業生涯中的潛水功績。「就像是這一切都沒有發生，」她告訴我，「他彷彿不了解自己病得多嚴重。我不知道要怎麼跟孩子們說。我不知道要怎麼跟他媽媽說。我甚至不知道自己要怎麼想。我在期待奇蹟發生與知道他會死之間搖擺不定。我完全迷失了。」

每天綑綁繃帶對腿部水腫很有幫助，彼特的幽默感永遠都讓重新包紮時間非常爆笑，他對拆掉與重新綁上繃帶的過程進行實況解說，他的膝蓋由圓柱般腫脹的腿部逐漸露出來，最後是腳趾由鼓起來的腳掌露出來，以及關於他的陰囊腫脹的老派雙關笑話。不過，疼痛比較難處理。彼特的骨盆神經承受著腫瘤的壓力，引發一波波電擊似的痛楚，往下傳導到腳部與臀部的神經，讓他每次試著站起來都面如死灰、精疲力竭。我們的藥物沒什麼效果；足以鎮定一匹馬的止痛藥組合，只能讓彼特稍微沒那麼不舒服地坐在床上，但沒有走路或帶兒子們去哪裡的指望。

男孩們放學後在傍晚過來探病。彼特會在他們抵達前服用更多止痛藥，堅持請人幫忙他坐到椅子上，以免他們看見他躺在床上會擔心。他們帶學校作業和漫畫來，與爸爸一起看電視。然後露西帶他們回家，彼特回到床上，服用晚間藥劑，安穩地睡覺。

只不過他並不安穩。在睡夢中，彼特劇烈扭動與喊叫。他動來動去，表情痛苦。他驚醒、流汗、喘氣、發抖且害怕。有好幾次值班醫生被找來，因為護理人員擔心彼特是心臟病發作，或因為肺部血栓而無法呼吸，但我們幫他檢查的時候，他的胸部並沒有什麼變化。他似乎在做噩夢，然而事後他都不記得。他開始害怕夜晚，拖延入睡，結果是他白天看起來更加憔悴，疼痛也加劇了。

有一天晚上，彼特躺著扭動不已，在睡夢中喊叫，夜班護理長把他從夢中叫醒。他醒來時大叫著、揮舞著手臂，等他認出燈光昏暗的病房與坐在床邊椅子的護理師，便逐漸平靜下來。她問他是否記得夢的內容。是，他記得。沒錯，他記得，他現在明白每天晚上都是相同的夢，或是很相似的夢。這個夢把他嚇壞了。夢中他回到深海潛水的日子，將他推向生死邊緣。

潛水員總是兩人一起工作，彼特向護理師解釋。「我們必須隨時能夠看到對方。如果出了問題，我們要負責幫忙『弟兄』回到水面。我們絕對不會丟下對方不管——這是關乎原則和榮譽的問題，我們要在水面下分擔彼此的危險。」在夢中，彼特和他長期配合的潛水弟兄總是在一趟深海潛水途中，在黑暗危險的水中維修一條管線。他們彼此之間有一段距離，彼特忽然發現自己的氧氣筒幾乎空了。他剩下的氧氣足夠抵達水面，或者去到弟兄旁邊警告他，但只能做到其中一項。他無法浮出水面、遺棄弟兄，即便他會因此喪命。但若他用氧氣游到弟兄身邊，他將無法抵達水面。他無法決定該怎麼做。在苦惱之際，他的氧氣耗盡了。他要死了。那時候他總是在喘不過氣的恐慌當中醒過來，卻記不住做過的夢。

護理師協助彼特坐起來。她打開燈，泡了杯熱牛奶。然後她問他覺得這個夢是關於什麼的。他說：「是關於潛水，這是每個潛水員的噩夢。」

她點頭之後才說：「彼特，會不會也和其他事情有關？」

彼特想了一想。他點點頭看著護理師，他告訴她，那個夢是有關他，有關露西，有關死亡。「我不能留她一個人獨自面對男孩們，還有我們應該一起面對的事情。」他說，「可是我也無可奈何。我的時間不多了，我要死了。她得要獨自一人處理所有事情。我拋棄了她，她是我最親愛的、最棒的弟兄，而我會留下她一個人。」

護理師和彼特花了點時間來消化這項啟示。彼特一直試圖忽視現實，試圖戰勝難關，但這一切讓他崩潰了。

然後護理師問他，他有什麼計畫可以支持露西。就像是她在海浪之下開啟一盞燈，請他留意那個可以讓他們一起浮上水面的潛水鐘。

彼特傾身向前，說道：「我現在就必須幫幫她。我們必須告訴孩子們，我們需要一起做這件事。我需要在家。我需要支持她。我需要整理房貸和保險。我們需要清理車庫。我們必須再次成為一個團隊。她不必獨自包攬一切……可是她不知道。除非我告訴她。」

夜班護理長在翌日早晨的交接報告裡陳述了這些，但那並沒有真正讓我們所有人準備好面對接下來發生的事。彼特要求病房團隊的一個人幫助他向露西解釋他離死亡有多近。他知道他的力氣一週一週在減弱，他的預期壽命可能只剩幾週，或許最多幾個月。他和露西花了一整個早上談話、哭泣、規劃，並向我們的「家庭工作者」請教該如何向孩子們解釋他們的爸爸快死了。

那個晚上，他們問兒子們對爸爸有什麼擔心的地方。

八歲的小兒子說：「我想的是，萬一你再也不能回家會怎麼樣。」

十歲的大兒子說：「你這次不會好起來了，是嗎，爸爸？」

當彼特與露西給他們足夠空間，孩子們彷彿早就知道彼特活不到年底。他們兩人被鎖在某個孤獨的地方，唯一可以接受的行為就是假裝一切都會沒事。

他們哭了。彼特告訴他們：「哭沒關係。我們男人，我們可以哭，也可以堅強。不只是女人會哭。你們媽媽是我見過最堅強的人，她會哭得像小女孩一樣。所以，我們可以哭得像男人。哭完就該是做事情的時候了。」

那一晚，以及接下來幾晚，彼特留在安寧療護醫院，他睡覺時沒有做噩夢了。他醒來時看起來神清氣爽。他的疼痛減緩。他開始走路。長久沒使用的兩腿無力，所以他需要助行器，還用他的足球隊顏色來裝飾。露西於星期六開車來，他們帶著男孩們去釣魚。星期一，彼特回家去了。床搬到樓下，幾乎占滿整間起居室，他們全都坐在床上看電視。彼特的五人制足球隊過來家裡，在他的嚴密監督下整理好車庫。過程中似乎充滿許多啤酒和許多歌聲，但在一週內完成了。

儘管腫瘤變大，但彼特的疼痛得到良好控制。直到死前兩週，他仍能活動，之後則待在床上宣布他是家裡的「船長」，待在「艦橋」就可以管理一切。

有時候，身體的痛苦似乎其實是靈魂的痛苦，我們內心最深處的痛苦，往往沒有名稱，或得不到認可。藉由與彼特一起潛入夢裡，那位護理師幫助他療癒了他最深沉的傷痛，而這份療癒使他得以安詳地死去。

高齡者的善終

在茫茫人海中，有一群人的生活品質受到多重疾病、長期虛弱和極為有限的生活選擇所影響。他們有些人一出生便有複雜的身心障礙，還有許多人則在一生之中累積各種病症，當然，年紀最大的人，往往也會擁有最多使生活受限的病狀。有些人完全受到身體限制；有些人的病症影響思考與反應的能力；有些人則是二者兼具。

重病和長期虛弱的人，過著已改變的生活型態，擁有充足時間思考生活變化對他們的影響。一些外表看似衰竭的人仍保有內在的活力與生命的熱誠；一些看起來相對健康的人，卻因失去過往的良好健康而面臨難以承受的挑戰。唯有傾聽這些人，我們才能理解他們與疾病、身心障礙或虛弱共生共存的觀點。每個人都像是一本記載豐富生命故事的書，不能只從封面來評判。

我兒子正在播放他最愛的音樂，貝多芬與重擊節奏的奇特組合。我正忙於文書工作，又熱又煩躁。他不能用耳機聽嗎？我正準備前去協商，就被傳送到另一個房間，十年前，另一台刺耳的收音機。時光倒退了；我又回到那間醫院病房，有梁太太、她的收音機與吵鬧的鄰居。

梁太太九十八歲。她在馬來西亞長大，年輕時來到英國讀書，當時少有英國女性攻讀學位，馬來西亞女性甚至更少。身為經濟學教授，她寫了一本改變世界的書，主題與債務和開發中世界有關。這是一名意志強大的女性。

她在七十歲退休，但持續為第三世界債務爭取支持，在國際會議上演說，直到她八十歲出頭、她的丈夫過世為止。在那之後，梁太太——梁教授——變成隻身一人。她的健康開始惡化。她患有骨質疏鬆，骨骼變薄造成一系列痛苦的脊椎骨折，她身高變矮、駝背，限制了她的行動能力。糖尿病導致的循環不良，形成腳踝潰瘍，讓她只能躺在床上或坐在椅子上。九十歲以後，她得了白內障，使她無法再閱讀，而閱讀曾是她的熱情所在，因為無法自己沐浴、進食或上下床，她選擇住進養老院。九十五歲時，她出現手抖症狀，被診斷為帕金森氏症。手抖意味著她不能再用餐具自行進食，或者在沒有人輔助下使用收音機。她在數年間慢慢地流失體重。她的強大意志由衰竭的軀體所承載。她看過我們醫院的糖尿病門診、神經病學團隊和肌肉骨骼團隊，然而這些科別都無法滿足她所有的需求。

我第一次見到她，是她經由急診部被送去住院時，她的護理師要求緩和療護的建議。我們的專科護理師莫妮克和我一起前往急診部評估她的狀況。

急診部護理師瑪莉亞說明，有個老太太因為背痛而開始尖叫，吵到病房裡的其他病人，所以需要我們的建議。「她顯然很不舒服，可是我們沒辦法跟她溝通。」瑪莉亞說，「她的養老院有派一位看護陪伴她，但她說這種情況不時會發生，他們也不知道該怎麼辦。」

瑪莉亞複誦梁太太漫長的藥單：高血壓藥、甲狀腺功能低下的藥、骨質疏鬆的藥、帕金森氏症的藥。她很難進食，但她每天都必須吞嚥三或四「餐」的藥物。

莫妮克評論藥物問題時，瑪莉亞點著頭。我回想起剛當上醫生時所照顧的一名老婦人，她有類似的多種疾病相關治療的清單。「你是怎麼記得要吃全部的藥？」我問她，當時我已經仔細寫下那份令人卻步的藥物清單：早上吃利尿劑、心臟藥、類固醇和維生素，中午吃更多心臟藥、一顆甲狀腺功能低下藥，下午吃較低劑量的類固醇，加上更多心臟藥，還有其他各式各樣的藥物在睡前服用。每天超過三十種不同藥錠。

她對我眨了眨眼，帶著一抹頑皮的笑容，然後請我從床頭櫃抽出她的購物袋。她坐在床上向前傾身，拉開袋子取出一個大玻璃罐，那是知名糖果品牌在聖誕節推出的產品，罐中三分之一裝著各式各樣的散裝藥錠。我認出紫色的甲狀腺功能低下藥和一些降血壓的膠囊，混雜著白色、藍色、黃色和粉紅的藥丸：圓盤狀、菱形、四方形和小圓球，其中一些沒有圖樣，有些則刻著字母或數字。

「每次我拿到新處方，」她跟我坦白說，「我就打開罐子，將所有藥丸扔進去。然後我會一天四次，抓一把出來吃。看起來是有效！」確實有效了很多個月，直到她的隨機抽獎沒有抽到足夠的小顆白色的隆我心（Digoxin）來維持規律的心跳，結果進了醫院。我記得我多麼希望自己當時有拍下那個罐子。我明白它說明了關於多重用藥危險性的真正重要教訓——不僅是我們開出的藥愈多，就愈有可能出錯或導致藥物互相作用，還有開立處方時，必須考慮到現實中患者的生活型態，以及他們服藥的能力或意願。

而今，在二十年後的急診部，一名吞嚥困難的婦人不是使用有限的吞嚥能力來享受美食，而是每日跟服藥奮鬥，或許因此精疲力竭。難怪她會尖叫。莫妮克和我留下瑪莉亞處理電話詢問，然後出發去找我們的患者。

員工區有一大塊姓名板，但我們不需要查。有個哀號、痛苦的患者聲音充斥著走廊，我們循聲來到一間病房，這裡有三位連著點滴和心臟監測器的女士，正愁眉苦臉地望著第四張病床拉起來的簾幕，尖叫、哀號與呻吟的不快樂聲音就是從那兒傳出來的。在簾子後頭，有個穿著本地養老院制服的看護坐在塑膠椅上，溫柔鎮定地跟床上的患者講話——就是那位知名的經濟學家。

我們的患者幾乎不成人樣。她靠在枕頭上，然而脊椎的曲度迫使她胸部前彎、臉朝向床墊。她的雙腿因為肌肉攣縮而曲折固定。她的銀灰色頭髮仍然豐厚，披散在肩上，顯得油膩又糾結。她的手在膝蓋上不停顫抖。她完全不像二十年前我那名活潑調皮的藥丸收集者。莫妮克和我交換了眼神，這將是非常棘手的轉診。

莫妮克採取行動，她跪在床邊，這樣才能往上看到梁太太的臉。她笑了笑，伸出手去拍拍她的手，緩慢溫柔地開口：「你好，梁太太。我是莫妮克。我是這裡的護理師……」梁太太停下來，感到訝異，中止了哀號，眼睛盯著莫妮克。「你好，」莫妮克又笑了笑，保持眼神接觸。「很高興認識你。」梁太太像洋娃娃似地眨了一下眼睛，用帕金森氏症沒有表情的面容迎向莫妮克的目光。「你聽起來不舒服，」莫妮克接著說，梁太太笨拙地用一隻顫抖的手拍了拍腹部。

「她肚子痛，還有便祕，」那名看護解釋，「我們的家庭醫生送她來醫院處理。可是她不喜歡坐起來靠在背上。而且她因為離開自己的房間而焦慮。所以我才陪她來。我還帶來她最喜歡的毯子。」她自我介紹是多琳，她眼中噙著淚，說出坦白到令人意外的話：「有時他們活太久了，不是嗎？活著不該是這樣。好可憐，她是這麼好的一位淑女。」

莫妮克把多琳當成同事般打招呼，並立刻請求她的協助。多琳說明這位患者偏好的躺臥姿勢，莫妮克熟練地拉床單、調整枕頭並輕聲安撫，帶領我們將梁太太翻身側躺，讓她的四肢和彎曲脊椎被鼓起、折疊的枕頭支撐著。梁太太慢慢地眨眼，眼角微微皺起。

「喔，那是她的微笑！」多琳驚呼，握住梁太太的手，梁太太深吸一口氣。她露出一副深思的表情，然後低語：「謝謝。」這似乎費了她很大的力氣。

「謝謝你讓我們移動你，」莫妮克說，然後如往常般介紹我是她的「小醫生」。她提醒梁太太說我可能想問她一些問題，梁太太旋即閉上眼睛。

莫妮克和我交換位置，讓我站在梁太太可以看見我的地方，假如她願意看的話。她瘦得只剩一把骨頭。右小腿的皮膚有一處小裂口，是循環不佳造成的典型潰瘍。腳踝、膝蓋、手腕和手肘骨頭凸出處的皮膚緊繃閃亮，但沒有傷口，這是養老院看護的傑出功勞。我知道我們需要檢查她脊椎和薦骨的皮膚，但目前我們會先專注於對她比較容易的檢查，再逐步完成我們的評估。

我思量著我們這位患者的困境。這是極端的高齡：脆弱的肉體，多重健康問題，比親朋好友都長壽的孤獨，每一項因素環環相扣，破壞一個人與世界充分交流的能力。這名曾經強大的女性似乎只剩下一具軀殼。人們鮮少承認的一項事實是，現代醫學讓我們活得更久，但延長的是我們的老年歲月，而不是年輕活力的歲月。我們對自己做了些什麼？

不過，明天我們再來考量生活品質；今天我們需要處理的是疼痛。

「我聽說你的肚子會痛，」我開口，梁太太警戒地張開眼睛。「我希望盡力改善。可以請你握住我的手嗎？我觸摸你的肚子時，如果你要我停下來就捏一下。我不想把你弄痛……」她握住我的右手腕，我用手指觸診她的腹部，盡量溫柔。她允許我繼續，也知道我要觸摸哪裡，因為她的手跟著我的手移動。她是如此瘦弱，我可以輕易摸到她的內臟，還有完全便祕的腸道，這能說明她的腹痛。

瑪莉亞由簾子後面重新出現，宣布梁太太已經分配到老年照護病房的一個床位。這真是個好消息；她的多重棘手病症將會一起檢討、制定行動計畫。床位在一小時內就會準備好。莫妮克和我提出一項管理計畫，讓她的腸道休息並軟化糞便，以消除她可怕的腹部抽痛；經過一兩天的腸道休息及軟便劑的使用後，新病房的護理師已經能幫助她更舒適地排便。她僵硬、顫抖的肌肉可能會對帕金森氏症藥物的調整有所反應。或許她回家時會比剛抵達這裡時稍微好一點；這是一場報酬遞減的遊戲，任何微小的改善都可能帶來很大的不同。

我透過莫妮克追蹤梁太太在老年照護病房的進展，莫妮克每天去看她，評估腸道管理計畫的作用。她睡在可以保護她皮膚的特殊床墊上；她的便祕正在緩解；疼痛得到控制。她的藥物量大幅減少了，一些錠劑已替換為皮膚貼片，減少需要吞服的藥物。她的顫抖改善了，雖然臉部表情仍相當呆板。目前正在規劃讓她回到養老院，然而她的右腳持續疼痛，令人擔憂，莫妮克為此徵詢我的意見。

我抵達時剛過午餐時間，人員正在收拾患者的餐盤，梁太太坐在可調式躺椅上，正靠著背休息（疼痛控制改善後的成果），椅子向後傾斜，讓她可以面向窗戶而不是地板。她的桌上有一部收音機播放著古典音樂，我請問她可不可以暫時關掉，方便我們講話。

「我還真希望有人將它扔出窗外！」她回答，聲音大得令人意外，伸出顫抖的手指向收音機。「吵死人的東西。他們整天開著它，快把我逼瘋了！」我時常注意到醫院與養老院有播放背景音樂的習慣，總是在想究竟是誰決定要播什麼的。

「你比較喜歡安安靜靜的嗎？還是你想聽談話性節目？」我問她，她說她愛聽的是BBC第四電台，因為「至少被當成有腦袋的人」。我向她保證，等我們講完話，我會幫她轉收音機。她慢慢眨了眨眼，說莫妮克每次來看她時，都會幫她切換頻道，但是，六人病房裡的其他人抱怨那些談話聲會干擾她們欣賞音樂。「這些女人有好幾個都重聽，」她說，「或者沒辦法戴耳機，所以整個房間都被強迫聽某個人想聽的東西，而且是用高音量。假如但丁在描寫地獄時，收音機已經發明了，他一定會提到這種懲罰。」

環視病房，我看著其他五個年老的婦人，全都穿著乾淨但過度鮮豔的病人袍。較健康的患者會有人協助他們穿上日間家居服，但這個房間住的是整個住院部門之中最虛弱的患者。有的人安詳地睡著。一個人朝我舉起一隻手，彷彿希望我可以拯救她。另一人正全神貫注、小心地捧著塑膠製的鴨嘴杯。《神曲：地獄篇》（*Inferno*）若有現代版本，或許會描繪這樣的景象：極端高齡的變遷無常，清晰的心智被束縛在一具以斷續節奏崩落的軀殼裡，卻仍在體驗生命；或者是認知能力無可阻攔地衰退，再也無法充分體驗生命，卻殘酷地仍然擁有強健的軀體。這間病房或許就是一個非常乾淨整潔的地獄圈（Circle of Hell），人們很容易假定這幾位女士會把死亡當作受歡迎的客人。

然而，對旁觀者而言看似無法忍受的情境，往往是年長者眼中仍然值得一活的生命。梁太太並不是一夕之間突然變老；她經歷了漫長、漸進的旅程，身體逐漸衰弱，偶爾部分康復，加上間歇性發病及應對的治療，最終來到這裡。她和我從全然不同的視角觀察她的處境，而最重要的是她自己的詮釋。我跟老年人相處的時間愈長，愈是明白不要妄下定論。

我在她身旁坐下，討論治療的進展。她很高興她的肚子痛解決了，便祕也好了。強效止痛藥讓她可以平躺，這個姿勢讓她更容易看到外面的世界，儘管她的脊椎仍持續崩毀。醫院美髮師幫她洗了頭髮、梳理及修剪髮型，復健團隊提供握柄較大的餐具，讓她能自己進食，不過帕金森氏症使她行動遲緩，需要有人協助，於是她同意裝置一條餵食管，不必那麼費力就能補充足夠營養。更好的營養狀態會保護她的皮膚，而且她的藥物也能從管子灌下去，不用那麼辛苦地吞嚥。她可以按照她的意願少量地吃喝，單純是為了吃東西的樂趣。這聽起來很吸引她。

「我活得太久了，」她不帶情緒地告訴我，呼應了入院那天她的看護所說的話。「如果我有辦法，我會將一些壽命送給年輕人、有家庭的人、需要活更久卻做不到的人。」假如壽命像一項可轉讓資產那麼單純就好了。這是她對自身困境的經濟學評估。

「你想要死嗎？」我問她，她想了一下才告訴我，她並不希望刻意結束自己的生命，但後悔活到了失去用處及行動力的年歲。我點頭，心想她指出了高齡的一大困難。

我才剛要改變話題去討論她的腳痛，卻突然感覺到一陣燥熱。我渾身發熱滾燙，伴隨更年期熱潮紅特有的、近似恐慌的不安。我知道我的臉泛紅了，身體也開始流汗。

梁太太指了指桌面上一個像眼鏡盒的東西，請我打開。裡面是一只裝電池的手持風扇。她按住手柄，啟動風扇，對著我的臉吹，說著：「不要擔心，親愛的。這很快就會過去了，不過這真的很討人厭，對吧？」她等候潮紅消褪，一邊專注地看著我的臉，一邊用風吹著我。這個善意之舉相當單純，流露出一種生物學上的姐妹情誼，令我深受感動。

「這個問題以前很困擾我，」她告訴我，「因為我大學系上的其他人都是男的。沒有人理解。好了，你感覺好些了嗎？」我感恩地點頭，她按住手柄關掉風扇。

「你之後就會習慣的，」她說。「而且，症狀消失時真的令人開心！我一點都不想再經歷一次。」她告訴我，她的熱潮紅到八十幾歲才停止——我希望我的臉部表情沒有顯露出內心默默計算而感到的恐怖，此時，我感覺到有趣的事情發生了：我們的關係轉變了。現在是一個較年長的女性正在指導較年輕的女性。梁太太老朽的身體依然承載著靈敏的心智，渴望跟上現在的世界；她對歲月流逝發展出一套以經濟學為基礎的哲學；她擁有可以傳授的智慧，也擁有能夠施予的慈悲，卻很少有機會實行。藉由一個單純的悲憫之舉，她短暫地再度變得完整。

腳疼很簡單。她告訴我感覺像是抽筋，我檢查的時候，看到一條帶子般的肌肉拉扯著她足弓的邊緣。她說的完全正確；這種痙攣是帕金森氏症的典型症狀，或許可以注射肉毒桿菌來麻痺此處的肌肉，效果能維持幾週或幾個月，之後如有必要，可重複注射。如此就不需要額外的止痛藥，也不會有突發的抽筋來打擾她心靈的平和或她的睡眠。

她向我說第四電台的頻道是多少，我調好她的收音機，塞到枕頭旁她的耳邊，這樣她可以聽到，別人卻聽不到。我們像某種共謀者似地咯咯偷笑。我起身離開。此時，四周的女人們看起來有些不同；我意識到我們之間的相似，而不是年齡與病痛所造成的差異。我們社會中的老年人如此輕易被剝奪身分與尊嚴，因為像我這樣的年輕人不懂得珍惜他們積累的智慧、經驗與耐性。我從這名非常孱弱老邁的女性身上學到重要的一堂課。

「再會，親愛的，」她喃喃地告別。

「再會。謝謝你，教授，」我回答。

她做出那個洋娃娃般的眨眼，眼角微微皺起。我們都幫到了對方。

一個人的生活品質，唯有當事人才能真正衡量。我們很容易認定帶著疾病生活是一種負擔，然而老年人經常能接受他們的生理限制，視為長壽所值得付出的代價。許多人告訴我們，比起不健康，孤獨才是更令人難以承受的負擔，這是一種隱藏在明處的悲哀，一種現代世界的流行病。

活得更久所付出的代價，是我們會體驗到年老，無論是否伴隨認知衰退。二〇一五年，失智症首度成為英格蘭最普遍的死因，這不僅反映了更完善的數據收集，也顯示出失智症案例的實際增加。失智症的增加，對已開發世界來說是道德與社會的挑戰，因為家庭已變得分散，老年人較少和親戚同住。

我們如何對待社會中最脆弱的成員，是對我們價值觀的真正考驗。他們在勞動生涯中已為公共福祉做出貢獻，曾受惠的我們應該如何協助這些疲憊的年長者？我們如何讓他們體驗到滿足感與自我價值，並不是因為有所貢獻才獲得回報，而僅僅因為他們就是獨一無二的自己？

將每一天當成恩賜

話語的力量無比強大。我們說話時，總以為傾聽者會根據我們的意思來詮釋我們的話，然而並不總是如此。牽涉到文化差異時，更有可能因為詮釋不同而造成誤解。別人聽見的或許不是我們所說的話，而是這些話語無意間傳達的弦外之音。這可能造成傷害、引起混亂，但也可能開啟我們未曾預料到的全新可能性——尤其是當我們感到語塞的時刻，反而更能將我們自身的脆弱與共同的人性傳達給聽者。

那是個起風的日子，皺巴巴的枯葉捲過停車場，像是一群頑皮興奮的老鼠，而我正在午餐時間趕往安寧療護醫院。和平常一樣，我帶了一大堆包包——公事包、後背包和一個裝著昨晚文書作業的大購物袋。我的孩子們一直覺得我的祕書會負責批改我的回家作業。

我笨拙地衝進行政辦公室，看見河谷上方的天空飄過錫灰色的雲朵——今天結束前應該會下秋雨。孩子們有帶外套去學校嗎？我想不起來。我拿出一捲口述信件的錄音帶及一份要預約碰面或致電的名單，交給我那勞苦功高的祕書處理，並說明購物袋裡裝了什麼，然後匆匆下樓參加團隊會議，我們會討論患者的情況，接著開始巡房。

在場的人員如下：病房部護理長，社工師，牧師，物理治療師，一名正接受全科訓練、要和我們一起工作六個月的醫生，一名正接受緩和醫療訓練、即將申請她第一份主治職位的醫生，還有我。我們的職能治療師在忙完之後會加入我們，她正在陪患者烤蛋糕，這位患者不記得昨天做了什麼，卻記得多年前和母親一起做蛋糕的情景。這種與回憶相關的工作往往可以解鎖重要的新資訊，更深入了解我們的患者。而且還有蛋糕給大家吃。

會議開始了。我巡房的習慣是，大家先一起喝杯咖啡或茶，一邊討論患者的重要問題。等我們梳理過這次巡房需處理的主要事項，就在安寧療護醫院裡繞一圈，輪流探視每位患者。一些患者的重點可能是生理症狀，或出院回家計畫的進度；另一些可能是最近調整用藥的影響，或是物理治療或職能治療課程的成效；還有些人，我們或許會討論情緒困擾或存在議題。偶而有新進患者要會面，此時初級醫師會報告完整病史，我們再討論要和患者及家屬共同解決的所有問題。

今天的會議將討論五名我很熟悉的既有病患，還有另外兩名是我參與醫院安寧療護照會團隊時認識的，現在轉介到安寧療護醫院來處理特定的症狀，最後一名是新患者。

新患者名為南芮塔．巴特太太，由我們家庭醫師訓練生做簡報。南芮塔三十七歲，已婚，有八名子女，其年齡介於兩歲至十六歲。他們是虔誠的穆斯林家庭，她在安寧療護醫院也遵守禱告時間。她的肺癌現在已經蔓延到肝臟，讓她的噁心感非常嚴重。她被家庭醫生轉介到安寧療護醫院來，當時他發現她在家裡用盆子嘔吐，四周圍繞著憂心忡忡的親戚與八名子女，他想或許我們可以幫助她緩解症狀，讓她有機會休息。

南芮塔同意住進安寧療護醫院。她的婆婆每天帶孩子搭計程車來探望，她的丈夫每天傍晚下班之後來陪她，她的長女露巴妮也睡在院裡，充當母親的口譯員，患者本人不會說英語。我問不能找口譯服務嗎？讓一個十六歲的孩子翻譯有關她母親重病的對話，似乎太冷酷了。團隊告訴我，南芮塔不想要家人之外的口譯員。她的嘔吐仍是嚴重的問題，然而她拒絕了所有我們通常採用的藥物。

「我們知道她為什麼不肯服藥嗎？」我問。

「我們搞不清楚，」護理長說，「原本我們以為她是害怕打針，但她也不吃便祕藥錠或咳嗽糖漿。」

「她覺得她應該使用傳統的醫藥嗎？」牧師問。

「不是，跟那沒關係。」護理長說，「她和她丈夫好像相信她就是應該受苦。看了實在讓人很難過。她在床上一動就會乾嘔。她最小的孩子才兩歲，他想要坐在她膝蓋上，可是南芮塔必須抱著盆子。他只能給祖母或姊姊抱，哭個不停。」

「有時候，虔誠的穆斯林會認為苦難是真主的旨意。」牧師說，「我們或許看不下去，但這對她來說可能是有意義的。這是值得在巡房時詢問的問題。」

會議在陰鬱的氣氛中繼續進行。我們每日都在面對苦難，而我們的因應機制就是提供協助。如果想協助卻被拒絕，我們會感覺很無力，而這份無助開啟了悲傷的大門。

我們喝完早已涼掉的咖啡與茶，開始巡房。護理長要求巴特先生也來參加，他再一小時左右會抵達，所以我們先去看其他人。

等我們到了南芮塔的病房時，牧師已離開，前往探望需要他協助的一個家庭，職能治療師也很抱歉她必須缺席，烘焙治療讓健忘的患者恢復許多記憶，也很高興石頭蛋糕（rock buns）嚐起來和她小時候的回憶一模一樣。我們的巡房隊伍只剩六人，但還是感覺人多勢眾、有些尷尬，我們徵得許可後便魚貫走進房間。

南芮塔個子很高，但很瘦弱。她拱著背坐在床上不動，試圖克服一波又一波衝擊她全身的噁心感。即使在吐得辛苦掙扎的時候，她的頭巾依然文風不動，幫她捧著盆子的是護理師，或是她冷靜的長女露巴妮，她會輕撫母親的背，低聲用旁遮普語安慰她，並用英語向我們解釋南芮塔的痛苦。巴特先生坐在床尾的一張矮凳，手指插進頭髮，愁眉不展。其他孩子和他們的祖母已到會客室等待，尊重他們認為主治大夫到場時所需的隱私。

我介紹了團隊，與南芮塔和她丈夫握手，然後繞到床的另一邊，坐在窗邊的扶手椅，其餘團隊成員也各自找地方坐下。這是我的另一個巡房習慣，我們會全體坐下——以示我們的尊重，因為站立會讓我們高於患者的視線，也會給人一種「來晃一下」的感覺，而不是正式的探視。單人病房的設計有一張嵌入牆面的沙發床，有四個人可以坐在那裡，其他人則找椅子坐，或坐在地板上。我自己通常坐在地板上，但我感覺禮儀對這個家庭來說很重要，所以我坐得直挺挺的，努力看起來像位真正的主治醫生。

我們討論南芮塔罹病以來的過程。她的丈夫普里譚說著一口流利的英語，但帶有歌唱般的旁遮普口音。他說明他平常無法在白天過來，因為他必須做生意。露巴妮幫忙補充細節：她的父親擁有一家生意興隆的地毯店，而且是本地巴基斯坦社區、清真寺與商會裡備受尊敬的成員。他照顧著分住在英國與巴基斯坦的家庭。她顯然非常以他為榮。工作是他的重要責任，即使妻子如此病重。「看到她病得這麼嚴重，爹地的心都碎了，」露巴妮告訴我們，「他有時候會哭。」

巴特先生告訴我們，南芮塔是他人生的珍寶。他帶她來英格蘭，想要靠著賣地毯賺大錢。

雖然沒有賺到大錢，但他們在旁遮普社區過著幸福舒適的生活，南芮塔從沒有覺得她需要學英語。這個家庭逐漸壯大，他們幾乎每年都會資助巴基斯坦親戚來拜訪。他們都喜歡南芮塔的妹妹與家人，以及普里譚的父母過來長住。這原本感覺是所謂永遠幸福快樂的日子。

然後，大約一年前，南芮塔在幫最小的孩子哺乳時感到疲倦。她起初認為是懷孕、生產和照顧大家庭所造成的，但在寶寶斷奶後，她的元氣還是沒有恢復，甚至開始咳嗽。普里譚的母親建議使用傳統醫藥，但普里譚是英國國民保健服務的粉絲，堅持南芮塔去看家庭醫生。

在兩週的期間內，南芮塔接受了檢查，發現大範圍的肺癌。普里譚陪她去所有門診，負責翻譯醫生跟她說的話。當診斷結果出爐時，他們和那位仁慈的胸腔科醫生都哭了。

「那位男士似乎很仁慈，」普里譚說，「但我們後來發現他不值得信任。」

我認識他說的那個醫師，我敢把我的性命託付給他。我不解發生了什麼事。於是我等著故事的展開。

每一次門診時，普里譚翻譯著南芮塔的問題，再傳達醫生的答案。癌症已經大到無法進行手術，她被建議用化療與放療來縮小腫瘤，不過癌症中心專家解釋這無法治好她。她的最佳希望是或許可以看到小兒子上學。

南芮塔進入一個陌生的新世界。她住進癌症中心，每天接受數次放療，加上化療的點滴。這一切都很累人。她不停禱告，希望可以好起來，再度照顧家人。慢慢地，她的咳嗽開始緩解。她回到家中，普里譚的母親已住下來照顧孩子們，在關愛與家常飯菜的滋養之下，她的體重漸增，頭髮也長了回來。

「她參加了學校運動會，看起來好很多，」普里譚告訴我們，「直到噁心感來襲。不舒服，像坐船的感覺，所有時候都這樣。不能吃東西。一直嘔吐。這是不好的，我明白她需要幫助。我們回去找那個胸腔科醫生，他發現癌症現在已經擴散到了肝臟。非常糟糕。非常嚴重。」

他停了下來。我們等著。他嚥了嚥口水。他舔著發乾的嘴唇，又把手指插進頭髮裡，看著他精疲力竭的妻子嘔吐，護理長幫她捧著盆子，用溼毛巾給她擦臉。他講不下去了。輪到我了。

「巴特先生，我們很高興能夠照顧南芮塔，」我謹慎地開口。他點點頭。「我知道她聽不懂我的話，所以可以麻煩你先跟她說明，你剛才在跟我解釋她的病情嗎？」他又點頭，用旁遮普語跟妻子講話，他們女兒憂愁地看著母親的臉。

「現在，巴特先生，我希望你可以幫我問南芮塔一些問題，我們才能盡全力幫她。可以麻煩你說明，我想要問她一些問題嗎？」

他再度用溫柔的語氣跟妻子說話。

「我們想要了解，」我說，「為什麼南芮塔嘔吐得這麼嚴重，卻不願意服用我們認為肯定能幫助她的藥？」

他忽地在座位上豎起身子，用明亮專注的眼神直盯著我。「我可以代表我們兩人回答，」他宣稱。「我們已經明白，我們不能接受英國醫生的任何建議。不行——完全不行。因為英國醫生以為他們是神。他們以為他們知道神的旨意。這是我們在醫院，在我們信任的醫生身上發現的。如果醫生以為他們等於神，那麼他們已經被誤導，我們一定不能信任他們。」

我目瞪口呆。我沒有料到會聽見這樣的話。我想起了那間醫院裡我溫和友善的同事，他如此認真細心地照顧這個家庭。他聽到這種指責必定會震驚不已。他可能是我所認識最謙虛的人。

我的同事們剛才看著巴特先生，現在全都轉向我。我們經驗豐富的醫師訓練生眼睛瞪得像碟子；社工師的表情則像是在看懸疑電影。他們都在等著聽我的回答。

「感謝你告訴我這件事。」我盡量用慎重的語調說，「可以麻煩你向南芮塔解釋你剛才告訴我的話，讓她知道我們在講些什麼？」他轉向她，交談了幾句話，溫柔的語氣變得有些急促。他轉回來看我。

「謝謝你。很高興知道南芮塔明白我們在說些什麼，」我說，「現在，可以麻煩你幫忙我直接跟南芮塔講話嗎？」

我轉向她說：「南芮塔，我了解你對歐海爾醫生失去了信心，因為他似乎認為他知道神的旨意。我說的對嗎？」巴特先生用旁遮普語重複我的問題——至少我希望他是。我無從得知，不過露巴妮似乎對這些對話感到滿意。南芮塔說了幾個字，露巴妮等候她父親翻譯：「確實。我們那時非常震驚。」

「南芮塔，你可以跟我解釋當天發生了什麼事嗎？」我說。

她丈夫和她交談了幾句，然後露巴妮說：「媽咪說她很累。她建議讓爹地說明，然後我會告訴媽咪他說了些什麼。」

「感謝你，南芮塔，」我說，目光始終注視著她。「你休息吧，我們讓他來說明。」露巴妮對她母親低語，我則轉向巴特先生，整個團隊同步轉頭看他。

「我們去了他的門診，」巴特先生說，「我們知道她變得更不好了。我們在家討論，她想要死在巴基斯坦，她出生的地方，在那裡舉行適當的葬禮。所以我在門診時跟醫生說，我想要帶她回到巴基斯坦的家。」他深吸一口氣，給露巴妮時間對她母親低語。

「可是，你知道他說什麼嗎？他說她的肺禁不起搭飛機。所以我告訴他，我們可以搭船和火車。然後，你知道他說什麼嗎？」他停了一下，用期待什麼似的眼神看著我。房間裡所有人都轉頭看向我。

「他說了什麼？」我平靜地問，所有人又轉頭看他。

「他說……他說……他告訴我們，她在抵達前就會死。她在三個月內就會死掉。她活不到三個月。但是，只有神賜予生命或取走生命。唯有神！所以，如果他以為——如果英國醫生以為——他們可以知道神的旨意，那麼我們無法接受他們的協助。那是褻瀆。絕對不可！」

所有人轉回來看我。房內一片寂靜。露巴妮也很安靜，她的眼神透露出驚訝，淚水流下臉頰。她不知道這些事。她的父親在激動的痛苦中講出了她先前不知道的事。巴特先生挑釁且憤怒地看著我，我從眼角餘光看到護理長伸出手握住露巴妮的手。所有人看著我。我明白文化歧異破壞了巴特夫婦對英國醫學的信任。然而，我究竟要如何解決？我不知道該說些什麼才對。

「喔，老天。我現在知道你們為何覺得不能接受我們的建議了。我明白那些話有多麼傷人，雖然我覺得他只是想要幫助你們。」停頓。目光仍停留在我身上。眼睛瞪得大大的。

我想像這些努力過著虔誠生活的好人，他們有多痛苦。多麼可怕的兩難困境，多麼大的勇氣與自我克制。我感覺喉嚨緊縮，眼中湧上淚水。我努力讓自己的聲音保持平穩和冷靜。

「巴特先生，南芮塔，露巴妮。我不知道該說些什麼。我很難過你們受到那個醫生如此的傷害，他是我的同事，也是朋友。」我停頓，露巴妮對她母親低語。

「我只知道，你在這裡的時候，我們會將每一天當成神的恩賜。歡迎南芮塔待在這裡，無論你接不接受我們的藥。謝謝你幫助我們了解。請告訴南芮塔，我尊敬她接受這些痛苦症狀的勇氣。」露巴妮低聲翻譯，南芮塔由嘔吐盆抬眼望著我，試著微笑，點點頭。

「趁我們還在這裡，你們還有其他事情想要討論嗎？」我問。

沒什麼事。我起立，團隊成員和巴特先生也站了起來。團隊離開，我再次與這個家庭握手，然後走出去。我被這場會談搞到精疲力盡，對於無法減緩南芮塔的症狀感到絕望。我們步履沉重地默默走回辦公室。

我們休息了十分鐘，便分頭去做自己接下來的工作。職能治療師來了（帶著石頭蛋糕），我們思索如何才能協助巴特家族。他們的信仰是生活的核心，若我們想要嘗試挑戰他們對這種情況的詮釋，便有可能破壞我們與他們的關係，就像那名不夠機智圓滑的胸腔科醫生一樣。我們決定請牧師明天打電話給他們的清真寺請求建議，不透露姓名。我們仍然開立不被使用的藥物處方，萬一南芮塔改變心意，隨時都可以服用。

「你說要將每一天當成神的恩賜，這句話說得真好。」我們的社工師回想道。

「我根本說不出話來，」我們快要當上主治的醫師說，「我對她的困境完全不知所措。我那時候很期待你會說些什麼。」

我告訴他們，我也一樣不知道該說什麼，於是，我只是對他們說我們這裡是怎麼工作的：每天都是新的一天，像是恩賜，我們努力讓每一天過得值得。這就是我們所做的。我仍然感覺不知所措，但已經到了接小孩放學、回家準備晚飯的時間，於是我收拾心思和包包，走向外頭，這時雨落了下來，伴隨愁雲慘霧斜斜灑過來，很適合我現在的心情。

我的女兒比南芮塔的小兒子大一歲。孩童在起風的日子總會變得特別興奮，幼兒園吵鬧又混亂，當我去接我的小小藝術家時，她正緊抓著她畫的恐龍跟青蛙聊天的一幅畫。我們像飛奔的枯葉、又像老鼠那樣碎步快跑到車上，趕到我兒子的學校，他的足球練習剛在泥濘中結束。他滿臉通紅、興奮不已，在車裡只能坐在塑膠袋上，因為他渾身溼透，這讓兩個孩子樂到不行。回家路上充滿了歡聲笑語，他們到家後要洗個熱水澡，然後和爸爸一起吃晚餐。他們超愛我們的閣樓浴室，喜歡在那裡享受溫暖的泡泡浴，喜歡雨水敲打窗戶，風在我們上方的煙囪呼嘯。他們聊著恐龍，以及所有青蛙是不是都說相同語言，我看著、聽著、笑著、聊著，心裡在想，南芮塔是否能夠再度和她摯愛的孩子們共享這種親密，在她剩餘的短暫時間裡。

翌日下午，我抵達院裡，風已經停了，濕漉漉的人行道上散落著閃耀的黃色、紅色和褐金色。我走進大樓，在我的文件匣裡發現一張護理長寫的紙條：「請下樓來找我討論南芮塔。」我的心往下沉。

不過護理長很開心的樣子。「來看看這個，」她說，帶我走進病房部走廊，經過飄著可口香味的晚餐推車，我再次想起南芮塔因為嘔吐而喪失的所有生活樂趣。護理長停在南芮塔敞開的房門前。我看見房內有祖母和露巴妮坐在窗邊，面向門口聊天。換個角度，我可以看見南芮塔坐在床上，小朋友坐在她的膝上。她笑著，完全沉浸在跟他的對話裡。她開始唱歌，抱著他在她膝上蹦蹦跳。沒看到嘔吐盆。這怎麼可能？

露巴妮對我笑著，跟她母親說了些話。南芮塔抬頭看我，露出燦爛喜悅的微笑。我完全說不出話。她拉起袖子，給我看貼在皮膚上的小針頭，我看到細細的塑膠管，明白她已裝了注射器幫浦。她在接受止吐藥物的注射。

「怎麼會……？」我連問題都問不好。

「昨天晚上，」護理長表示，「巴特先生帶孩子們回家後又過來了，他們夫妻討論了一陣子，然後他來辦公室說她會嘗試我們建議的藥，因為我們尊敬神恩賜的生命。她打了初始劑量，然後我們啟動注射器幫浦。她安穩睡了一整晚，今天早晨喝下果汁，還吃了一張烤餅當午餐。」

處理南芮塔的嘔吐，同時保持她的精神健全，讓她重拾了生活。她得以回家和親愛的家人住在一起。就在胸腔科醫生預言她活不過三個月那天的十週後，她在自己的床上去世。這七十天的時光，她作為妻子、母親、家庭主婦，也用她所理解的方式愛慕她的神，如此生活著。雖然她永遠無法重回故鄉，但她被摯愛的社區所環繞。按照傳統習俗，她在翌日太陽西沉之前就入葬了。

好人不長命？

在我們即將結束這趟探索死亡事實的旅途之際，讓我們停下來看看緩和療護中每天都會出現的一個悖論。當我們來到病房，或者接收社區緩和療護團隊的轉介，工作人員往往會問：「為什麼你們總是來看我們最討人喜愛的患者？你們為什麼都能照顧到最棒的人？」這感覺像是一個真理：當我們環顧安寧療護醫院的住院患者、日間照護的參加者，或是我們在醫院或社區緩和療護團隊的個案名單，我們會意識到這些都是了不起的人。難道我們只是透過玫瑰色眼鏡在看世界？抑或是，這些明白自己生命將盡的人真有些獨特之處？

我花了一輩子在反覆琢磨這個道理，漸漸地，我開始看出一個模式。事實上，那是個真相，我們有幸在他們人生盡頭遇見的人幾乎都很了不起。他們勇敢地忍受自己的症狀。他們調整自己的願望，從躲避死亡到擁抱每一天，隨著死亡接近，他們能夠拋開束縛，放下對未來的計畫與擔憂，單純地享受每個當下。英國電視劇作家丹尼斯．波特（Dennis Potter）於生命將盡時，在他最後一次廣播訪談中，將這種心境表達得尤為淋漓盡致，他描述他對平凡事物的新發現，欣賞他窗外的梅樹花朵，形容那是「最潔白、最輕盈、最盛開的花朵，而我能看到這些」。

這些人將他們世界的中心從自己轉移到他人。他們專注於愛他們所愛的人，但那份善意也會照耀身邊的所有人——無論是他們在一般醫院或安寧療護醫院的病友，還是所有幫忙照顧他們的人員。這樣的患者會注意到某位護理師臉色疲憊，或記得某位清潔人員的女兒最近要考試。他們表達感激、關切與感恩。我們沐浴在他們仁善的光輝之下。

這是怎麼回事？是什麼樣的催化劑能帶來如此蛻變，將暴躁的退休礦工或迂腐的退休教授改造為更崇高版本的自己？這項轉變並沒有消滅跟隨他們一輩子的小怪癖，卻以某種方式將最粗糙的邊緣磨得平滑，所以我們的照護與陪伴儘管笨拙，卻不太會鉤到尖銳的脾氣，或點燃易怒的火花。他們以某種難以言喻的方式變成更寬厚、更慷慨的自己，這種過程他們往往看不見。他們只是覺得身邊的人比以往更為仁慈、溫柔，且缺點比以往更容易原諒。他們並不認為這是自己性格中的美德；他們認為那是因為周遭的世界比他們先前所想的更美好。

這個世界的智慧傳統，從現代的幸福實驗心理學、各種偉大的信仰體系，到孔子和斯多葛派哲學家的智慧，都曾探究人在一生中如何透過內在自我的成長邁向智慧。這些傳統認同人生有兩個階段。第一階段是建立我們的身分認同，成為「值得託付」的成年人。這一階段的生命必然是以自我為中心的。一切都是關於我。我是誰？我的價值觀是什麼？我有什麼天賦與才華、強項與能力？這個世界認同我的能力嗎？或許會進行某些自我審視來辨別我的缺點和弱點，但那只是為了確保我能夠加以隱藏，不被別人看見及批評。就像這樣，在生命的第一階段中，我們每個人都在確認自己心目中的自我身分。

人生的第二階段是關於超越自我、邁向智慧，對許多人而言，這得透過漫長的一生才能培養出來。但對某些人來說，則可能是相當早期的轉變，而且往往是經由深刻的喪失與巨大的痛苦等個人體驗——就像我們的患者獲悉自己罹患不治之症時所體驗到的；知道死亡接近，意味著他們熟悉與心愛的一切都將結束。每一種智慧傳統都以自己的方式來描述這種轉變的過程，不過，其中關鍵的「黃金法則」都是培養出對他人的同情心。焦點由「我」轉移到「所有人與所有事」。這包括對自己的仁慈，就像已經超越自我、進入第二階段的人能用充滿關愛的方式原諒他人的缺點，他們也能用同樣的方式去認知及原諒自己的缺點。

我在本書所分享的故事是那些面對死亡的人們，主要正是關於這些人進入人生新階段的時候。他們變得充滿憐憫又睿智，他們忽視、甚或擁抱他人的缺點，他們珍惜每個時刻的

「存在」感。

這種世界觀的轉變是一種心靈上的轉變，無論有沒有牽涉到神。這種轉變讓人們檢討自己的人生，認知及後悔他們可能對別人造成的傷害，往往也希望做出彌補。這種認知正是垂死之人反覆表達的第一項最後訊息：「我很抱歉。請原諒我。」這亦支撐著他們想要避免造成任何進一步傷害的願望，進而轉化為更深層的耐心，以對待他人的缺點。

憐憫亦使人們用較不批判的方式來檢討個人傷害，所以第二項最後訊息通常是：「不要擔心。我原諒你。我們之間不再有傷口。」有時，將死之人會向他們疏遠的人伸出友誼的手。時間、距離或死亡也許會造成障礙，然而，決定原諒仍然能讓那個人從傷痛中解脫出來。這是個力量強大的決定。

對他人懷有憐憫的欣賞，視他人與自己是同樣有著缺點且同樣有價值的凡人，使得人們能夠深切感激身邊的人。接近生命盡頭的人對一丁點的仁慈都會心存感恩。就算用笨拙的方式表達，他們仍感激背後的善意。他們感謝每時每刻的體驗，就像是波特所說的「最盛開的花朵」。想要對他人表達感激之情，是另一項最後訊息。「謝謝你」不再只是客套話，而是一句發自內心的聲明。

最後也是最頻繁出現的最後訊息是「我愛你」。如今，這句話是對所愛之人的肺腑之言。透過真正的憐憫，人能明白並包容心愛之人與關係中的不完美，並且純粹感謝愛人與被愛的那顆心。他們對最心愛之人的愛最深切，但也會擴及每日相遇的陌生人與專業人員。在緩和療護中，我們照顧的人已抵達他們人生中不自覺散發愛的階段。

因此，這些人當然會是病房裡最討人喜愛的患者，當然也會因此看似總是最美好的人正在面對死亡。其實這些人和我們一樣只是平凡人，只不過他們處在人生旅程中一個不平凡的地方，而我們全都受惠於他們的憐憫之心。他們大多都不是「聖人」。他們仍有脾氣暴躁的時刻，也有對自身命運極度哀傷、害怕或憤怒的時期。但他們是我們都可以成為的榜樣：悲憫的燈塔，活在當下，帶著感恩與寬恕回顧過去，並專注於真正重要的單純事物。

這就像是看著玫瑰綻放至完美狀態，然後在最輝煌的時刻，即將捲曲花瓣，迸發色彩，將自身所有的壯麗散播到風中。

思考時間

超越生與死

至此我們已討論了許多概念，但在這裡我們要提到真正的重大概念了。證據顯示，我們在抵達生命盡頭時，均對自己的體驗交織著滿足與後悔——而現在正是做出調整的時候。我們生活的每個時刻，都是我們活著的「當下」。那麼，我們可以做些什麼來調整平衡，多一點滿足，少一點後悔，即使在我們尚未預期死亡接近的時候？

有哪些價值觀導引著你人生中的決定？你有好好達成自己的期望嗎？你在評判自己時，是否跟你評判他人時同樣寬厚？你有沒有想做出任何改變，讓你的生活方式更貼近你的價值觀和信念？有什麼你能夠採取的第一步？

思考看看最後訊息吧，有誰是你想感謝的嗎？為了什麼？有辦法讓他們知道你的感謝嗎？你可以寫封信嗎？寄一封電子郵件？對著風大聲呼喊？將你的感激故事告訴某個會感同身受的聽眾？

原諒呢？你想得到誰的原諒？為了什麼？你需要向某人道歉嗎，或者該是原諒你自己的時候了？你可以如何表達你的後悔？此時或許應該聯絡某人，跨出和解的第一步。也許基於某種理由，和解已是不可能的事。倘若如此，你可以想到方法來彌補你的過錯嗎？如果這導致你無比憂慮，不妨與諮商師或牧師商談——你不需要有宗教信仰也能跟牧師商量，他們在後悔及寬恕等方面極具智慧。

或許你是被冒犯的一方。有誰是你想要寬恕的嗎？有誰需要你保證以前的吵架或誤會不再成為你們之間的芥蒂？你要如何讓他們知道？你們有共同朋友可以傳遞訊息嗎？你可以打電話或寫信嗎？你們可以見面或使用視訊通話嗎？抑或決定原諒、忘卻傷痛、繼續前進就已足夠？

然後，你還需要傳達愛意。當然，你可以在遺囑留下書信、卡片和物質東西。然而，由本人親自說出來，或是現在就寫、趁你還在世時給他們機會知道你愛他們，意義更加重大。為了兒女與孫子女替照片加上注解，讓他們分享你最幸福的回憶，讓他們看看你多年來所收藏的童年繪畫與信件。為他們未來的重大里程碑寫信：畢業、就業、結婚、特別的生日——於此同時，向他們說你現在有多麼喜愛、多麼珍惜他們，而不要只用上述東西來代替。

如果你覺得很難著手，不妨看一下本書結尾的「書信格式」。你可以直接複印並填寫，或者你可以借用那些文字，再加上你自己的內容。

這是你的人生，而你正在努力讓它圓滿結束。這是一件偉大的工作，值得你投入應有的關注及時間。

結語／當你心中牢記人生盡頭

曾經坐在這麼多臨終病榻旁邊，陪伴過這麼多人生旅程的最後一段，對於死亡的獨特熟悉感已成為了日常。奇怪的是，這不是一種負擔或哀傷，而是一種觀點的啟蒙，一種希望的喜悅火花，意識到無論好壞，一切都會過去，而我們真正能夠體會的唯一時間是當下的瞬間。這讓艱難時刻變得稍微容易承受，美好時刻則珍貴無比。快樂與失望都會隨著時間消逝。覺察到所有生命經驗的短暫本質會使人謙卑。這正是為什麼被賜予「凱旋」（紀念其功勛的公開慶賀遊行）的羅馬將軍們在華麗儀式與眾人歡呼中，都會有一名奴隸隨行在他們的戰車上，其角色正是要提醒他們生命有限，且這個時刻也終將逝去。

每個社會的民間傳說中，都會包含某個追求永生不朽但以失敗告終的故事，或是講述永生的人因其不死之身而飽受孤獨之苦的故事。或者，最重要的，講述不死之人因為愛上人類，犧牲自己的永生以換取凡人生活的情節。濃縮了一整個文明智慧的民間故事，顯示出不朽被視為有毒的聖杯。古老的智慧將死亡視為人類處境中必要的、甚至是受歡迎的成分：是一種結束不確定或絕望的終局；是一種強制性的時間界限，讓時光與人際關係變得無價；是一種承諾，總有一天能放下生活的重擔，結束一再重複的日常苦難。

分享了這麼多接近最後日子的凡人的故事，我希望我已經證明，到頭來，我們都不平凡，每個獨特的個體都有其非凡之處。當我們接近生命盡頭，我們會體驗到一種觀點的轉變，讓我們專注在自己的世界裡最重要的事物。這種轉變既令人痛心又使人自由，正如這些故事所描繪的。活著是珍貴的，或許當我們心中牢記人生盡頭，才最能領悟這個道理。

該是談論死亡的時候了。

我已經談完了，感謝你們的傾聽，現在輪到你們了。

專業術語名詞解釋

每種職業都有自己的專業術語和縮寫，同事們一聽就懂，但在外行人看來卻是個謎。我在本書中盡可能避免醫學術語，以便讀者了解情節發展，即使是在相關醫療概念並不簡單的部分。

然而，有一些非技術性用語對於英國醫療服務使用者來說是熟悉的，但對於非英國讀者可能不太清楚。以下是我在書中使用的一些詞彙，以及它們在英國的具體意義。

國民保健署（NHS，National Health Service）：在英國，所有的醫療保健服務皆由政府使用公眾所得稅衍生的資金來支付。這表示病患使用醫療服務時無須支付費用，無論他們是前往當地醫療中心看醫生、緊急狀況時需要救護車、到醫院的非住院門診，或者住院接受檢查與治療。

安寧療護醫院（Hospice）：一九六七年，西西里・桑德斯爵士（Dame Cicely Saunders）創設了第一所現代的安寧療護醫院，以提供緩和療護——專注於生命盡頭生活品質的療護，而不是犧牲一切生活品質以延長預期壽命。她仿照的是她於一九五〇年代在倫敦哈克尼的聖約瑟夫臨終之家（St Joseph’s Home for the Dying）所見證的溫柔臨終照護。

安寧療護醫院是一項政治上的回應，對抗的是一九六〇年代癌症治療中「不計負擔，一心治療」（treatment whatever the burden）的理念。安寧療護醫院大多為慈善機構，與當地國民保健署的合作機構合作，但鮮少接受國民保健署資助。

及至一九八〇年代，英國安寧療護醫院專門從事不治之症患者的全人醫療（whole-person care）。在那之後，從只針對癌症的服務逐漸轉移，開始針對各種患有生命受限病症的患者，提供減輕症狀負擔的護理與專業知識。國民保健署現在對大多數安寧療護醫院的工作提供部分資助，並制定全國性緩和與臨終照護策略，以促進國民保健署與提供緩和療護的慈善機構之間的合作。

值得一提的是，在英國，安寧療護醫院大多數是處理複雜的生理、情緒、社會或精神需求的專科單位，而不僅是臨終關懷的療養院。

緩和療護團隊（Palliative Care Team）：隨著緩和療護的價值不斷獲得更多認同，安寧療護醫院分身乏術，無法提供全國各地需要的建議與支援。於是，緩和療護專科護理師團隊在各醫院與社區中成立，由一名接受過緩和醫療專業訓練的醫生提供協助，通常還會有物理治療師、社會工作師與牧師等其他領域的專家支援；在醫院，他們為所有病房及科別提供諮商服務，在社區，他們登門訪問患者，對患者的初級照護團隊提供症狀管理的建議。

病房部（Ward）：一般醫院與安寧療護醫院都設有住院區，包括單人病房與多人病房。病房部是由一支護理師團隊監督與照護的病床的統稱。我剛取得醫師資格時，我們大多使用「夜鶯病房」（Nightingale wards）：分為兩排病床的長型病房，病情最嚴重的患者最靠近護理站，值班護理師從護理站可以看到所有患者。現代醫院的住院區分隔成較小的病房，為患者提供更多隱私，但也使得護理團隊比較難對病情最嚴重的患者隨時保持監控。

護理長（Sister）：負責病房部、整個科別或社區護理團隊的護理師，即為護理長（若為男性，則稱為負責護理師〔charge nurse〕）。這個名稱大概是從修女護理社團年代所遺留下來的。護理長主持整個團隊，並為全天候護理的標準與結果負責。雖然此名稱正逐漸被「charge nurse」一詞所取代，但民眾與員工使用「Sister」的稱呼時，都帶著無比的尊敬（通常也帶有親切感）。

家庭醫生（GP，General Practitioner）：亦稱全科醫生。社區基層的醫生，具有管理成人、孩童與嬰兒的專業。通常在衛生中心工作（通常稱為診所〔surgery〕），並與護理師組成團隊，團隊中可能也有藥劑師、物理治療師與其他專業臨床醫師。家庭醫生是例行醫療諮詢的第一線，並負責患者出院後的後續照護。他們接受的訓練是要具備廣泛領域的醫療知識與技術，以應對各種不同領域的需求。

初級照護（Primary Care）：由衛生及社會照護專業人員在病患住家、衛生中心或其他社區環境進行的照護。**二級照護**（secondary care）則是在醫院裡進行。只在特定醫院提供的高度專業治療則稱為**三級照護**（tertiary care）。

認知行為療法（CBT，Cognitive Behaviour Therapy）：這種心理療法最初是為了協助改善情緒疾患，例如憂鬱、焦慮、強迫或恐慌等。認知行為療法幫助人們了解其想法與行動是如何引發或持續他們的情緒障礙，並學習恢復他們情緒平衡的策略。一九九〇年代以來，認知行為療法亦證明可以幫助人們因應生理疾病，藉由建立他們的韌性、因應技巧，或打造策略以處理他們病情的影響。

不施行心肺復甦術同意書（DNACPR，Do not attempt Cardio-Pulmonary Resuscitation）：不施行心肺復甦術同意書是一項醫囑，基於一項或以上的各種理由，假如一個人的心臟停止跳動，或者停止呼吸，不應實施心肺復甦。這允許自然死亡的發生。不施行心肺復甦術同意書的理由可能包括患者本人的意願與決定，或是其生理狀態脆弱到無法承受心肺復甦的醫療決策。不施行心肺復甦術同意書並不涉及任何其他治療，除了心肺復甦以外：為了患者的福祉，所有其他治療均應如常進行，除非患者明確拒絕，或是他們的主治醫生根據**最佳利益決策**認為那些治療並不必要。

最佳利益決策（Best Interests Decision）：意指代替不具心智能力的成年人做出決定。根據英格蘭法律，決策者必須考量患者的任何已知意見或願望。這些意見與喜好或許由患者以書面記錄，或者由他們信任的人告知，或者是與家屬友人的對話記載。這項過程是為了盡力做出患者若有能力便會做出的決策。

參考資源與有益資訊

在本書中，我曾經提過許多地方，讀者可以在那裡找到更多資訊，或者閱讀更多關於特定主題的內容。以下是一些有幫助的資源。

Dying Matters 是英國多間機構和組織共同合作的項目，提供臨終關懷及喪慟方面的專業知識。其網站提供實用資訊，方便理解並規劃後事。舉例來說，要查詢如何支援並鼓勵討論關於死亡及後事的話題，可搜尋「資源－討論臨終」。要查詢如何制定、保存及傳達計畫，可搜尋「資源－制定計畫」並點擊連結。請見 www.dyingmatters.org。

Mind 是心理健康慈善服務，針對各種不同病症提供有益資源，包含情緒低落、焦慮、恐慌、創傷重現或創傷後壓力症候群。其網站包含關於培養心理彈性及其他調適方式的資訊。請見 http://www.mind.org.uk。

Death Café 是非正式團體，人們聚集在一起討論關於死亡的各個面向。永遠歡迎新人加入，絕不批判，而且總是提供美味的蛋糕。其目的是「提升對於死亡的認識，幫助人們充分利用（有限的）人生」。這些團體遍布超過全球四十個國家。請見 http://deathcafe.com。

預立計畫：請聽澳洲重症照護專家彼得・索爾（Peter Saul）談論這個話題：https://www.ted.com/talks/peter_saul_let_s_talk_about_dying。立遺囑是一個很好的起點。在英國可以參考 www.gov.uk/make-will 的建議。許多慈善機構提供法律協助，條件是遺囑中需留下一小筆遺產給該慈善機構。

註冊成為器官捐贈者，可以確保在你死後，如果情況允許，你身上仍然健康的組織或器官可以用來改善某個人的生活品質，或甚至是拯救一個人的性命。更多資訊請見 www.organdonation.nhs.uk。

Dying Matters 的網站提供了關於制定和保存未來照護計畫的資訊。

兒童的需求：如果需要和不同年齡的兒童討論臨終與死亡的話題，並幫助他們度過喪慟，這裡有許多有益的資訊：www.dyingmatters.org、www.winstonswish.org 和 www.

childbereavementuk.org。

喪慟：Cruse 針對喪慟者提供傾聽支援，還有網站等資源可以幫助年輕人，並且針對必須面對喪慟者的專業人士提供訓練，例如教職人員、醫療及照護人員、青年工作者等。請見 www.cruse.org.uk 或 www.crusescotland.org.uk。

Samaritans 的電話在英國可以全天候二十四小時聯繫。訓練有素的志願者會傾聽並幫助你找到排解壓力的方法。請見 www.samaritans.org。

朱莉亞・山繆（Julia Samuel）的美麗著作《悲傷練習》（*Grief Works: Stories of Life, Death and Surviving*）寫出關於如何度過喪慟的深刻見解。

專業人士：英國的全國緩和療護協會（National Council for Palliative Care）的網站 www.ncpc.org.uk 有更多資訊供健康及照護專業人士參考。

愛薇里爾・絲特德芙德（Averil Stedeford）根據自身在安寧病房擔任照會精神醫師的經驗，在其著作《面對死亡》（暫譯，*Facing Death: Patients, Families and Professional*）當中以高超的寫作技巧，討論了更深入的觀點。

時常見證死亡的人聽過許多同樣的遺言。美國的緩和療護醫師暨作家艾拉・碧阿克（Ira Byok）在其著作《告別前一定要學會的四件事：練習寬恕、感謝、愛與別離》（*The Four Things that Matter Most*）中描寫了愛、寬恕、懺悔及感恩，這些核心價值可以支持、修復並增強人與人之間的關係。

阿圖・葛文德（Atul Gwande）的著作《凝視死亡：一位外科醫師對衰老與死亡的思索》（*Being Mortal*）是外科醫生對人類的老化與死亡的深刻見解，並且強烈呼籲公眾和專業人士更加積極地討論死亡以及醫療干預的侷限性。

書信格式

不知道從何開始嗎？

開啟一段有關死亡的對話可能很困難。更為容易的方法是先談論你自己、你的願望與偏好，然後再詢問別人有何想法。擬定有關未來照護的計畫需要醫療團隊的建議，才能探討明確的選項。然而，探索「我愛你」、「我很抱歉」、「感謝你」及「我原諒你」之類的遺言，並不需要這類意見。你或許早已明白你想對誰說這些，卻不知道如何開口。或許寫信比面對面談話來得容易，至少就開啟對話而言。

但是，你要如何寫下這封信？向他人述說他們對我們有多麼重要，或許令人難以啟齒，如同請求原諒或原諒別人之前的傷害。下一頁有一份書信格式，你不妨影印下來，直接寫在上面，或者你可以借用信中對你有幫助的文字，自己寫一封信給你重要的人。然後，你可以寄出，或者保留及思考一陣子，或者大聲對那個人唸出來。也許你可以收起來，等你死後，讓他們找到及閱讀——不過，在你仍能享受這封信帶來的全新諒解時，你們一起讀信，對你們來說不是會更好嗎？

這些資源僅僅是資源而已。如何加以利用這些資源和本書的其他內容，完全取決於你。希望對你有所幫助。

日期：________

親愛的________

我希望你知道我一直感謝……

____

我尤其喜歡你的一點是……

____

我希望你原諒我……

請不要擔心……

當你想到我，我希望你會記得……

對於你的未來，我祝福你……

感謝你成為我人生如此重要的一部分。

愛你的

我的聯絡資料：

致謝

這本書能順利誕生，要感謝許多人的幫助和支持。

首先，我必須感謝每一位患者，願意將自己的照護託付給我所參與的團隊。我有幸在他們人生的其中一個階段擔任他們的醫生，也很感謝他們的信任。許多患者像導師一樣，讓我學習如何成為更好的醫生、甚至是更好的人。

感謝患者的家屬們同意讓我撰寫這些故事。我只找得到你們其中一些人，但我在撰寫時十分謹慎，以避免你們的身分暴露。深深感激你們如此親切地回應我的請求，並且大方地同意這項計畫，為本書提供了莫大的幫助。

我一定要感謝那些曾經共事的醫療與照護相關同事，和你們一起工作讓我感受到投身醫療職業的喜悅。在書中寫到關於你們的故事，回想你們在照護病患及團隊合作時所付出的巨大貢獻，這些曾經的時光總是讓我感到一陣溫暖。我將你們的名字全都改為化名，但我覺得你們還是能認出自己。感謝你們這些年來成為我的同伴、老師、同盟、朋友。

特別感謝我們當地的臨床倫理顧問團體（Clinical Ethics Advisory Group）的主席及成員同意開會討論這個議題，也就是在無法獲得患者許可的情況下，出版患者的故事供大眾閱讀的問題。儘管醫學總會（General Medical Council）發布的臨床案例報告的指導目的很明確，亦即要教育同行專業人士，但當目標受眾不是專業人士，而是旨在公共教育而非娛樂或八卦時，這條界線就不那麼清晰了。你們對這項計畫的深入探討，以及你們深思熟慮的評論，使我更加堅信這是一項非常必要的工作，而且在有保障措施的前提下，出版這本書在道德上是正當的，也是可接受的。

我的經紀人 Andrew Gordon 所給予的支援是不可或缺的貢獻。感謝你看見我的潛能、扶助我的努力，以及你對這本書付出的無限熱忱。我要感謝ＢＢＣ的 David Schneider 和 Lucy Lunt 策劃並出色地編輯了第四電台的《一對一》（One to One）訪談，這場訪談引起了公眾的興趣，並創造了一切的開端。當時的我們根本不知道接下來會有這些發展。

家人和朋友們陪我一起想出許多點子，提供書單給我閱讀，看了初稿後告訴我感想，一起喝了許多杯茶。感謝 Josie Wright 讓我使用你的桌子來閉關寫作，也謝謝你相信我能將這些故事寫成一本書。感謝 Tom 和 Jaclyn Bealer Wright 給予我時間和空間，讓我可以在你們位於基多（Quito）的家安靜地寫作、思考、欣賞蜂鳥。

Anne Pelham 和 Leonie Armstrong 所擁有的洞察寫作資料的天賦，發揮了很大的作用，將我零碎的想法收集、整理成具體的計畫。還有 Anne Garland，讓我了解到具體的計畫是多麼重要。感謝，姐妹們。

我擁有一個非常棒的讀書會，給了我許多支援，他們的感想、見解與建議都十分重要：Alison Conner、Beda Higgins、Chris Wright、Christine Scott-Milton、Ellyn Peirson、Jaclyn Bealer Wright、Jane Peutrell、Josie Wright、Lilias Alison、Lindsay Crack、Margie Jackson、Maureen Hitcham、Stephen Louw、Terri Lydiard 以及 Tom Wright，感謝你們提供給我思慮周全的意見。

William Collins 的團隊為本書提供了全力的支援，從引起共鳴的設計，到充滿熱忱的宣傳。特別感謝 Arabella Pike 溫柔的編輯以及堅定的鼓勵，感謝 Robert Lacey 細緻而敏銳的字句編輯。

最重要的是，我要感謝我的人生伴侶給予我堅定不移的默默支持。幸好我們在進入醫學院的第一天，在那條走廊上相遇——我從那天起就迷上你了，而在往後的人生中，如果沒有你，我也會迷失方向。

凱瑟琳・曼尼克斯

二〇一七年八月

作者簡介——凱瑟琳．曼尼克斯（Kathryn Mannix）

專業安寧療護醫師，認知行為治療師，擁有四十年以上的安寧療護工作經驗。她曾在安寧病房、醫院和病人自宅中的安寧療護團隊擔任顧問，一九九三年創立英國首間專為臨終患者提供服務的認知行為治療診所，幫助人們在臨近死亡時提高生活品質。她的職業生涯常與患者有不治之症和處於重症晚期的人為伴，陪伴數千名患者走完人生的最後一程。她也熱衷於公眾教育，並向安寧療護人員提供專業技能培訓。

《看穿生死，好好告別》是她對四十年工作生涯的總結與思考，出版後獲得廣泛好評，並獲選為《星期日泰晤士報》年度之書、入圍英國惠康圖書獎（Wellcome Book Prize）。

譯者簡介——蕭美惠

畢業於國立政治大學英語系，從事新聞及翻譯二十餘年，曾獲吳舜文新聞深度報導獎和經濟部中小企業處金書獎。譯作包括《上位思維》、《影響力領導》、《我不餓，但我就是想吃》、《最佳狀態》、《用數據讓客人買不停》、《鬆綁你的焦慮習慣》、《成為賈伯斯》等數十本。

人生顧問 524

看穿生死，好好告別：國際安寧醫療專家的30個臨終紀實

作　　者—凱瑟琳・曼尼克斯（Kathryn Mannix）
譯　　者—蕭美惠
副總編輯—陳家仁
副 主 編—黃凱怡
編輯協力—張黛瑄
行銷企劃—洪晟庭
封面設計—日央設計
內頁設計—張靜怡

總 編 輯—胡金倫
董 事 長—趙政岷
出 版 者—時報文化出版企業股份有限公司
一〇八〇一九臺北市和平西路三段二四〇號四樓
發行專線—（〇二）二三〇六—六八四二
讀者服務專線—〇八〇〇—二三一—七〇五
（〇二）二三〇四—七一〇三
讀者服務傳真—（〇二）二三〇四—六八五八
郵撥—一九三四四七二四時報文化出版公司
信箱—一〇八九九臺北華江橋郵局第九九信箱

時報悅讀網—http://www.readingtimes.com.tw
法律顧問—理律法律事務所　陳長文律師、李念祖律師
印　　刷—勁達印刷有限公司
初版一刷—二〇二五年四月十一日
初版二刷—二〇二五年六月二十七日
定　　價—新臺幣五五〇元
（缺頁或破損的書，請寄回更換）

時報文化出版公司成立於一九七五年，
一九九九年股票上櫃公開發行，二〇〇八年脫離中時集團非屬旺中，
以「尊重智慧與創意的文化事業」為信念。

看穿生死，好好告別：國際安寧醫療專家的 30 個臨終紀實／凱瑟琳・曼尼克斯（Kathryn Mannix）作；蕭美惠譯 . -- 初版 . -- 臺北市：時報文化出版企業股份有限公司 , 2025.04
416 面；14.8×21 公分 . --（人生顧問；524）
譯自：With the end in mind : dying, death and wisdom in an age of denial
ISBN 978-626-419-288-0（平裝）

1. 死亡　2. 生死學　3. 安寧照護

197　　114002062

WITH THE END IN MIND by Kathryn Mannix

Published by arrangement with David Higham Associates Ltd.
through Bardon-Chinese Media Agency

ISBN 978-626-419-288-0
Printed in Taiwan